ASSASSINOS DA LUA DAS FLORES

DAVID GRANN

Assassinos da Lua das Flores

Petróleo, morte e a criação do FBI

Tradução
Donaldson M. Garschagen
e Renata Guerra

3ª reimpressão

Copyright © 2017 by David Grann
Publicado mediante acordo com The Robbins Office, Inc. e Aitken Alexander Associates Ltd.

Proibida a venda em Portugal

Grafia atualizada segundo o Acordo Ortográfico da Língua Portuguesa de 1990, que entrou em vigor no Brasil em 2009.

Título original
Killers of the Flower Moon: The Osage Murders and the Birth of the FBI

Capa
André Hellmeister

Foto de capa
Cortesia de Raymond Red Corn

Todos os esforços foram feitos para identificar os fotografados. Como isso não foi possível, teremos prazer em creditá-los, caso se manifestem.

Preparação
Officina de Criação

Revisão
Carmen T. S. Costa
Isabel Cury

Dados Internacionais de Catalogação na Publicação (CIP)
(Câmara Brasileira do Livro, SP, Brasil)

Grann, David
 Assassinos da Lua das Flores : petróleo, morte e a criação do FBI/ David Grann ; tradução Donaldson M. Garschagen e Renata Guerra. — 1ª ed. — São Paulo : Companhia das Letras, 2018.

 Título original: Killers of the Flower Moon : The Osage Murders and the Birth of the FBI.
 Inclui bibliografia
 ISBN 978-85-359-3074-0

 1. Assassinatos – Investigação – Estudo de casos 2. Assassinatos – Oklahoma – Condado de Osage – Estudo de casos 3. Índios osage Indians – Crimes contra – Estudo de casos 4. Estados Unidos – Departamento Federal de Investigação – Estudo de casos I. Título.

18-12515   CDD-976.6004

Índice para catálogo sistemático:
1. Assassinatos de índios osages e o nascimento do FBI :
   Investigação : Estudos de caso   976.6004

Todos os direitos desta edição reservados à
EDITORA SCHWARCZ S.A.
Rua Bandeira Paulista, 702, cj. 32
04532-002 — São Paulo — SP
Telefone: (11) 3707-3500
www.companhiadasletras.com.br
www.blogdacompanhia.com.br
facebook.com/companhiadasletras
instagram.com/companhiadasletras
twitter.com/cialetras

Para minha mãe e meu pai

CONDADO DE OSAGE OKLAHOMA

0 Milhas 5 10 15
0 Quilômetros 10 15

Sand Creek
Bartlesville
Okesa
St. Louis School
Pawhuska
Bird Creek
Bigheart
CONDADO DE WASHINGTON
Hominy Creek
Hominy
Rio Arkansas
CONDADO DE TULSA
Tulsa

OKLAHOMA

© 2016 Jeffrey L. Ward

Sumário

CRÔNICA PRIMEIRA: UMA MULHER MARCADA
1. O desaparecimento 15
2. Morte natural ou assassinato? 28
3. O Rei das colinas Osage 37
4. Reserva subterrânea 51
5. Os discípulos do diabo 72
6. O Olmo do Milhão de Dólares 87
7. Criatura das trevas 100

CRÔNICA SEGUNDA: O INVESTIGADOR
8. O Departamento da Amoralidade 123
9. Os Caubóis dissimulados 134
10. Eliminar o impossível 141
11. O terceiro homem 148
12. Um deserto de espelhos 155
13. O filho do carrasco 159
14. Últimas palavras 174
15. A face oculta 181

16. Pelo aperfeiçoamento da agência 189
17. O artista do gatilho, o arrombador de cofres
    e o dinamitador 197
18. A situação do jogo 206
19. Traidor do próprio sangue 225
20. E que Deus os ajude! 245
21. A Estufa 259

CRÔNICA TERCEIRA: O REPÓRTER
22. Terras fantasmas 277
23. Um caso em aberto 294
24. Em dois mundos 304
25. O manuscrito perdido 315
26. A voz do sangue 320

Agradecimentos 333
Sobre as fontes 339
Fontes de arquivo e inéditas 341
Notas 343
Bibliografia selecionada 369
Créditos das imagens 383

CRÔNICA PRIMEIRA
Uma mulher marcada

Não havia mal que pudesse estragar aquela noite auspiciosa, porque ela estivera à escuta; não havia voz do mal; nenhum pio de coruja teria perturbado a quietude com seu tremor. Ela sabia disso porque estivera à escuta a noite toda.

John Joseph Mathews, *Sundown*

1. O desaparecimento

Em abril, milhões de flores minúsculas se espalham pelas colinas de carvalhos e as vastas pradarias no território dos índios osages, no estado americano de Oklahoma. Amores-perfeitos, magnólias, jasmins-mangas. O grande historiador e escritor John Joseph Mathews (1894-1979), de sangue osage, disse que a constelação de pétalas fazia parecer que "os deuses haviam jogado confete".[1] Em maio, quando os coiotes uivam sob uma lua enorme, plantas maiores, como o coração-roxo e a margarida-amarela, começam a despontar entre as menores, roubando-lhes luz e água. Os talos das flores se quebram, as pétalas saem flutuando pelos ares e em pouco tempo jazem sepultadas sob a terra. É por isso que os osages dizem que maio é o mês da lua que mata as flores.[2]

Em 24 de maio de 1921, Mollie Burkhart, moradora do assentamento de Gray Horse, em Oklahoma, desconfiou que alguma coisa tinha acontecido a Anna Brown, uma de suas três irmãs. Aos 34 anos, quase um ano mais velha que Mollie, Anna estava desaparecida havia três dias.[3] Ela costumava sair para "farras", como a família dizia, com desprezo: dançava e bebia com amigos até o amanhecer. Mas dessa vez passou uma noite, depois outra, e Anna não apareceu no alpendre da casa de Mollie, como de costume, com o cabelo preto comprido levemente despenteado e os olhos escuros brilhando como contas de vidro. Quando entrava, Anna gostava de tirar os sapatos, e Mollie sentia falta do ruído reconfortante de seus movimentos, vagarosos, pela casa. Agora, reinava um silêncio tão imóvel quanto as planícies.

Mollie já tinha perdido uma irmã, Minnie, cerca de três anos antes. Sua morte havia sido incrivelmente rápida, e, apesar de os médicos a terem atribuído a "uma rara doença debilitante",[4] Mollie tinha lá suas dúvidas: Minnie contava apenas 27 anos e sua saúde sempre fora perfeita.

Como os pais, Mollie e suas irmãs tinham o nome inscrito na Lista dos Osages, o que queria dizer que estavam entre os membros registrados da tribo. Significava também que eram donas de uma fortuna. No início da década de 1870, os osages tinham sido transferidos de suas terras no Kansas para uma reserva pedregosa, supostamente sem valor, no nordeste do estado de Oklahoma, onde décadas mais tarde foram descobertos alguns dos maiores depósitos de petróleo dos Estados Unidos. Para prospectarem o petróleo, os interessados em explorá-lo tinham de pagar royalties e arrendamento aos osages. No começo do século xx, cada pessoa inscrita na lista passou a receber um pagamento trimestral. De início, a quantia não ia além de uns poucos dólares, mas com o tempo, à medida que se extraía mais petróleo, esses dividendos chegaram a centenas e depois a milhares de dólares. Os pagamentos aumentavam a cada ano, como os riachos da pradaria que se encontravam para dar lugar ao largo e barrento rio Cimarron, até que os membros da tribo acabaram acumulando, em conjunto, milhões e milhões de dólares. (Só em 1923, a tribo recebeu mais de 30 milhões de dólares, o que equivale atualmente a 400 milhões de dólares.) Os osages eram considerados a população mais rica do mundo em fortunas particulares. "Acredite se quiser!", comentou o semanário *Outlook* de Nova York. "O índio, em vez de morrer de fome [...] desfruta de rendimentos que fazem os banqueiros morrerem de inveja."[5]

O público ficou chocado com a prosperidade da tribo, que contradizia a imagem dos indígenas americanos no tempo dos primeiros contatos violentos com os brancos — o pecado original que concebera o país. Os repórteres sideravam seus leitores com histórias sobre a "plutocracia osage"[6] e os "milionários vermelhos",[7] com suas mansões de tijolos e cerâmica, suas luminárias, anéis de brilhante, casacos de pele e carros com motorista particular. Um escritor se admirou de que as garotas osages frequentassem os melhores internatos e usassem roupas francesas de luxo, como se "*une très jolie demoiselle** dos bulevares de Paris tivesse por acaso irrompido nessa cidadezinha da reserva indígena".[8]

Os jornalistas, ao mesmo tempo, se agarravam a qualquer vestígio do modo de vida tradicional dos osages que pudesse evocar na mente do público as imagens de índios "selvagens". Uma reportagem de 1924 falava de um "círculo de automóveis de luxo, ao redor de uma fogueira ao ar livre, cujos donos bronzeados, envoltos em mantas coloridas, assam carne à maneira primitiva".[9] Outra documentava um grupo de osages chegando para uma cerimônia de danças indígenas num avião particular — uma cena que "supera a capacidade de descrição do ficcionista".[10] Resumindo a atitude pública em relação aos osages, o *Washington Star* disse que "aquela velha lenga-lenga — 'Oh, o pobre índio' — deveria ser corrigida para a mais adequada — 'Uau, o rico pele-vermelha!'".[11]

Gray Horse era um dos assentamentos mais antigos da reserva. Esses postos avançados — inclusive Fairfax, uma cidade vizinha maior, com cerca de 1,5 mil habitantes, e Pawhuska, a capital dos osages, com uma população que superava 6 mil pessoas — mais pareciam alucinações. As ruas fervilhavam de caubóis, caça-

---

* "Uma moça muito bonita". (N. E.)

dores de fortuna, fabricantes de bebidas clandestinas, videntes, curandeiros, marginais, agentes de polícia, financistas de Nova York e magnatas do petróleo. Os automóveis corriam em alta velocidade pelas pavimentadas trilhas de cavalos, e o cheiro de combustível amortecia o perfume da relva. Grupos de corvos compenetrados observavam, pousados nos cabos telefônicos. Havia restaurantes, anunciados como cafés, além de teatros de ópera e campos de polo. Mollie não gastava dinheiro tão desbragadamente quanto alguns de seus vizinhos, mas construiu uma bela e espaçosa casa de madeira em Gray Horse, perto da antiga cabana da família — de sapê, paus trançados e esteiras. Tinha diversos carros e uma equipe de serviçais — os lambe-botas dos índios, como muitos assentados chamavam pejorativamente esses trabalhadores migrantes. Os serviçais eram quase sempre negros ou mexicanos, e no começo da década de 1920 um visitante manifestou seu desdém ao ver "até brancos"[12] executando "todas as tarefas domésticas subalternas a que nenhum osage se rebaixaria".

Mollie tinha sido uma das últimas pessoas a ver Anna antes de seu desaparecimento. Naquele dia, 21 de maio, ela se levantara ao amanhecer, hábito adquirido nos tempos em que seu pai costumava rezar para o Sol todas as manhãs. Estava habituada ao coro de cotovias, mergulhões e tetrazes, agora abafado pelo barulho das máquinas que perfuravam a terra. Ao contrário de muitas de suas amigas, que haviam abandonado as vestimentas osages, Mollie levava uma manta indígena sobre os ombros. Também não cortara o cabelo curto, à moda da época, pois preferia mantê-lo bem comprido, caindo sobre as costas, o que destacava seu rosto marcante, de maçãs altas e grandes olhos escuros.

Seu marido, Ernest Burkhart, levantava-se com ela. Branco, de 28 anos, era um sujeito atraente como um figurante de filmes de faroeste: cabelo castanho curto, olhos cor de ardósia, queixo

Mollie Burkhart.

quadrado. Só o nariz destoava: era como se tivesse levado um ou dois socos num bar. Criado no Texas, filho de um agricultor pobre que cultivava algodão, ele se encantara com as histórias das colinas Osage — vestígios do Oeste selvagem americano, por onde, diziam, índios e caubóis ainda circulavam. Em 1912, aos dezenove anos, ele fez a mala e, como um Huckleberry Finn zarpando em busca de território, foi morar com o tio, um tirânico criador de gado chamado William K. Hale, em Fairfax. "Ele não era do tipo que pedia para fazer alguma coisa[13] — ele ordenava", disse Ernest certa vez a respeito de Hale, que desempenhou o papel de seu pai. Embora sua ocupação central fosse prestar serviços ao tio, Ernest às vezes trabalhava como motorista de praça, e foi assim que conheceu Mollie, choferando-a pela cidade.

Ele gostava de beber às escondidas e jogar o pôquer aberto dos índios com homens de má reputação, mas sua rudeza parecia encobrir ternura e um traço de insegurança, e Mollie se apaixonou. Tendo o osage como língua materna, ela aprendera um pouco de inglês na escola, mas mesmo assim Ernest estudou até conseguir conversar na língua dela. Mollie era diabética e recebia os cuidados de Ernest quando suas articulações doíam e seu estômago queimava de fome. Ao saber que outro homem estava interessado na índia, sussurrou-lhe que não podia viver sem ela.

O casamento não foi fácil para eles. Os grosseirões de quem Ernest era amigo ridicularizaram-no por ser "homem de bugra". E embora as três irmãs de Mollie tivessem casado com brancos, ela se sentia obrigada a um casamento osage arranjado, como o de seus pais. Mesmo assim, Mollie, cuja família praticava uma mistura de catolicismo e ritos osages, não conseguiu entender por que Deus a fizera encontrar o amor para depois tomá-lo. Então, em 1917, ela e Ernest trocaram alianças e juraram amor eterno.

Em 1921, já tinham uma filha, Elizabeth, de dois anos, e um menino, James, de oito meses, apelidado Cowboy. Mollie também

Ernest Burkhart.

cuidava da mãe idosa, Lizzie, que havia se mudado para a casa dela depois de enviuvar. Lizzie temia que Mollie morresse jovem, devido ao diabetes, e pediu aos outros filhos que tomassem conta dela. Na verdade, era Mollie quem tomava conta de todos.

Aquele 21 de maio tinha tudo para ser um ótimo dia para Mollie. Ela gostava de receber amigos e estava organizando um almoço. Depois de se vestir, alimentou as crianças. Cowboy tinha terríveis dores de ouvido, e ela assoprava os ouvidinhos do menino até ele parar de chorar. Naquela manhã, Mollie, cuja casa era mantida em estrita ordem, dava instruções aos serviçais e ocupava todo mundo — menos Lizzie, que estava doente, de cama. Disse a Ernest para ligar para Anna, pedindo-lhe que ajudasse a cuidar de Lizzie. Anna, a mais velha da família, tinha um status especial aos olhos de Lizzie, e ainda que fosse Mollie quem cuidasse da mãe, a primogênita, apesar do temperamento tempestuoso, era a mais mimada.

Ernest disse a Anna que a mãe precisava dela, e ela prometeu pegar um táxi na mesma hora; de fato, apareceu pouco depois. Calçava sapatos de um vermelho vivo, combinando com a saia e uma manta indígena. Portava uma bolsa de pele de crocodilo. Antes de entrar, ela penteou às pressas o cabelo desfeito pelo vento e empoou o rosto. Mesmo assim, Mollie observou que seu andar era instável e que ela arrastava as palavras. Anna estava bêbada.

Mollie (à dir.) e suas irmãs Anna (centro) e Minnie.

Mollie não disfarçou seu descontentamento. Alguns dos convidados já haviam chegado. Entre eles, os dois irmãos de Ernest, Bryan[14] e Horace Burkhart, que, atraídos pelo ouro negro, haviam se mudado para o condado de Osage e quase sempre ajudavam o tio Hale na fazenda. Uma das tias de Ernest, que não escondia suas ideias racistas sobre os índios, também estava de visita, e a última coisa que Mollie queria era que Anna provocasse a velha ranzinza. Anna ficou descalça e começou a fazer uma cena. Pegou um frasco na bolsa, abriu-o, e um cheiro forte de uísque falsificado impregnou o ambiente. Alegando que precisava esvaziar o frasco antes de ser presa — a Lei Seca vigorava em todo o país desde o ano anterior —, ofereceu aos convidados um trago do que chamava "o melhor uísque fajuto".

Mollie sabia que Anna vinha enfrentando muitos problemas. Acabara de se divorciar — o ex-marido era um colono chamado Oda Brown, dono de uma estrebaria. Desde então, passava cada vez mais tempo nos prósperos centros em expansão da reserva, que haviam brotado rapidamente para proporcionar moradia e entretenimento aos petroleiros — cidades como Whizbang, onde, se dizia, as pessoas corriam o dia inteiro e farreavam a noite inteira. "Todas as forças do desregramento[15] e do mal se encontram aqui", registrava um relatório oficial do governo. "Jogo, bebida, adultério, mentira, roubalheira, assassinatos." Anna se encantara com os estabelecimentos nos cantos escuros das ruas: lugares que por fora pareciam banais, mas cujo interior escondia salas cheias de reluzentes garrafas de bebida clandestina. Mais tarde, um dos serviçais de Anna disse às autoridades que ela bebia muito uísque e tinha a "moral muito elástica[16] com homens brancos".

Na casa de Mollie, Anna começou a flertar com o irmão mais novo de Ernest, Bryan, com quem já havia saído. Ele era mais introspectivo que Ernest, tinha inescrutáveis olhos de gato e usava gel no cabelo ralo penteado para trás. Um agente da lei que o conheceu disse que ele vivia de bicos. Quando Bryan perguntou a uma das criadas se ela dançaria com ele naquela noite, Anna lhe disse que, se fosse para a cama com outra mulher, ela o mataria. Enquanto isso, a tia de Ernest resmungava, num tom alto o bastante para que todos ouvissem, que o casamento do sobrinho com uma pele-vermelha a mortificava. Teria sido fácil para Mollie revidar sutilmente, já que uma das criadas que serviam a tia era branca — um lembrete direto da ordem social na cidade.

Anna continuava criando problemas. Brigou com os convidados, brigou com a mãe, brigou com Mollie. "Ela bebia e brigava",[17] um criado contou mais tarde às autoridades. "Eu não entendo a língua deles, mas estavam discutindo." E acrescentou: "Elas cortaram um dobrado com Anna, e eu estava com medo".

Naquela noite, Mollie ficaria cuidando da mãe enquanto Ernest levaria os convidados até Fairfax, a oito quilômetros dali, onde encontrariam Hale e assistiriam a *Bringing Up Father*, um musical itinerante sobre um imigrante irlandês pobre que ganha 1 milhão de dólares em corridas de cavalos e faz de tudo para entrar na alta sociedade. Bryan, com seus olhos felinos sob a aba do chapéu de caubói, ofereceu-se para levar Anna para casa.

Antes que saíssem, Mollie lavou as roupas de Anna, deu-lhe alguma coisa para comer e se certificou de que ela se encontrava tão sóbria como costumava vê-la em seu estado normal, brilhante e sedutora. As duas ficaram juntas, aproveitando o momento de calma e reconciliação. Então Anna se despediu, exibindo uma obturação de ouro no sorriso.

Mollie ficava cada vez mais ansiosa. Bryan insistiu que tinha levado Anna direto para casa, e que ela desceu do carro antes que ele fosse para o espetáculo. Depois da terceira noite, Mollie, com seu jeito tranquilo mas decidido, pôs todo mundo em ação. Mandou Ernest dar uma olhada na casa de Anna. Ele girou a maçaneta da porta da frente — estava trancada. Pela janela, o interior parecia escuro e deserto.

Ernest ficou ali, no calor. Poucos dias antes, uma chuvarada fria tinha assentado a poeira, mas depois os raios de sol, implacáveis, passaram a escoar através das copas dos carvalhos. Naquela época do ano, o calor formava um halo sobre a campina e fazia a grama alta estalar sob os pés. À distância, através da luz trêmula, viam-se as estruturas esqueléticas das torres de petróleo.

A governanta de Anna, que morava ao lado, apareceu e Ernest perguntou: "Tem notícia de Anna?".[18] Antes da chuva, a mulher havia dado um pulo na casa da patroa para fechar as janelas. "Achei que poderia entrar água com o vento",[19] explicou. Mas a porta estava trancada e não havia sinal de Anna.

A notícia do seu desaparecimento correu pelas cidades osages, de alpendre em alpendre, de loja em loja. Para aumentar o desconforto, circulava o comentário de que outro osage, Charles Whitehorn, havia sumido uma semana antes.[20] Simpático e espirituoso, Whitehorn, de trinta anos, era casado com uma mulher meio branca, meio cheyenne.[21] Um jornal local disse que ele era "benquisto tanto entre os brancos como entre os membros de sua tribo".[22] Em 14 de maio, Whitehorn saiu de casa, na região sudoeste da reserva, para ir a Pawhuska. Não voltou.

Contudo, Mollie tinha uma desculpa para não entrar em pânico. Talvez Anna tivesse escapulido depois de Bryan tê-la deixado em casa, rumo a Oklahoma City, ou até à efervescente Kansas City, do outro lado da fronteira. Talvez estivesse dançando num daqueles clubes de jazz que gostava de frequentar, sem noção do caos que provocara. E, mesmo que tivesse arrumado problemas, ela sabia se proteger: levava sempre uma pequena pistola na bolsa de pele de crocodilo. Ela voltaria logo, Ernest garantia à mulher.

* * *

Uma semana depois do desaparecimento de Anna, um operário que estava numa encosta, a 1,5 quilômetro do centro de Pawhuska, viu alguma coisa sobressair dos arbustos perto da base de uma torre. Decidiu averiguar. Era um corpo em decomposição, com dois buracos de bala entre os olhos. A vítima tinha sido fuzilada, como numa execução.

Na encosta fazia um calor úmido e o barulho era intenso. As perfuradoras sacudiam a terra à medida que penetravam o sedimento calcário; os guindastes abriam suas garras de um lado para outro. Juntou gente em volta do corpo, tão decomposto que era impossível identificá-lo. De um dos bolsos saía uma carta. Alguém pegou o papel, desdobrou-o e leu. A carta era dirigida a Charles Whitehorn, e foi assim que se soube que o morto era ele.

Mais ou menos na mesma ocasião, um sujeito caçava esquilos no córrego Three Mile, perto de Fairfax, com o filho adolescente e um amigo. Enquanto os dois homens bebiam água do rio, o menino avistou um esquilo e puxou o gatilho. Houve uma explosão de luz e calor, e o garoto viu que o pequeno animal fora atingido e caíra sem vida à beira de uma ravina. Foi atrás dele; passou por uma descida íngreme e arborizada e por um barranco onde o ar era menos rarefeito e de onde ele podia ouvir o rumor da água. Encontrou o esquilo e o pegou. Então deu um berro: "Pai!".[23] Quando o pai chegou, o garoto tinha engatinhado até uma pedra e apontava para a margem do córrego, coberta de musgo. "Uma pessoa morta", ele murmurou. Um corpo inchado e em decomposição, provavelmente de uma índia, jazia de costas, com o cabelo enredado na lama e os olhos sem expressão fitando o céu. Vermes comiam o corpo.

Os homens e o menino saíram correndo da ravina e dispararam em sua carroça, levantando uma nuvem de poeira. Ao alcançarem uma das ruas principais de Fairfax, como não encontraram um agente da lei, desceram na Big Hill Trading Company, uma loja grande que vendia de tudo e também funcionava como funerária. Contaram o que viram ao proprietário, Scott Mathis, que despachou um encarregado para o local, acompanhado de diversos homens. Rolaram o corpo para um assento de carroça e, com uma corda, arrastaram-no até a ravina. Depois puseram-no numa caixa de madeira, à sombra de um carvalho. O agente funerário cobriu o corpo com gelo e sal, e viu-o encolher como se lhe fugisse um último resto de vida. Tentou descobrir se a mulher era Anna Brown, que ele conhecia. "O corpo estava decomposto e inchado quase a ponto de explodir, e cheirava muito mal",[24] ele contou mais tarde, acrescentando que "estava preto como o de um negro".[25]

O encarregado e os demais homens não conseguiram identificar o cadáver. Mathis, administrador dos negócios financeiros de Anna, procurou Mollie, que liderou uma lúgubre procissão até o córrego, acompanhada de Ernest e Bryan, além de Rita, irmã dela, com o marido, Bill Smith. Movidas por uma curiosidade mórbida, muitas pessoas que conheciam Anna seguiram o cortejo. Kelsie Morrison, famigerado fabricante de bebida clandestina e traficante de drogas, foi também, acompanhado da mulher, uma osage.

Mollie e Rita chegaram bem perto do corpo. O mau cheiro era insuportável. No céu, abutres voejavam em repugnantes círculos. Dificilmente as duas mulheres teriam reconhecido o rosto da irmã — sobrava muito pouco dele —, mas conseguiram identificar a manta indígena e as roupas que Mollie tinha lavado. O marido de Rita, Bill, pegou um graveto e com ele abriu a boca do cadáver: estavam lá as obturações de ouro. "É Anna, com certeza",[26] ele disse.

Rita começou a chorar, o marido levou-a embora. Por fim Mollie murmurou a palavra "sim" — era Anna. Acompanhada do marido, Mollie, aquela que na família sempre mantinha a calma, se afastou, deixando atrás de si a primeira nódoa da escuridão que ameaçava destruir não só sua família como sua tribo.

2. Morte natural ou assassinato?

Um grupo incumbido do inquérito,[1] composto de jurados liderados por um juiz de paz, foi enviado às pressas à ravina. Os inquéritos eram uma reminiscência de um tempo em que cidadãos comuns assumiam a responsabilidade de investigar crimes e manter a ordem. Depois da Revolução Americana, durante anos a população se opôs à criação de departamentos de polícia, temendo que se tornassem forças de repressão. Assim, cidadãos comuns atendiam ao clamor popular e perseguiam suspeitos. Benjamin N. Cardozo, que na década seguinte seria indicado juiz da Suprema Corte, disse certa vez que essas averiguações eram feitas "não de forma leniente ou arrastada, mas com celeridade, coragem e dispondo de elementos e instalações adequadas".[2]

Só em meados do século XIX, com o crescimento das cidades industriais e uma irrupção de distúrbios urbanos — quando o temor às chamadas classes perigosas superou o temor ao Estado —, surgiram os departamentos de polícia nos Estados Unidos. Na época da morte de Anna, o sistema informal de policiamento pelos cidadãos já era coisa do passado, mas ainda restavam vestígios dele, sobretudo em locais situados na periferia da geografia e da história.

O juiz de paz escolheu os jurados entre os homens brancos que haviam ido à ravina, entre eles Mathis. Encarregou-os de determinar se Anna morrera de causas naturais ou fora assassinada, e, no caso de ter havido crime, identificar os responsáveis e cúmplices. Dois médicos, os irmãos James e David Shoun, que atendiam à família de Mollie, foram chamados para a autópsia. Debruçados sobre o cadáver, cercados de membros do inquérito, puseram-se a examinar a morta.

O corpo conta a própria história. A fratura do osso hioide — situado no pescoço e que dá apoio à língua — pode indicar estrangulamento. Marcas no pescoço podem revelar se o assassino usou as mãos ou uma corda. Até uma unha quebrada pode revelar uma luta de morte. Um prestigiado manual de jurisprudência médica do século XIX dizia que "o médico, quando vê um cadáver, deve observar tudo".[3]

Os irmãos Shoun improvisaram uma tábua como mesa de trabalho. Retiraram da maleta médica alguns instrumentos primitivos, entre eles uma serra. Fazia calor até na sombra. Moscas esvoaçavam. Os médicos examinaram as roupas de Anna — calções, saia — em busca de rasgos ou manchas. Não encontraram nada. Tentaram determinar o momento da morte — o que é mais difícil do que em geral se supõe, sobretudo quando a pessoa morreu há vários dias. No século XIX, os cientistas acreditavam que podiam resolver o problema estudando as fases pelas quais o corpo passa depois da morte: enrijecimento dos membros (*rigor mortis*), mudança de temperatura (*algor mortis*) e descoloramento da pele em decorrência da interrupção do fluxo sanguíneo (*livor mortis*). Mas em pouco tempo os patologistas descobriram

Ravina onde foi encontrado o corpo de Anna Brown.

que muitas variáveis — da umidade do ar ao tipo de roupa que a pessoa usava no momento da morte — afetam o ritmo da decomposição e dificultam um cálculo exato. Ainda assim, uma estimativa aproximada da hora da morte pode ser feita, e os irmãos Shoun determinaram que Anna estava morta havia de cinco a sete dias.

    Os médicos viraram ligeiramente a cabeça de Anna para um lado. Parte do couro cabeludo estava levantada, revelando um orifício perfeitamente circular na área posterior da cabeça. "Ela foi morta a bala!",[4] disse um dos Shoun. Os homens ficaram chocados. Olhando mais de perto, viram que o diâmetro do orifício mal chegava ao de um lápis. Mathis conjecturou que fora provocado por um projétil calibre .32. Examinando seu percurso — ele entrara logo abaixo do topo da cabeça em trajetória descendente —, eles não tiveram dúvida: Anna havia sido assassinada a sangue-frio.

* * *

Os agentes da lei na época ainda eram bastante amadores. Raramente eram treinados em academias ou se valiam de métodos científicos recentes, como análise de impressões digitais e de tipo sanguíneo. Em lugares remotos, em especial, eles eram sobretudo bons atiradores e rastreadores. Esperava-se que evitassem crimes e prendessem algum pistoleiro conhecido — vivo, se possível; morto, se necessário. "Um único funcionário[5] era, literalmente, a lei. Nada além de seu critério e de seu gatilho se interpunha entre ele e o extermínio", disse o *Tulsa Daily World* em 1928, depois da morte de um agente veterano que trabalhava em território dos osages. "Quase sempre se tratava de um só homem contra um monte de malfeitores espertos." Como esses agentes recebiam salários miseráveis e eram recompensados pela rapidez no gatilho, não é de surpreender que a divisa entre bons e maus agentes fosse porosa. O líder da gangue Dalton, famoso bando de delinquentes do século XIX, chegou a ser o principal agente da lei na reserva dos osages.

Por ocasião do assassinato de Anna, o xerife do condado de Osage, que tinha a responsabilidade de manter a lei e a ordem na área, era um homem natural da região chamado Harve M. Freas, de 58 anos e 150 quilos. Um livro de 1916 sobre a história de Oklahoma se refere a ele como "o terror dos meliantes".[6] Mas também havia rumores de que era leniente com criminosos — fazia vista grossa a jogadores e fabricantes de bebidas clandestinas, como Kelsie Morrison e Henry Grammer, campeão de rodeios que já cumprira pena por assassinato e controlava o contrabando de bebidas na região. Um dos empregados de Grammer certa vez admitiu perante as autoridades que "tinha a garantia de que se alguma vez fosse flagrado[7] [...] estaria livre em cinco minutos". Um grupo de cidadãos do condado de Osage já emitira uma resolução — em nome "da religião, do cumprimento da lei, da decência dos lares e da moralidade"[8] — segundo a qual "as pessoas convencidas de que um representante juramentado da Lei deve fazer cumprir a Lei estão por este meio convocadas a procurar o xerife Freas ou escrever-lhe exigindo que cumpra o dever que jurou cumprir".

Quando tomou conhecimento do assassinato de Anna, Freas, absorto com a execução de Whitehorn, de início mandou um de seus assistentes coletar provas. Fairfax tinha um oficial de justiça, o equivalente a um delegado de polícia, que acompanhou o assistente de Freas à ravina enquanto os irmãos Shoun ainda faziam a autópsia. Para identificar a arma do crime, era preciso extrair o projétil que supostamente estaria alojado no crânio de Anna. Com a serra, os médicos abriram o crânio, ergueram cuidadosamente o cérebro e depositaram-no na tábua. "O cérebro[9] estava tão danificado que foi impossível reconstituir o percurso da bala", lembrou David Shoun. "Não se podia encontrar o projétil de jeito nenhum." Com um graveto ele sondou o cérebro. A bala não estava em parte alguma.

Os homens da lei voltaram ao córrego para vasculhar a cena do crime. Numa das margens havia uma pedra com marcas de sangue, onde o corpo de Anna tinha estado. Não havia sinal do projétil, mas um dos agentes encontrou uma garrafa que continha um líquido claro. Com cheiro de uísque falsificado. Eles supuseram que Anna devia estar sentada na pedra, bebendo, quando alguém chegou por trás e disparou à queima-roupa, fazendo com que ela se dobrasse sobre si mesma.

O oficial de justiça divisou dois pares distintos de marcas de pneus entre a estrada e o barranco. A seu chamado, os encarregados do inquérito e o assistente do xerife acorreram prontamente. Era como se os dois carros tivessem chegado ao barranco vindos do sudeste e depois feito meia-volta.

Nenhuma outra prova foi coletada. Os agentes não tinham treinamento em técnicas investigativas e não gravaram as marcas deixadas pelos pneus, não empoaram a garrafa em busca de impressões digitais nem buscaram resíduos de pólvora no corpo de Anna. Tampouco fotografaram a cena do crime, que, de qualquer forma, já estava bastante avariada pela presença dos muitos curiosos.

Alguém retirou da orelha de Anna um dos brincos e o levou para a mãe dela, que estava muito doente para se aventurar até o córrego. Lizzie reconheceu-o de imediato. *Anna estava morta*. Para ela, como para todos os osages, o nascimento dos filhos tinha sido a maior bênção de Wah'Kon-Tah, a força vital misteriosa que perpassa o Sol, a Lua, a Terra e as estrelas; a força em torno da qual os osages tinham estruturado sua vida ao longo de séculos, esperando conferir alguma ordem ao caos e à confusão na Terra; a força que estava presente mas não se percebia — invisível, remota, generosa, assustadora, insondável. Muitos dos osages haviam abandonado suas crenças tradicionais, mas Lizzie as conservava. (Um funcionário do governo reclamou certa vez que mulheres como Lizzie "se aferravam a velhas superstições[10] e riam das ideias e costumes modernos".) Agora, alguém, *alguma coisa*, tinha levado antes do tempo sua filha mais velha e a preferida — talvez um sinal de que Wah'Kon-Tah suspendera suas bênçãos e o mundo deslizava para um caos ainda maior. A saúde de Lizzie piorou, como se a tristeza fosse sua verdadeira doença.

Mollie buscou apoio em Ernest. Um advogado que conhecia o casal observou que a devoção de Ernest "à mulher indígena e a seus filhos é rara [...] e surpreendente".[11] Ele consolava a esposa, às voltas com o funeral da irmã. Era preciso comprar flores, um ataúde branco de metal e uma lápide de mármore. Os agentes

Mollie (à dir.) com a irmã Anna e a mãe, Lizzie.

funerários cobravam tarifas exorbitantes aos osages, procurando extorqui-los, e esse enterro não foi exceção. O agente cobrou 1450 dólares pelo caixão, cem para preparar e embalsamar o corpo e 25 pelo aluguel do carro fúnebre. Na época, o preço desses itens, incluindo luvas para o coveiro, somava uma cifra astronômica. Como disse um advogado da cidade, "as coisas estavam ficando de um jeito que já não seria possível sepultar um osage por menos de 6 mil dólares"[12] — quantia que, corrigida pela inflação, equivale hoje a cerca de 80 mil dólares.

O funeral obedeceria às tradições católica e osage da família. Mollie, que tinha frequentado uma escola de missionários em Pawhuska, assistia regularmente à missa. Gostava de sentar nos bancos da igreja aos domingos, quando a luz do sol matinal penetrava pelas janelas, e ouvir o sermão do padre. Gostava também de encontrar os amigos, e muitos deles estavam lá aos domingos.

O serviço fúnebre começou na igreja.[13] William Hale, o tio de Ernest, muito próximo da família de Anna e Mollie, segurou uma das alças do caixão. O padre cantou o hino "Dies Irae", do século XIII, que culmina com uma súplica:

Abençoado senhor Jesus,
Dai-lhe descanso eterno.

Depois que o padre espargiu água benta sobre o caixão, Mollie, sua família e outros presentes se dirigiram a um cemitério de Gray Horse, lugar silencioso e isolado debruçado sobre a pradaria sem fim.[14] O pai de Mollie e sua irmã Minnie estavam sepultados ali em tumbas vizinhas, e ao lado fora aberta uma cova, úmida e escura, para o caixão de Anna. A lápide trazia a inscrição "Espera-me no céu". Era costume levantar a tampa do caixão pela última vez para que os entes queridos se despedissem, mas as condições do corpo não permitiram essa prática. E o pior era que seu rosto não podia ser pintado com os emblemas de sua tribo e de seu clã — uma tradição dos funerais dos osages. Mollie temia que, se esse ritual não fosse cumprido, o espírito de Anna pudesse se perder. Mesmo assim, ela e sua família depositaram alimentos no caixão, suficientes para a viagem de três dias até o lugar que os osages chamam de Campo de Caça Feliz. Os mais velhos, como a mãe de Mollie, começaram a entoar rezas, na esperança de que Wah'Kon-Tah pudesse ouvi-las. John Joseph Mathews, que documentou muitas tradições da tribo, descreveu um osage em oração:

Aquilo enchia minha alma de menino de medo, de uma sensação agridoce e anseios exóticos, e quando terminava eu ficava ali, num exultante transe de medo, esperando ardentemente que ele continuasse, mesmo temendo que isso pudesse acontecer. Mais tarde, ao chegar à idade da razão, essa oração cantada, essa cantilena, essa súplica comovente, sempre terminava antes do fim, num soluço de frustração.[15]

Ao lado da sepultura, Mollie e Ernest ouviam o canto fúnebre dos velhos, entremeado de pranto. Oda Brown, o ex-marido de Anna, ficou tão perturbado que foi embora. Exatamente ao meio-dia — quando o Sol, a maior manifestação do Grande Mistério, chegava ao zênite —, os homens pegaram o caixão e começaram a baixá-lo na cova. Mollie viu a urna branca e brilhante afundar no solo, enquanto os longos e inesquecíveis lamentos eram substituídos pelo som da terra caindo sobre o caixão.

3. O Rei das colinas Osage

Os assassinatos de Anna Brown e Charles Whitehorn causaram comoção. Uma manchete do *Pawhuska Daily Capital* dizia: "Dois casos de assassinato são descobertos quase ao mesmo tempo".[1] Multiplicavam-se as hipóteses sobre o responsável. Dois projéteis alojados no crânio de Whitehorn pareciam ter saído de uma pistola calibre .32 — o mesmo tipo de arma que teria causado a morte de Anna. Seria coincidência que as vítimas fossem índios osages ricos e na casa dos trinta anos? Ou seria talvez obra de um assassino serial — alguém como o doutor H. H. Holmes, que matara pelo menos 27 pessoas, muitas delas durante a Feira Mundial de Chicago em 1893?

Lizzie delegou a Mollie o contato com as autoridades. Ao longo de sua vida, os osages haviam se afastado radicalmente de suas tradições. Louis F. Burns, historiador osage, disse que depois da descoberta de petróleo a tribo tinha ficado "à deriva num mundo estranho",[2] acrescentando que "não havia onde se agarrar para não submergir no mundo dos brancos ricos". Nos velhos tempos, um clã osage que incluía o grupo Viajantes das Brumas assumia a liderança sempre que a tribo sofria mudanças repentinas ou se aventurava em domínios desconhecidos. Mollie, embora muitas vezes se sentisse perplexa com a convulsão que via a seu redor, assumiu o comando da família — uma viajante das brumas moderna. Ela falava inglês e era casada com um branco, mas não tinha sucumbido às tentações que engambelaram muitos jovens da tribo, inclusive Anna. Para alguns osages, sobretudo os mais velhos, como Lizzie, o petróleo era uma dádiva maldita. "Algum dia o petróleo vai acabar e não haverá mais polpudos cheques periódicos vindos do Grande Pai Branco",[3] disse um chefe osage em 1928. "Não haverá mais carrões e roupas novas. Acho que então meu povo será mais feliz."

Mollie pressionou as autoridades para que investigassem o assassinato de Anna, mas os funcionários do governo, em sua maioria, pareciam pouco preocupados com a "bugra morta". Mollie recorreu ao tio de Ernest, William Hale.[4] Seus interesses comerciais agora dominavam o condado, e ele havia se tornado um poderoso defensor local da lei e da ordem — para proteger aqueles a que chamava de "almas tementes a Deus".

Hale, com sua cara de coruja, o cabelo preto untuoso, os olhos pequenos, fundos e vivazes, instalara-se na reserva havia cerca de duas décadas. Como uma versão real de Thomas Sutpen, personagem de Faulkner, ele parecia ter surgido do nada — era um homem sem passado conhecido. Chegou ao território com pouco mais do que a roupa do corpo e um exemplar ensebado do Antigo Testamento, e embarcou no que um conhecido seu chamou de "luta pela vida e pela fortuna"[5] num "estado precário de civilização".

Hale encontrou trabalho como vaqueiro numa fazenda. Antes que os trens cruzassem o Oeste, eram os vaqueiros, os caubóis que levavam o gado do Texas para o território osage, onde os rebanhos pastavam o capim viçoso, e depois para o Kansas, de onde eram enviados para os abatedouros de Chicago e outras cidades. Essas viagens atiçavam o fascínio americano pelos caubóis, mas o trabalho nada tinha de romântico. Hale dava duro dia e noite por uma ninharia; viajou em meio a tempestades — de granizo, relâmpagos, areia — e sobreviveu a estouros de boiadas, reunindo o gado em grupos cada vez menores antes que os animais pudessem pisoteá-lo. Suas roupas cheiravam a suor e estrume, e com frequência seus ossos eram golpeados, quando não quebrados. Finalmente, ele amealhou e tomou emprestado dinheiro para comprar seu próprio rebanho no território osage. "Ele é o homem mais vigoroso que já conheci",[6] disse alguém que investiu em seus negócios. "Até mesmo quando atravessa uma rua ele caminha como se estivesse indo atrás de alguma coisa importante."

Hale faliu em pouco tempo — um tropeço amargo que atiçou a fornalha de sua ambição. Ao retomar os negócios com gado, ele muitas vezes dormia numa barraca enquanto soprava o vento gelado da planície, sozinho em sua fúria. Anos depois, um repórter disse que Hale ainda andava de um lado para outro diante de uma fogueira, "como um animal acorrentado.[7] Esfregava as mãos, nervoso, em frente às chamas. Seu rosto, mais para avermelhado, lampejava de frio e excitação". Trabalhava febrilmente como alguém que temia não só a fome mas o Deus do Antigo Testamento, que, a qualquer momento, poderia castigá-lo como fez com Jó.

Tornou-se especialista em marcar, descornar, castrar e vender gado. Com o aumento dos lucros, comprou mais terras osages e de assentados vizinhos, chegando a acumular cerca de 18 mil hectares das melhores pastagens do condado e uma pequena fortuna. Depois disso, bem ao estilo americano, deu um trato em si mesmo. Trocou as calças esfarrapadas e o chapéu de vaqueiro por um terno elegante, gravata-borboleta e chapéu de feltro, e seus olhos passaram a observar o mundo através de distintos óculos redondos. Casou com uma professora e teve uma filha que o adorava. Recitava poesia. Pawnee Bill, o lendário artista do Velho Oeste e antigo parceiro de Buffalo Bill, definiu-o como "um cavalheiro de classe".[8]

Foi designado assessor do xerife de Fairfax, cargo que continuaria a manter. O título era em grande medida honorífico, mas lhe permitia ostentar uma insígnia e comandar patrulhas de civis, e ele às vezes portava um revólver no bolso lateral e outro na cartucheira. As armas simbolizavam, como ele gostava de dizer, sua autoridade como representante da lei.

À medida que sua riqueza e seu poder aumentavam, os políticos passaram a cortejá-lo em busca de apoio, sabendo que não poderiam ganhar sem sua bênção. Superava os rivais em trabalho e astúcia, granjeando muitos inimigos que queriam vê-lo morto. "Alguns o odiavam",[9] admitiu um amigo dele. Contudo, Mollie Burkhart e muitos outros o julgavam o maior benfeitor do condado. Hale ajudara os osages antes da enxurrada do dinheiro do petróleo, com doações para instituições de caridade, escolas e um hospital. Assumiu o manto de pregador e assinava suas cartas como "Reverendo W. K. Hale". Um médico local disse: "Não conseguiria me lembrar de todos os doentes que receberam atendimento médico às suas custas, nem quantos famintos provaram de sua prodigalidade".[10] Mais tarde, Hale escreveria uma carta a um dos chefes da tribo dizendo que "nunca na vida tive melhores amigos que os osages [...] sempre serei o amigo de confiança dos osages".[11] Naquele derradeiro resquício dos grotões do Oeste americano, Hale passou a ser reverenciado como o "Rei das colinas Osage".

Hale sempre ia à casa de Mollie para apanhar Ernest; não muito tempo depois do enterro, ele apareceu para dar pêsames a

William Hale competindo num torneio de laço quando era caubói (acima); Hale já transformado, com a filha e a mulher (embaixo).

Mollie e a Lizzie. Jurou fazer justiça. Com sua confiança suprema e seu domínio daquele mundo secreto dos brancos (ele usava sempre um alfinete de brilhante da loja maçônica), agia como se não tivesse relevância o fato de não desempenhar nenhum papel formal na investigação. Sempre manifestara apreço por Anna — "Éramos grandes amigos",[12] dizia —, e numa outra visita Mollie o viu aos cochichos com Ernest, aparentemente falando sobre a caçada de quem quer que tivesse assassinado a cunhada dele.

Membros do grupo de inquérito, juntamente com o promotor do condado, seguiam investigando a morte de Anna, e pouco depois do funeral Mollie compareceu a uma audiência em Fairfax para depor. O Escritório de Assuntos Indígenas do Departamento do Interior — que supervisionava as relações do governo com as tribos e mais tarde foi renomeado Bureau de Assuntos Indígenas — tinha um agente de campo, encarregado do território osage, que conhecia Mollie. Segundo esse agente, ela "estava disposta a fazer o que pudesse para […] levar os culpados à justiça".[13] As autoridades tinham designado um tradutor para Mollie — foi dispensado, pois ela falou no inglês conciso que as freiras tinham lhe ensinado na infância.

Relatou aos jurados a última visita de Anna a sua casa. Disse que ela saíra ao entardecer. Mais tarde, um funcionário do governo lhe perguntou: "Como ela foi embora?".[14]

"Foi de carro."

"Quem estava com ela?"

"Bryan Burkhart."

"Sabe que caminho tomaram?"

"Para Fairfax."

"Havia mais alguém no carro com Bryan e Anna?"

"Não, só Bryan e Anna…"

"Você a viu viva depois disso?"

Mollie manteve o controle.

"Não", respondeu.
"Viu o corpo quando o encontraram?"
"Sim."
"Quanto tempo se passou entre a última vez que você a viu saindo [...] com Bryan Burkhart e o momento em que viu o corpo dela?"
"Uns cinco ou seis dias."
"Onde viu o corpo?"
"No pasto... bem ali."
No interrogatório, enquanto Mollie parecia ansiosa para responder às perguntas, disposta a não deixar passar nada, o juiz e os jurados lhe perguntaram pouco mais que nada. Talvez não a levassem em conta por preconceito — era osage e mulher. Com muito mais rigor, o grupo interrogou Bryan Burkhart, a respeito de quem já corriam alguns burburinhos. Afinal, fora ele o último a ver Anna antes de seu desaparecimento.

Bryan não tinha a boa figura do irmão, o marido de Mollie, e havia algo glacial em seu aspecto. Tinha um olhar firme e inquietante. Certa vez, Hale o pilhara roubando gado e, para dar uma lição ao sobrinho, apresentou queixa contra ele.

O promotor do condado perguntou a Bryan sobre o dia em que ele tinha dado carona a Anna até a casa dela. "Depois de deixá-la em casa, para onde você foi?"[15]

"Fui à cidade."
"A que horas foi isso?"
"Cinco, ou quatro e meia."
"Não a viu mais depois disso?"
"Não, senhor."
Em dado momento, o promotor fez uma pausa e perguntou: "Positivo?".
"Sim, senhor."
Numa audiência posterior, Ernest também foi interrogado.

Um dos agentes pressionou-o em relação ao irmão: "Compreende que ele foi a última pessoa a ser vista com essa mulher, Anna Brown?".[16] "Compreendo", respondeu Ernest, e disse que Bryan lhe contara "que a tinha deixado em casa. Essa é a versão dele".

"Você acredita nisso?"

"Sim, senhor."

Bryan foi preso depois da primeira audiência. Para desgosto de Mollie, Ernest também foi preso, sob suspeita de estar acobertando o irmão mais novo. Mas os dois foram soltos pouco depois. A única culpa de Bryan fora ter estado com Anna antes de seu desaparecimento — não havia nenhuma prova contra ele. Quando perguntaram a Ernest se ele possuía alguma informação sobre as circunstâncias da morte da cunhada, Ernest negou e disse: "Desconheço se ela possuía inimigos, ou qualquer pessoa que não gostasse dela".

Predominava a teoria de que o assassino fosse alguém de fora da reserva. Antigamente, os inimigos da tribo lutavam nas planícies; agora, materializavam-se como assaltantes de trens, bandidos armados e outros marginais. A aprovação da Lei Seca aumentou a sensação de terra sem lei, estimulando o crime organizado e criando, nas palavras de um historiador, "a maior onda de crimes na história americana".[17] Poucos lugares no país eram tão caóticos como o condado de Osage, onde haviam se esgarçado os códigos não escritos do Oeste e as tradições que uniam as comunidades. O volume de dinheiro proveniente do petróleo foi estimado maior do que todas as corridas do ouro do Velho Oeste juntas, e essa fortuna atraíra bandidos do país inteiro. Um funcionário do Departamento de Justiça advertiu que havia possivelmente mais fugitivos escondidos nas colinas Osage "do que em qualquer outro condado ou estado da União".[18] Entre eles estava o calejado pistoleiro Irvin Thompson, conhecido como Blackie por sua pele escura (tinha um quarto de sangue cherokee) ou talvez por causa de sua alma escura: um agente da lei chegou a dizer dele que era "a pessoa mais cruel com quem já lidei".[19] Ainda mais mal-afamado era Al Spencer, o chamado Terror Fantasma, que trocara as debandadas a galope por fugas em carros em alta velocidade, e herdou de Jesse James o título de mais famoso proscrito da região. O *Arizona Republican* disse que Spencer, com sua "mente doentia e a paixão desenfreada pela aventura", atraía "a parte da população do país que se alimentava de uma falsa idolatria".[20] Membros de sua gangue, entre eles Dick Gregg e Frank "Jelly" Nash, figuravam entre os criminosos mais temidos da época.

Uma teoria mais inquietante a respeito da morte de Anna sussurrava que o culpado vivia entre os osages, um assassino em pele de cordeiro. Mollie e outros começaram a suspeitar do ex-marido de sua irmã, que se dizia empresário mas passava a maior parte do tempo na gandaia. Em retrospecto, suas atitudes perturbadas pareciam de uma intensidade demasiado teatral. Um investigador escreveu em suas anotações que "isso pode ter sido uma tristeza real [...] ou para causar impressão".[21] Depois que se divorciou dele, Anna lhe negou herança, deixando praticamente toda a sua fortuna para Lizzie. Depois do sepultamento, Brown contratou um advogado e tentou sem sucesso contestar o testamento. O investigador concluiu que Brown "não era de modo algum uma boa pessoa, e seria capaz de fazer praticamente qualquer coisa por dinheiro".[22]

Semanas depois do funeral, um homem preso no Kansas por falsificação de cheques mandou uma carta ao xerife Freas dizendo que tinha informações sobre o assassinato de Anna. "Respeitável senhor", dizia a carta, "espero ser-lhe de alguma valia."[23] Mas nada revelava sobre o que sabia, e depois de receber sua mensagem o xerife entregou-se ao que a imprensa chamou de "corrida

Agentes da lei apreendem um alambique clandestino no condado de Osage, em 1923.

desabalada". Hale, informado do provável desdobramento do caso, correu para a cadeia. Sob interrogatório, o falsário, um homem irrequieto de 28 anos, declarou que Brown lhe pagara 8 mil dólares para matar Anna. Contou que a tinha baleado na cabeça e depois levara o corpo até o córrego.

Pouco depois dessa confissão, um grupo de agentes procurou e prendeu Brown, que estava em Pawhuska a negócios. O *Pawhuska Daily Capital* anunciou: "Assassino de Anna Brown confessa o crime".[24] E acrescentou em subtítulo: "Oda Brown, marido de Anna, também está preso". Mollie e seus familiares ficaram arrasados só de pensar que Oda fosse o responsável pelo assassinato de Anna, mas encontraram algum conforto pensando que a justiça seria feita, fosse no laço do carrasco, fosse na cadeira elétrica. Em poucos dias, porém, as autoridades admitiram que não havia provas que sustentassem as declarações do falsário — nada que

Homens da gangue de Al Spencer brincam de "teje preso!" com seus colegas de bando.

mostrasse que estivera no condado de Osage por ocasião do crime ou revelasse algum contato com Brown. As autoridades foram obrigadas a soltá-lo. "Há muita conversa", o xerife teria comentado. "Mas precisamos de provas, não de conversa."[25]

Como muitos ocupantes de cargos públicos, o promotor do condado devia sua eleição, ao menos em parte, a William Hale. Quando se candidatou ao cargo pela primeira vez, seus assessores o avisaram para procurar o aval de Hale, e ele fez várias viagens à fazenda sem nunca conseguir encontrá-lo. Finalmente, um fiscal de gado lhe disse: "Se você quer ver Bill Hale, precisa chegar à fazenda dele bem cedo — e com isso quero dizer cedo pra burro".[26] Assim, às três da manhã, o candidato a promotor estacionou seu Ford T na fazenda e se dispôs a dormir no carro. Pouco depois, foi despertado por um homem mal-encarado encostado em sua janela, querendo saber por que ele estava ali. Era William Hale. O visitante explicou, e Hale descobriu que conhecia os pais dele, que certa vez o abrigaram durante uma tempestade de neve. Prometeu virar a eleição a seu favor. Um dos assessores do promotor destacou que o fazendeiro "nunca mentia, e que, se dizia que faria alguma coisa, era porque faria mesmo".[27] No dia da eleição, o promotor venceu em todos os distritos eleitorais daquela parte do condado.

Hale continuou próximo do promotor e discutiu com ele e outras autoridades o assassinato de Anna. Finalmente, o promotor resolveu procurar de novo o projétil que tinha escapado aos investigadores durante a autópsia. Conseguiu uma ordem judicial para exumar o corpo. Scott Mathis, o dono da Big Hill Trading Company, amigo de Hale e de Mollie, ficou encarregado de supervisionar a macabra tarefa, e foi ao cemitério com o agente funerário e um coveiro. A relva sobre a cova de Anna mal tivera tempo de crescer. Os homens começaram a cavoucar o solo com suas pás, encontraram e ergueram a urna, outrora branca mas agora enegrecida pela terra, e levantaram a tampa. Exalou um vapor horrível, a presença da morte.

Os irmãos Shoun, que haviam feito a primeira autópsia, foram ao cemitério e mais uma vez procuraram pelo projétil. Dessa vez, usando luvas e um cutelo, fizeram "picadinho"[28] da cabeça de Anna, como diria um agente funerário. Nada encontraram. Era como se o projétil tivesse derretido.

Em julho de 1921, o juiz de paz encerrou o inquérito, declarando que a morte de Anna Brown tinha sido perpetrada "por mãos de grupos desconhecidos"[29] — a mesma conclusão do inquérito sobre a morte de Whitehorn. O juiz guardou a sete chaves os poucos indícios que tinha reunido, para o caso de surgirem novas informações.

Enquanto isso, piorava o estado de saúde de Lizzie — que já tivera a mesma energia e a determinação obstinada de Mollie. A cada dia ela parecia mais distante, mais etérea; era como se sofresse da mesma doença devastadora que consumira Minnie.

Desesperada para obter ajuda, Mollie recorreu a curandeiros osages, que entoaram cantos quando o céu, no nascente, estava vermelho como sangue, e à nova geração de médicos, os irmãos Shoun, que levavam suas poções em maletas pretas. Mas nada parecia dar certo. Mollie mantinha a vigília pela mãe, uma das últimas guardiãs do antigo modo de vida da tribo. Não podia curá-la, mas podia alimentá-la, escovar seu belo cabelo longo prateado, deixando seu rosto descoberto — um rosto enrugado e expressivo, que mantinha sua aura. Num dia de julho, menos de dois meses depois do assassinato de Anna, Lizzie parou de respirar. Mollie não conseguiu reanimá-la. O espírito de Lizzie tinha sido chamado por Jesus Cristo, o Senhor e Salvador, e por Wah'Kon-Tah, o Grande Mistério. Mollie ficou arrasada. Como dizia uma oração fúnebre dos osages,

> *Apieda-te de mim, ó Grande Espírito!*
> *Vês que choro para sempre —*
> *Enxuga meus olhos e dá-me conforto.*[30]

O cunhado de Mollie, Bill Smith, foi um dos primeiros a estranhar a morte de Lizzie, ocorrida logo depois dos crimes que vitimaram Anna e Whitehorn. Bill, durão e persistente, também ficara profundamente frustrado com a investigação das autoridades e começou a pesquisar o assunto por conta própria. Como Mollie, ele cismara com a indeterminação da doença da sogra — nenhum médico soube apontar a causa. Ninguém descobrira uma causa natural para sua morte. Quanto mais Bill esgaravatava, debatendo com médicos e investigadores, mais se convencia de que Lizzie tinha morrido de alguma coisa terrivelmente não natural: fora envenenada. E tinha certeza de que as três mortes, de alguma maneira, estavam ligadas à reserva de ouro negro dos osages.

4. Reserva subterrânea

O dinheiro surgiu de repente,[1] rápida e absurdamente. Mollie tinha dez anos quando descobriram o petróleo, e testemunhou o frenesi que se instalou. Os mais velhos da tribo já haviam lhe contado a complicada história de seu povo, que se apossou daquela terra rica no século XVII, quando reivindicava grande parte da região central do país — um território que se estendia de onde ficam hoje os estados do Missouri e do Kansas até Oklahoma, e ainda mais para oeste, em direção às montanhas Rochosas.

Em 1803, o presidente Thomas Jefferson comprou dos franceses o território da Louisiana, onde havia terras dominadas pelos osages. Jefferson informou a seu secretário da Marinha que eles eram uma grande nação e que "devemos nos dar bem com eles, porque em suas terras somos fraquíssimos".[2] Em 1804, uma delegação de chefes osages reuniu-se na Casa Branca com o presidente, que disse ao secretário da Marinha que aqueles índios, cujos guerreiros normalmente mediam mais de 1,80 metro de altura, eram "homens dos mais excelentes que já vi".[3]

Na reunião, Jefferson se dirigiu aos chefes como "meus filhos" e disse: "Faz tanto tempo que nossos ancestrais vieram do outro lado das grandes águas que já perdemos a memória disso, e parece que surgimos nestas terras, como vocês [...] Agora somos todos uma só família".[4] E prosseguiu: "Quando voltarem, digam a seu povo que tomo todos pela mão; que de agora em diante serei o pai de vocês, que eles devem ver em nossa nação somente amigos e benfeitores". Entretanto, quatro anos depois Jefferson obrigou os osages a abandonar o território entre os rios Arkansas e Missouri. O chefe osage declarou que seu povo "não teve escolha: deviam assinar o tratado ou ser declarados inimigos dos Estados Unidos". Ao longo das duas décadas seguintes, os osages foram obrigados a ceder cerca de 40 milhões de hectares, encontrando refúgio finalmente numa área de oitenta por duzentos quilômetros no sudeste do Kansas. Foi nesse lugar que os pais de Mollie chegaram à idade adulta. Seu pai, nascido por volta de 1844, era conhecido por Ne-kah-e-se-y. Quando jovem, usava perneiras de couro com franjas, mocassins e tanga; num cinto tecido manualmente, carregava a bolsa de fumo e a machadinha. Muitas vezes andava de peito a descoberto, e seu cabelo era raspado, exceto por uma faixa que ia do cocuruto ao pescoço, espetada como a crista de um elmo espartano.

Com outros guerreiros, Ne-kah-e-se-y defendia a tribo de ataques e, antes de ir para a batalha, pintava o rosto com carvão e rezava a Wah'Kon-Tah, confirmando que era hora, como diziam os osages, "de fazer o inimigo jazer vermelho no chão".[5] Ao envelhecer, tornou-se uma figura proeminente na tribo. Determinado e sensato, estudava cada situação antes de escolher como agir. Anos depois, quando a tribo criou seu primeiro sistema judicial, incumbido principalmente de crimes menores, ele foi eleito um dos três juízes.

Lizzie também foi criada na reserva do Kansas,[6] onde ajudava a sustentar a família colhendo milho e buscando lenha longe de casa. Usava mocassins, perneiras, saia de pano e manta ao redor dos ombros. Pintava de vermelho a parte média do cabelo, para representar o caminho do sol. Um funcionário dos Assuntos Indígenas diria mais tarde que ela era "diligente"[7] e "pessoa de caráter".

Duas vezes por ano, quando Lizzie e Ne-kah-e-se-y eram jovens, suas famílias e o resto da tribo empacotavam seus parcos bens materiais — roupas, lençóis, mantas, utensílios, carne-seca, armas — e se lançavam à caça sagrada de bisões, que durava dois meses. Quando um grupo de reconhecimento avistava um rebanho, Ne-kah-e-se-y e os demais caçadores zarpavam pela planície em seus cavalos, os cascos batendo na terra como tambores, as crinas chicoteando o rosto suado e reluzente dos cavaleiros. Um estudante de medicina francês, que em 1840 acompanhou a tribo numa de suas caçadas, contou: "A corrida é implacável [...] Uma vez que o bisão é alcançado, tenta escapar em outra direção, desvia para enganar o inimigo; vendo-se acuado, ele se enfurece e se volta contra o agressor".[8]

Ne-kah-e-se-y manejava com destreza o arco e a flecha, que os osages consideravam mais eficazes que um projétil. Quando um bisão é mortalmente ferido, "vomita torrentes de sangue e se dobra sobre os joelhos antes de cair ao chão",[9] relatava o estudante francês. Depois que lhe cortavam o rabo — um troféu para o conquistador —, nada se desperdiçava: os índios punham a carne a secar, defumavam o coração e faziam linguiça com os intestinos. Óleos extraídos do cérebro eram esfregados no couro, que depois se transformava em mantos e cobertura das cabanas. E mais: dos chifres se faziam colheres; dos tendões, cordas para os arcos; o sebo era usado em tochas. Quando indagavam a um chefe osage por que não adotava os hábitos do homem branco, ele respondia: "Estou totalmente satisfeito com minha condição. As florestas e os rios suprem plenamente todas as necessidades da natureza".[10]

O governo dos Estados Unidos prometeu que o território do Kansas continuaria sendo o lar dos osages para sempre, mas em pouco tempo eles estavam cercados de colonos, entre os quais a família de Laura Ingalls Wilder, que mais tarde escreveria *Little House on the Prairie* ["A casinha da planície", mais conhecida no Brasil pelo nome *Os pioneiros*] com base em suas experiências. "Por que você não gosta dos índios, mãe?",[11] pergunta Laura numa das cenas. "Não gosto deles e ponto final. E pare de lamber os dedos, Laura." "Este é o país dos índios, não é?", diz Laura. "Por que viemos para o país deles se você não gosta deles?"

Certa noite, o pai de Laura lhe explica que em breve o governo faria com que os osages fossem embora: "É por isso que estamos aqui, Laura. Os brancos vão colonizar todo este país, e nós ficaremos com as melhores terras porque chegamos primeiro e pegamos o que será nosso". No entanto, no livro, a família Ingalls deixa a reserva sob a ameaça de ser despejada por soldados, e muitos ocupantes começam a tomar a terra à força. Em 1870, os osages — expulsos de suas cabanas, tendo suas sepulturas saqueadas — concordaram em vender suas terras no Kansas aos colonos por três dólares o hectare. No entanto, colonos impacientes massacraram muitos osages, mutilando e escalpelando seus corpos. Um funcionário dos Assuntos Indígenas comentou: "A questão que se coloca é: quem é que é selvagem?".[12]

Os osages procuraram uma nova terra. Pensaram em comprar cerca de 600 mil hectares dos cherokees, onde na época ficava o Território Indígena — região no sul do Kansas que se tornara o ponto final da Trilha das Lágrimas para muitas tribos expulsas de suas terras. A área desocupada que os osages tinham em vista era maior que o Delaware; muitos brancos achavam que o solo estava "esgotado, rochoso, estéril e inadequado para o cultivo",[13] como disse um funcionário dos Assuntos Indígenas.

Foi por isso que Wah-Ti-An-Kah, um chefe osage, disse numa reunião de conselho: "Meu povo será feliz nesta terra.[14] O homem branco não pode pôr ferros no solo aqui. O homem branco não virá para esta terra. Aqui há muitas montanhas [...] o homem branco não gosta da terra onde há montanhas, e não virá". E prosseguiu: "Se meu povo for para o oeste, onde a terra é como o piso de uma cabana, o homem branco virá a nossas cabanas e dirá 'Queremos sua terra'. [...] Em pouco a terra acabará e os osages não terão lar".

Foi assim que os osages compraram o território por 1,70 dólar o hectare no começo da década de 1870 e deram início a seu êxodo. "O ar se enchia do pranto dos velhos, sobretudo das mulheres, que se lamentavam sobre a sepultura dos filhos, que estavam deixando para sempre",[15] disse uma testemunha. Depois de fazerem a viagem até a nova reserva, os osages construíram diversos acampamentos, dos quais o mais importante era Pawhuska, onde, no alto de uma colina, o Escritório de Assuntos Indígenas[16] ergueu um imponente edifício de arenito para sua sede. Gray Horse, na porção oeste do território, compunha-se de pouco mais de um aglomerado de cabanas recém-construídas. Foi ali que se instalaram Lizzie e Ne-kah-e-se-y, casados em 1874.

A série de migrações forçadas, juntamente com "doenças do homem branco", como a varíola, cobrou um altíssimo preço para a tribo. Uma das estimativas diz que a população se reduziu a cerca de 3 mil pessoas — um terço do que era setenta anos antes. O encarregado dos Assuntos Indígenas relatou que "esse resquício é tudo o que resta de uma raça heroica que um dia teve a posse incontestável de toda esta região".[17]

Os osages ainda se dedicavam à caça aos bisões, mas quando a praticavam buscavam não só a carne como o passado. "Era como voltar aos velhos tempos",[18] disse um comerciante branco que acompanhou essas caçadas. "Os velhos do grupo tinham o costu-

Um dos acampamentos osages na nova reserva.

me de se reunir em torno das fogueiras, num ânimo nostálgico, e comentar os episódios de bravura na guerra e na caça."

Em 1877, praticamente não havia mais bisões — uma situação precipitada pelas autoridades, que estimulavam os colonos a erradicar os animais sabendo que, nas palavras de um oficial do Exército, "cada bisão morto é um índio que se vai".[19] A política americana para as tribos passou da contenção para a assimilação forçada, e cada vez mais as autoridades tentavam fazer com que os osages frequentassem igrejas, falassem inglês e se tornassem agricultores completamente vestidos. O governo devia pagamentos anuais à tribo pela venda de suas terras no Kansas, mas recusava-se a pagar até que os homens aptos para o trabalho, como Ne-kah-e-se-y, empreendessem o cultivo da terra. E mesmo assim o governo continuou efetuando os pagamentos em roupas e rações. Um chefe osage se queixou: "Não somos cães para sermos alimentados como cães".[20]

*O chefe osage
Wah-Ti-An-Kah.*

Ignorando as técnicas agrícolas do homem branco e privados dos bisões, os osages passaram fome. Em pouco tempo estavam em pele e osso. Muitos morreram. Uma delegação de osages, inclusive o chefe Wah-Ti-An-Kah, partiu com urgência para Washington, DC, a fim de pedir ao comissário de Assuntos Indígenas o fim do sistema de rações. Segundo o relato de John Joseph Mathews, os membros da delegação usaram suas melhores mantas e perneiras, enquanto Wah-Ti-An-Kah se envolveu completamente numa manta vermelha, deixando à mostra pouco além dos olhos, poços escuros que se incendiavam com toda uma história.

A delegação foi à sala do comissário e esperou por ele, que, ao chegar, disse a um intérprete: "Diga a esses cavalheiros que, lamento, mas tenho outro compromisso... Lamento só ter lembrado disso agora".[21]

O comissário fez menção de sair, mas Wah-Ti-An-Kah lhe bloqueou o caminho e deixou cair a manta. Para espanto até mesmo de seus companheiros, ele estava quase nu — só usava uma tanga e mocassins — e tinha o rosto pintado como se estivesse comandando um grupo de guerra. "Ele ficou ali, imponente como um deus primitivo das florestas escuras", diz Mathews. Wah-Ti-An-Kah pediu ao intérprete: "Diga a esse homem que se sente". O comissário atendeu, e Wah-Ti-An-Kah continuou: "Viemos de muito longe para falar sobre isso".

O comissário disse: "Com certeza este homem não sabe o que faz... Pois se vem a meu escritório quase nu, com o rosto pintado para a guerra, não é bastante civilizado para saber usar dinheiro". Wah-Ti-An-Kah afirmou não ter vergonha de seu corpo, e depois que ele e a delegação apresentaram seus motivos, o comissário concordou em encerrar a política de rações. Wah-Ti-An-Kah pegou sua manta e acrescentou: "Diga a esse homem que está tudo bem... Ele pode ir".

Como muitos outros membros da tribo, os pais de Mollie tentaram manter seus costumes. Ganhar um nome era um dos mais importantes rituais osages; só assim alguém passava a ser considerado uma pessoa pelo grupo. Mollie, que nasceu em 1º de dezembro de 1886, recebeu o nome osage de Wah-kon-tah-he-um-pah. Suas irmãs também eram conhecidas pelos nomes osages: Anna era Wah-hrah-lum-pah; Minnie, Wah-sha-she; e Rita, Me-se-moie.

Mas o processo de aculturação se acelerou quando colonos começaram a se instalar na reserva. Eles não se pareciam com os osages, nem mesmo com os cheyennes ou os pawnees. Pareciam sujos e sofridos, como William Hale, que finalmente chegaria em seu cavalo, vestindo roupas esfarrapadas — o homem que vinha do nada. Mesmo colonos como Hale, que estabeleceram laços próximos com os osages, diziam que o caminho do homem branco era inevitável e que a única forma de sobreviver seria segui-lo. Ele estava decidido a transformar não só a si mesmo, mas ao ambiente selvagem de onde viera — cercar a planície aberta e criar uma rede de entrepostos comerciais e cidades.

Na década de 1880, John Florer, um pioneiro do Kansas que se referia ao território dos osages como "o país de Deus", abriu o primeiro entreposto comercial em Gray Horse. O pai de Mollie, Ne-kah-e-se-y, gostava de andar por ali, na sombra, vendendo peles de animais. Foi assim que Mollie chegou a conhecer o filho de um comerciante, uma das primeiras pessoas brancas que viu. A pele dele era pálida como a barriga de um peixe.

O filho do comerciante escrevia um diário, e nele anotou a profunda mudança existencial vivida por Mollie e sua família, embora tenha registrado isso apenas de passagem, como se não fosse nada mais que um item num livro contábil. Certo dia, um comerciante passou a chamar Ne-kah-e-se-y de Jimmy. Em pouco tempo, outros o imitaram, e logo esse nome se impôs sobre o antigo nome osage. "Da mesma forma, suas filhas, que iam sempre à loja, receberam nomes assim",[22] escreveu o filho do comerciante. Foi assim que Wah-kon-tah-he-um-pah se tornou Mollie.

Como sua mãe, Mollie usava perneiras, mocassins, saia, blusa e manta, dormia no chão num canto da cabana da família e lhe cabiam muitas tarefas pesadas. Mas os tempos eram de relativa paz e tranquilidade: ela podia participar das danças cerimoniais e dos banquetes, brincar de pega-pega na água do riacho e assistir às corridas de pôneis conduzidos pelos homens na campina cor de esmeralda. Como escreveu o filho do comerciante, "lá se demoram lembranças, como um sonho meio esquecido, de uma

Estabelecimento comercial de John Florer em Gray Horse.

encantadora aurora do mundo na consciência de uma criança, em sua maravilha e mistério".[23]

Em 1894, quando Mollie tinha sete anos, seus pais foram informados de que deveriam inscrevê-la na St. Louis School, um

Pai de Mollie (à dir.) diante do estabelecimento de Florer.

60

internato católico feminino recém-inaugurado em Pawhuska, a dois dias de viagem de carroça em direção ao nordeste da reserva. Um comissário de Assuntos Indígenas havia dito que "os índios devem se adaptar[24] aos hábitos do homem branco, por bem, se quiserem, ou por mal, se necessário".

Os pais de Mollie foram avisados de que, se não obedecessem, o governo suspenderia o pagamento das anuidades, deixando a família à míngua. Assim, em certa manhã de março Mollie foi tirada de sua família e despachada numa carroça puxada por um cavalo. Ela e o condutor tomaram o caminho de Pawhuska, no centro da reserva, e Mollie pôde ver Gray Horse, o limite aparente de seu universo, desaparecer ao longe até que só se pudesse enxergar a fumaça saindo do teto das cabanas e desaparecendo no céu. Diante dela, a planície se estendia até o horizonte como um antigo leito marinho. Não havia assentamentos, não havia vivalma. Era como se ela tivesse deslizado pela borda do mundo e caído, para usar a expressão de Willa Cather, "fora da jurisdição do homem".

Durante horas e horas, ao longo de quilômetros e mais quilômetros, balançando para a frente e para trás na carroça, Mollie atravessou a paisagem selvagem e vazia, ainda não talhada como um país. Finalmente, a luz começou a diminuir, e ela e o condutor tiveram de parar para acampar. Quando o sol afundava no chão da planície, o céu ficou vermelho como sangue e depois preto — a escuridão só era amainada pela lua e pelas estrelas, das quais os osages acreditavam que muitos de seus clãs descendiam. Mollie havia se tornado uma viajante das brumas. Estava rodeada pelas forças da noite, ouvidas mas não vistas: a algaravia dos coiotes, o uivo dos lobos e o grito das corujas, que, conforme se acreditava, carregavam um espírito do mal.

No dia seguinte, as pradarias monocromáticas deram lugar a montanhas cobertas de troncos, e Mollie e seu condutor subiram e desceram encostas, passando pela sombra dos carvalhos e cavernas sem a luz do sol — lugares perfeitos, como disse uma vez um temeroso encarregado de Assuntos Indígenas, "para uma emboscada".[25] (E acrescentou: "Vou lhes dizer que há […] criminosos ignorantes capazes de fazer qualquer coisa".) Avançaram até chegar a sinais de presença humana: uma estrutura de madeira de um só piso, meio destruída, pintada de vermelho. Era um entreposto de comércio osage, e nas proximidades havia uma hospedaria pulguenta e um ferreiro com uma pilha imensa de ferraduras. A trilha enlameada se transformava numa trilha mais larga e mais enlameada, com casas comerciais espalhadas de ambos os lados. À entrada, esses estabelecimentos ofereciam estrados para ajudar os fregueses a evitar o barro traiçoeiro e postes para amarrar cavalos; as fachadas desgastadas pelas intempéries pareciam a ponto de despencar com a brisa, algumas delas com pinturas que simulavam um segundo andar para dar a ilusão de grandeza.

Mollie tinha chegado a Pawhuska. Embora a capital da reserva parecesse um lugar pequeno e mirrado — um "pequeno entreposto barrento", como disse um visitante —, era o maior assentamento que a menina já tinha visto. Ela foi levada para um lugar a mais ou menos 1,5 quilômetro dali: um edifício de pedra ameaçador, de quatro andares: a escola missionária católica de St. Louis, onde foi deixada aos cuidados de mulheres que usavam hábitos pretos com alguns detalhes em branco. Mollie entrou pela porta da frente — Mathews certa vez descreveu a entrada de outro internato para osages como uma "grande boca preta, maior e mais escura que a de uma fera"[26] — e percorreu um labirinto de corredores cheios de correntes de ar. Lamparinas a carvão brilhavam na escuridão.

A recém-chegada teve de retirar a manta índia dos ombros e pôr um vestido. Não lhe permitiram falar osage — precisou aprender a língua do homem branco — e deram-lhe uma Bíblia que começava com uma ideia diferente de universo: "Deus disse

'Faça-se a luz', e a luz se fez. Deus viu que a luz era boa e separou a luz das trevas".

Todas as horas do dia eram reguladas; as alunas formavam filas e marchavam de um lugar a outro. Aprendiam piano, caligrafia, geografia e aritmética, o mundo destilado em símbolos novos e estranhos. A instrução tinha o propósito de assimilar a indiazinha à sociedade dos brancos e transformá-la no que as autoridades achavam que seria a mulher ideal. Enquanto as instituições para meninos ensinavam agricultura e carpintaria, Mollie era adestrada nas "artes domésticas": costurar, cozinhar, lavar roupa e cuidar da casa. "É impossível superestimar[27] a importância de uma educação cuidadosa para as meninas indígenas", disse um funcionário do governo americano, acrescentando:

> De que serve que o homem seja trabalhador e ativo, provendo sua casa de alimentos e roupas com seu trabalho, se a mulher, sem saber cozinhar, sem o hábito de usar a agulha, sem hábitos de ordem e limpeza, faz do que poderia ser um lar feliz e aconchegante uma casa arruinada de sujeira e sordidez [...]. São as mulheres que se apegam com maior insistência a rituais e superstições pagãos e os perpetuam, ensinando-os aos filhos.

Muitas das alunas osages da escola de Mollie tentavam fugir, mas eram caçadas pelos agentes da lei montados a cavalo, amarradas com cordas e arrastadas de volta. Mollie assistia a aulas durante oito meses por ano e, ao voltar a Gray Horse, via que um número cada vez maior de meninas tinha deixado de usar mantas e mocassins, ao passo que os rapazes trocavam suas tangas por calças e o corte de cabelo tradicional por chapéus de abas largas. Muitos estudantes começavam a ficar constrangidos por causa de seus pais, que não falavam inglês e ainda viviam à moda antiga. Uma mulher osage disse que seu filho tinha "as orelhas tampadas para nossa fala".[28]

Mollie foi obrigada a frequentar a St. Louis School.

A família de Mollie transitava não apenas entre dois séculos, mas entre duas civilizações. A preocupação aumentou no final da década de 1890, quando as iniciativas do governo para a assimilação atingiram o clímax: o loteamento. Com essa política, a reserva osage seria dividida em parcelas de sessenta hectares, e cada membro da tribo receberia a sua propriedade. O resto do território ficaria aberto à colonização. O sistema de loteamento, já imposto a várias tribos, pretendia pôr fim ao velho modo de vida comunitário e transformar os índios americanos em proprietários privados — uma situação que facilitava a compra de suas terras.

Os osages tinham visto o que acontecera no Cherokee Outlet, uma vasta planície que integrava o território cherokee, situada perto da divisa oeste da reserva osage. Depois de comprar as terras dos cherokees, o governo americano anunciou que, ao meio--dia de 16 de setembro de 1893, qualquer colono poderia reivindicar uma das 42 parcelas — se chegasse primeiro! Dias antes dessa data, dezenas de milhares de homens, mulheres e crianças, vindos de lugares tão remotos quanto a Califórnia e Nova York, apareceram, e se reuniram ao longo da divisa. A massa humana esfarrapada, suja e carente se estendia até o horizonte, como um exército prestes a combater a si mesmo.

Finalmente, depois que foram fuzilados alguns "precipitados" que tentaram se esgueirar através da linha, soou o tiro de largada — "Uma corrida pela terra que nunca fora vista no mundo",[29] como disse um jornal. Um repórter relatou que "na correria, os homens jogavam uns aos outros ao chão.[30] As mulheres gritavam e caíam, desmaiadas, sendo pisoteadas e às vezes mortas". E a reportagem continuava:

> Homens, mulheres e cavalos ocupavam toda a planície. Aqui e ali homens brigavam até a morte, cada um deles bradando que tinha sido o primeiro a chegar. Sacavam-se facas e armas — era uma cena terrível e eletrizante, nenhuma pena pode lhe fazer justiça. [...] Foi uma luta de cada um por si e Deus por todos.

Ao cair da noite, o Cherokee Outlet estava retalhado.

Como os osages tinham comprado suas terras, era mais difícil para o governo implantar uma política de loteamento. A tribo, liderada por um de seus maiores chefes, James Bigheart — que falava sete línguas, entre elas sioux, francês, inglês e latim, e usava terno —, tinha condições de evitar o processo. Mas a pressão aumentava. Theodore Roosevelt já havia avisado o que aconteceria ao índio que recusasse seu lote: "Vamos deixá-lo, como esses brancos que não querem trabalhar, desaparecer da face da terra que ele ocupa".[31]

No começo do século xx, Bigheart e outro osage souberam que já não poderiam evitar o que um funcionário do governo chamou de "grande tempestade"[32] que se armava. O governo

A corrida pela terra de 1893.

americano pretendia dividir o território indígena e integrá-lo ao que seria um novo estado chamado Oklahoma. (Na língua dos choctaws, "oklahoma" significa "gente vermelha".) Bigheart conseguiu retardar o processo por diversos anos — a tribo dos osages foi a última do Território Indígena a ter suas terras loteadas —, o que lhes deu certa margem de manobra enquanto as autoridades lutavam para eliminar os últimos obstáculos à criação do novo estado. Em 1904, Bigheart mandou John Palmer, um jovem e competente advogado, cruzar o país "para tomar o pulso a Wash-

ington".³³ Filho órfão de um comerciante branco e uma sioux, Palmer foi adotado na infância por uma família osage e mais tarde casou com uma osage. Um senador dos Estados Unidos por Oklahoma disse que Palmer "era o mais eloquente índio vivo".³⁴

Durante meses, Bigheart, Palmer e outros negociaram com as autoridades as condições do loteamento. Os osages conseguiram que as terras fossem distribuídas apenas a seus iguais, aumentando cada lote de 65 para 265 hectares. Essa estratégia evitaria uma corrida pelas terras, mesmo que os brancos tentassem comprar lotes de membros da tribo. E também introduziram no acordo uma cláusula que na época pareceu uma curiosa predição: "O óleo, o gás e outros minerais cobertos pelas terras [...] de agora em diante ficam reservados para a tribo osage".[35]

Os indígenas sabiam que havia algum depósito de petróleo sob a reserva. Mais de uma década antes, um osage tinha mostrado a John Florer, dono de um entreposto de comércio em Gray Horse, uma mancha reluzente, da cor do arco-íris, flutuando na superfície de um regato na porção leste da reserva. O índio mergulhou sua manta naquele ponto e espremeu o líquido numa vasilha. Para Florer, o cheiro era igual ao do lubrificante que ele vendia em sua loja; ele correu a mostrar aquilo a outras pessoas, que confirmaram suas suspeitas: era petróleo. Com a aprovação da tribo, Florer e um rico sócio banqueiro obtiveram uma licença para perfurar a reserva. Poucos imaginavam que a tribo estivesse sentada sobre uma fortuna; quando as negociações para o loteamento começaram, porém, já havia diversos pequenos poços em operação, e os osages, astutamente, conseguiram conservar esse último domínio sobre suas terras — um domínio que nem sequer podiam ver. Depois que os termos da Lei de Loteamento foram acordados, em 1906, Palmer se vangloriava ante o Congresso: "Escrevi palavra por palavra daquele acordo osage".[36]

Como outros registrados na lista tribal,[37] Mollie e cada um dos membros de sua família receberam uma concessão — que consistia essencialmente num quinhão da riqueza mineral da tribo. Quando, no ano seguinte, Oklahoma se tornou o 46º estado da federação, os membros da tribo puderam vender seus terrenos naquele que era agora o condado de Osage. Mas, para manter o controle sobre a riqueza mineral, ninguém poderia vender sua concessão, que era transmitida por herança. Mollie e sua família passaram a pertencer à primeira reserva indígena subterrânea.

* * *

A tribo logo começou a arrendar suas terras a um número cada vez maior de prospectores brancos. Mollie via os operários — ferramenteiros, tubuladores, condutores de mulas, supervisores de plataforma — trabalhando furiosamente. Depois de mergulharem um torpedo cheio de nitroglicerina no ventre da terra, os homens, enlameados, detonavam a carga explosiva; de vez em quando, traziam à tona fragmentos de uma antiga lança indígena ou uma ponta de flecha. Olhavam para aquilo, perplexos. Esses homens construíam estruturas de madeira que subiam aos céus, como templos, e usavam uma língua peculiar: "Força, molengas, força! Carreguem logo esses ganchos, bundas-moles! Mete bronca, torrista. Se mexam, lambões. Querem voltar logo pra manguaça, né?".[38] Muitos dos prospectores cavavam poços secos, ou "poeirentos", e iam embora desesperançados. Um osage observou que tais homens brancos "agem como se o mundo fosse acabar".[39]

No começo do século xx, George Getty, advogado de Minneapolis, começou a pleitear em nome de sua família uma parcela no território osage, o Lote 50, que ele tinha arrendado por quinhentos dólares. Quando seu filho, Jean Paul Getty, era menino, chegou a visitar a região com ele. "Eram tempos de pioneiros",[40] lembrou mais tarde Jean Paul, fundador da Getty Oil Company. "Não existiam automóveis, os telefones eram raros, havia pouca luz elétrica. Embora já estivéssemos no começo do século xx, ainda se sentia muita influência do século xix."

> Parecia uma grande aventura. Meus pais nunca viram o encanto daquilo como eu. Íamos com frequência ao Lote 50, quinze quilômetros adentro do território osage, numa carroça puxada por cavalos. Levava algumas horas e tínhamos de cruzar um rio para chegar lá.

Trabalhadores encontram petróleo em território osage.

Antes de ver os índios pela primeira vez, Jean Paul perguntou ao pai: "Eles são perigosos?[41] Vamos ter de lutar com eles?".

O pai riu. "Não", respondeu. "Eles são sossegados e pacíficos."

Num dia úmido da primavera de 1917, Frank Phillips — um

sujeito metido a explorador que antes vendia um tônico contra calvície — estava com seus trabalhadores no Lote 185, a menos de um quilômetro do lote 50. Encontravam-se numa plataforma de perfuração quando a torre começou a tremer, como se por ela subisse uma locomotiva. Do buraco aberto no solo vinha um barulho gorgolejante, e os trabalhadores correram, seus gritos abafados pelo ruído semelhante a um ronco. Um dos perfuradores agarrou Phillips e arrancou-o da plataforma bem no momento em que a terra se abriu e cuspiu uma coluna preta de petróleo.

Cada nova descoberta parecia mais fantástica que a anterior. Em 1920, E. W. Marland, que já tinha sido tão pobre que não podia pagar a passagem do trem, descobriu Burbank, um dos mais produtivos campos de petróleo dos Estados Unidos: cada poço produzia 680 barris nas primeiras 24 horas.

Muitos osages corriam para ver um poço que começava a jorrar, atropelando-se para observar melhor, cuidando de não produzir faísca, os olhos acompanhando o óleo que subia a quinze, vinte, às vezes trinta metros de altura. Borrifando tudo com suas grandes asas negras, curvando-se por cima do equipamento, ele se erguia como um anjo da morte. As gotas cobriam os campos, as flores e o rosto de operários e observadores. Ainda assim, as pessoas se abraçavam e lançavam os chapéus para o alto, comemorando. Bigheart, que havia morrido pouco depois da imposição do loteamento, foi chamado de "Moisés osage". E aquela substância mineral escura, gosmenta e malcheirosa parecia a coisa mais bela do mundo.

5. Os discípulos do diabo

O dinheiro era o único meio de que Mollie dispunha para induzir as indiferentes autoridades brancas a perseguir um assassino de índios. Depois da morte de Lizzie, em julho de 1921, o cunhado de Mollie, Bill Smith, apresentou às autoridades sua suspeita de que a sogra fora envenenada aos poucos, mas até agosto ninguém havia investigado a sério o caso. Nenhum progresso fora feito quanto ao assassinato de Anna, ocorrido havia três meses. Para provocar os investigadores, a família de Mollie emitiu uma declaração dizendo que, por causa da "gravidade do crime"[1] e dos "perigos que existiam para outras pessoas", ofereciam uma recompensa de 2 mil dólares por qualquer informação que levasse à prisão dos responsáveis. A família Whitehorn também ofereceu uma recompensa de 2,5 mil dólares para quem pegasse os assassinos de Charles. E William Hale, que fizera campanha para eliminar os criminosos do condado de Osage, prometeu sua própria recompensa a quem quer que pegasse os assassinos, vivos ou mortos. "Temos de acabar com essa história sanguinária",[2] ele disse.

Mas a relação com os representantes da lei continuava a se deteriorar. O procurador-geral de Oklahoma em pouco tempo passou a acusar o xerife Freas de deliberadamente "deixar de fazer cumprir a lei",[3] permitindo o comércio clandestino de bebidas e o jogo. Freas refutou as acusações, e, enquanto o caso aguardava julgamento, os dois poderosos agentes da lei se digladiavam. Em meio a essas turbulências, Hale anunciou que era hora de contratar um investigador particular.

Durante grande parte do século XIX e no início do século XX, as agências de detetives preencheram o vácuo deixado pelos xerifes e departamentos de polícia descentralizados, mal remunerados, incompetentes e corruptos. Na literatura e na imaginação popular, o personagem que tudo via, de andar sorrateiro e lupa em punho, a seguir pegadas, destronou o xerife militante como arquétipo do justiceiro. O detetive particular se deslocava pelos novos grotões, formados por ruelas e cortiços turbulentos. Sua marca registrada não era o revólver fumegante de seis tiros. Como Sherlock Holmes, ele se apoiava no poder surpreendente da racionalidade e da dedução, na capacidade de *observar* aquilo que os Watson da vida só conseguiam *ver*. Encontrava sentido numa confusão de pistas e, como disse um escritor, "transformava crimes brutais — o que resta de fera no homem — em quebra-cabeças intelectuais".[4]

Contudo, desde o começo, ao fascínio pelos detetives particulares se misturava certo repúdio. Eles não eram treinados nem regulamentados, e muitas vezes tinham antecedentes criminais. Em suas investigações a soldo de clientes, eram vistos como figuras esquivas que invadiam os segredos das pessoas. (Como o termo "detectar"[5] deriva de um verbo latino que significa "destelhar", e como o demônio, segundo a lenda, permitia que seus comparsas removessem o telhado das casas para espiar dentro delas, os detetives eram conhecidos como "discípulos do diabo".) Em 1850, Allan Pinkerton fundou a primeira agência de detetives particulares dos Estados Unidos. Nos anúncios, o lema da empresa, "Nunca dormimos", vinha inscrito sob um grande olho, como o do delta luminoso maçônico, o que deu origem ao termo *private eye*, nome popular dado a esses profissionais. Num manual de princípios e regras gerais que serviu como modelo para o ramo, Pinkerton admite que às vezes o detetive deve "afastar-se da linha estrita da verdade"[6] e "recorrer ao engodo". Contudo, muita gente que desprezava a profissão considerava esse procedimento um mal necessário. Como disse um detetive, ele podia ser uma "mísera serpente",[7] mas era também "o silencioso, discreto e eficaz Vingador da insultada Majestade da Lei quando todo o resto falha".

Hale recrutou um sinistro detetive particular de Kansas City que atendia pelo nome de Pike. Para preservar sua identidade, Pike, que fumava um cachimbo de sabugo de milho e tinha um arremedo de bigode, encontrava-se com Hale num lugar escondido perto de Whizbang, tendo a fumaça dos campos de petróleo como pano de fundo. (Líderes civis como Hale achavam que Whizbang era um nome indigno e chamavam a cidade de Denoya, em homenagem a uma proeminente família osage.) Por fim, Pike pôs o pé na estrada para se dedicar a sua investigação.

Por indicação de Mollie e sua família, os administradores da propriedade de Anna também contrataram detetives particulares. A propriedade estava sendo gerida por Scott Mathis, dono da Big Hill Trading Company, que durante muito tempo administrara os assuntos financeiros de Anna e Lizzie, na condição de curador. O governo americano, alegando que muitos osages eram incapazes de cuidar de seu dinheiro, incumbira o Escritório de Assuntos Indígenas de determinar quais membros da tribo sabiam administrar seu patrimônio. Com veementes objeções dos osages, muitos indígenas, entre eles Lizzie e Anna, foram considerados "incapazes" e obrigados a ter um curador branco para supervisionar e autorizar todos os seus gastos, até o dentifrício que compravam na loja da esquina. Um osage que havia servido na

Primeira Guerra Mundial lamentou: "Lutei na França por este país e mesmo assim não me autorizam a assinar meus próprios cheques".[8] Os curadores normalmente eram escolhidos entre os mais destacados cidadãos brancos do condado de Osage.

Mathis reuniu uma equipe de detetives, e o mesmo fizeram os administradores dos bens de Whitehorn. Muitos desses investigadores haviam trabalhado para a William J. Burns International Detective Agency antes de se aventurarem por conta própria. Burns, ex-agente do Serviço Secreto, tinha sucedido Pinkerton como o investigador privado mais célebre do mundo. Era um homem baixo, parrudo, com um imenso bigode e cabeleira vermelha. Queria ter sido ator, e cultivava essa mística escrevendo histórias policiais sensacionalistas sobre seus próprios casos. Num desses livros, ele declarava:

> Meu nome é William J. Burns, e meu endereço fica em Nova York, Londres, Paris, Montreal, Chicago, San Francisco, Los Angeles, Seattle, New Orleans, Boston, Filadélfia, Cleveland e em qualquer lugar onde um cidadão obediente às leis possa precisar de homens que saibam agir com discrição para desalojar um assassino de seu esconderijo ou desmascarar criminosos que ameaçam os que se conduzem corretamente.[9]

Embora apelidado "detetive de primeira página" devido a sua incessante autopromoção, tinha uma folha corrida impressionante que incluía a captura dos responsáveis pela bomba posta na sede do *Los Angeles Times*, em 1910, que matou vinte pessoas. O *New York Times* dizia que Burns "talvez fosse o único detetive realmente grande, o único detetive genial que este país produziu",[10] e Sir Arthur Conan Doyle concedeu-lhe o epíteto com que ele sempre sonhou: "Sherlock Holmes dos Estados Unidos".

Mas, ao contrário de Sherlock Holmes, Burns manipulava jurados e, segundo se dizia, chegara a sequestrar um suspeito,

A Big Hill Trading Company era dirigida por Scott Mathis, curador de Anna e de Lizzie.

além de recorrer habitualmente às técnicas sórdidas dos espiões de ficção. Depois de pilhado tentando roubar provas num escritório de advocacia de Nova York, declarou que esses métodos às vezes eram necessários para comprovar uma conspiração e que aqueles limites haviam sido cruzados "mil vezes"[11] por detetives privados. Burns personificava perfeitamente a nova profissão.

Naquele verão,[12] a equipe operacional contratada por Mathis começou a se infiltrar no condado de Osage. Em seus relatórios diários, cada agente se identificava apenas por um número. De início, o agente nº 10 pediu a Mathis, que fora jurado no inquérito, que lhe mostrasse a cena do crime. "Mathis e eu rumamos até o lugar onde o corpo foi encontrado",[13] escreveu o nº 10. Um dos investigadores conversou com a governanta de Anna, que, depois de achado o corpo, conseguiu um jogo de chaves e, acompanhada de Rita Smith, irmã da falecida, entrou na casa. Inacreditavelmen-

William J. Burns, detetive particular.

te, ninguém da equipe do xerife havia revistado o lugar. As mulheres abriram a porta e entraram na moradia silenciosa. Estavam lá as joias, as mantas e as pinturas de Anna, tesouros acumulados em vida que agora pareciam ruínas de uma cidade perdida. A governanta, que ajudara Anna a se vestir no dia do desaparecimento, lembrou que "tudo estava como havíamos deixado"[14] — menos uma coisa. A bolsa de crocodilo que Anna usava no almoço de Mollie jazia no chão, com "todo o conteúdo retirado".

Nada mais parecia ter sido roubado, e a presença da bolsa indicava que Anna provavelmente voltara para casa em algum momento depois do almoço. O cunhado de Mollie, Bryan, dizia a verdade ao afirmar que a deixara em casa. Mas não teriam saído depois? Ou Anna saíra com alguma outra pessoa?

O nº 10 dedicou-se a outra fonte de pistas potencialmente promissora: o registro das ligações telefônicas efetuadas e recebidas por Anna. Naquela época, as chamadas eram feitas manualmente pelo operador de uma central telefônica, e as de longa distância quase sempre exigiam o concurso de diversas centrais. Os operadores costumavam manter um registro escrito dos telefonemas. Segundo as anotações de um operador de Fairfax, por volta das 20h30, na noite do desaparecimento, alguém ligou para a casa de Anna de uma loja de Ralston, a dez quilômetros de Gray Horse. Os registros mostravam que alguém, provavelmente Anna, havia atendido, ou seja, àquela hora ela ainda estava em casa — mais um indício de que Bryan tinha dito a verdade.

O detetive, sentindo estar à beira de uma descoberta, correu para a loja de onde fora feita a chamada. O proprietário assegurou que não havia ligado para a casa de Anna e que nenhuma outra pessoa estava autorizada a fazer chamadas de longa distância de seu estabelecimento. Para reforçar suas afirmações, nenhum operador de Ralston tinha registro de uma chamada transferida ao operador de Fairfax. "Esse telefonema é um mistério",[15] escreveu o nº 10. Ele suspeitava que o número de Ralston fosse "frio"— ou seja, que um operador tivesse recebido dinheiro para destruir o registro original, apagando a fonte verdadeira. Era como se alguém estivesse encobrindo pistas.

O nº 10 quis examinar Oda Brown mais detidamente. "Suspeitas generalizadas apontam para o marido divorciado",[16] ele escreveu. Mas estava ficando tarde e ele encerrou o relatório dizendo: "Parei de trabalhar no caso às onze da noite".

Uma semana depois, outro agente da equipe, o nº 46, foi enviado para localizar Brown em Ponca City, a quarenta quilômetros de Gray Horse. Uma tremenda tempestade desabou, transformando as ruas em rios de lama, de modo que o detetive só chegou a seu destino depois do anoitecer e descobriu que Brown não estava lá. Disseram-lhe que ele fora até Perry, Oklahoma, onde morava seu pai. No dia seguinte, o nº 46 pegou um trem rumo ao sul, onde ficava Perry, mas Brown tampouco estava lá. Dizia-se que tinha ido ao condado de Pawnee. "Assim, saí de Perry no primeiro trem",[17] escreveu o nº 46 em seu relatório. Isso é o que as histórias de Sherlock Holmes deixam de fora — o tédio do trabalho real do detetive, as pistas falsas e os becos sem saída.

No condado de Pawnee, o nº 46 bateu perna até avistar um fumante esbelto, de aspecto suspeito, cabelo castanho-avermelhado e grandes olhos inexpressivos: Oda Brown. Estava com uma pawnee, que, segundo rumores, era sua companheira desde a morte de Anna. O nº 46 chegou muito perto deles. Certo dia, abordou Brown, tentando fazer amizade. O manual de Pinkerton advertia: "O Detetive cauteloso deve apanhar o Criminoso em seus momentos de maior fraqueza, fazendo-o revelar, usando sua simpatia e a confiança que o Criminoso tem nele, o segredo que o atormenta".[18] O agente penetrou ainda mais fundo na confiança de Brown, que mencionou o assassinato da ex-mulher. Ele tentou fazer com que o suspeito dissesse onde estava no momento da morte de Anna. Brown, talvez suspeitando que o novo amigo fosse um farejador profissional, disse que estava com outra mulher e que não poderia revelar onde. O detetive o observou com atenção. Segundo o manual, o segredo de um criminoso se transforma num "inimigo" dentro dele e "debilita todo o arcabouço de sua força".[19] Brown não parecia nervoso, de jeito nenhum.

Enquanto o nº 46 trabalhava com Oda Brown, outro agente, o nº 28, ficou sabendo de um segredo aparentemente vital por intermédio de uma jovem índia kaw que morava perto da divisa oeste do condado de Osage. Numa declaração assinada, ela dizia que Rose Osage, uma índia de Fairfax, admitira ter matado Anna porque esta tentara seduzir seu namorado, Joe Allen. Rose disse que os três estavam de carro e que ela "baleou-a no topo da cabeça"[20] e depois, com ajuda de Joe, arrastou o corpo para o córrego Three Mile. Como as roupas de Rose tinham ficado manchadas de sangue, continuava a história, ela as tirara e jogara no riacho.

Era uma história sinistra, mas o agente nº 28 ficou nas nuvens. Em seu relatório diário, ele disse que passara horas com Mathis e com o xerife Freas — cujo julgamento ainda estava pendente — seguindo essa "pista, que parece ser a chave do caso".[21]

Os detetives se esforçaram para corroborar a versão da informante, em vão. Ninguém vira Anna com Rose ou Joe. Não foram achadas roupas no riacho perto de onde encontraram o corpo. Será que a informante mentia para ganhar a recompensa?

O xerife Freas, do alto de seu pescoço grosso e seu peito volumoso, recomendou aos detetives que descartassem Rose e o namorado como suspeitos. E deu uma nova versão: dois personagens curtidos dos campos de petróleo teriam sido vistos com Anna pouco antes de sua morte, e em seguida escapuliram da cidade. Os investigadores privados concordaram em levar em conta a história do xerife, mas quanto às alegações contra Rose, o nº 28 prometeu "dar continuidade a essa hipótese".[22]

Os detetives compartilharam as informações dadas por Bill Smith, cunhado de Mollie, que continuava investigando por conta própria. Smith, de 29 anos, tinha sido ladrão de cavalos antes de se ligar à sorte dos osages: primeiro casou com Minnie, irmã de Mollie, e depois — meses após a morte de Minnie, em consequência de uma misteriosa "doença consumptiva", em 1918 — casou com outra irmã de Mollie, Rita. Em mais de uma ocasião, depois de se embebedar, ele levantara a mão para Rita. Um empregado mais tarde lembrou que, depois de uma briga do casal, "ela saiu como que com marcas roxas".[23] Bill então teria dito ao empregado que aquela "era a única maneira de lidar com essas bugras". Rita sempre ameaçava deixá-lo, mas nunca o fez.

Rita era perspicaz, mas pessoas próximas a ela aventaram que seu juízo pudesse estar sendo prejudicado pelo que alguém definiu como "um amor verdadeiramente cego".[24] Mollie tinha

Rita, irmã de Mollie.

suas dúvidas a respeito de Bill: seria ele responsável, de uma maneira ou de outra, pela morte de Minnie? Hale deixou bem claro que também não confiava em Bill, e pelo menos um advogado local supunha que o ex-ladrão de cavalos "prostituía os laços sagrados do casamento por ganhos espúrios".[25]

Mas, ao que tudo indicava, Bill vinha se empenhando em descobrir o culpado da morte de Anna. Ao saber que um alfaiate da cidade podia ter informações, foi interrogá-lo, acompanhado de um detetive particular, mas descobriu que ele estava espalhando a já conhecida versão de que Rose Osage tinha matado Anna num acesso de ciúme.

Desesperados por uma oportunidade, os detetives particulares decidiram instalar um dispositivo de escuta para ouvir o que Rose e o namorado diziam. Na época, a regulamentação sobre o uso de aparelhos de vigilância eletrônica era nebulosa, e Burns recorria com entusiasmo ao ditógrafo — um aparelho rudimentar facilmente escondido em qualquer objeto, de um relógio a um candelabro. "Burns foi o primeiro americano a vislumbrar as imensas possibilidades do instrumento para o trabalho do detetive",[26] relatou o *Literary Digest* em 1912. "Ele está tão entusiasmado com o instrumento que costuma carregá-lo no bolso." Assim como Allan Pinkerton, no século XIX, ficou conhecido como "o olho", Burns, no século XX, tornou-se "o ouvido".

Os detetives, escondidos em outro ambiente, ouviam as vozes de Rose e do namorado permeadas de estática. Mas como acontece com frequência em casos de vigilância, o surto de euforia deu lugar ao tédio da vida íntima de outras pessoas, e os agentes acabaram relevando os detalhes inócuos que tinham entreouvido.

No entanto, usando métodos mais convencionais, eles fizeram uma descoberta surpreendente. O chofer de táxi que levara Anna à casa de Mollie no dia do desaparecimento contou-lhes que ela lhe pedira que parasse no cemitério de Gray Horse. Ela saltou do carro e caminhou entre as lápides, cambaleando, até se deter diante da sepultura do pai. Por um instante, ficou bem perto do lugar onde, pouco depois, ela mesma seria sepultada, como se pranteando a si mesma. De volta ao carro, pediu ao motorista que mandasse alguém levar flores para a sepultura do pai. Queria que a tumba estivesse sempre bonita. Em seguida retomaram o percurso, e Anna inclinou-se para o motorista, que sentiu seu hálito de álcool enquanto ela lhe contava um segredo: estava esperando "um bebezinho".[27]

"Meu Deus, não", ele respondeu.

"Estou, sim", disse ela.

"Isso é tudo?"

"Sim."

Mais tarde, os investigadores confirmaram a história com

duas pessoas próximas de Anna, a quem ela havia contado de sua gravidez. Ninguém sabia quem era o pai.

Um dia, naquele verão, um sujeito de nariz pequeno como o de um buldogue inglês e bigode chapliniano apareceu em Gray Horse para oferecer ajuda aos detetives. O homem, um advogado local chamado A. W. Comstock, portava uma pistola calibre .44 e era curador de diversos osages. Alguns nativos achavam que Comstock, com seu nariz aquilino e pele bronzeada, era mestiço de índio — uma impressão que ele nunca desfez enquanto construía sua carreira. "O fato de aparentar ser índio seria bem bom para suas relações com os índios, não é?",[28] observou outro advogado, com ceticismo. William Burns já havia investigado Comstock, suspeito de ter representado uma companhia de petróleo num esquema de propina para o Conselho Tribal Osage em troca de favorecimento, mas a acusação nunca fora provada.

Em vista dos numerosos contatos de Comstock entre os osages, os detetives particulares aceitaram sua oferta de ajuda. Enquanto eles tentavam estabelecer uma relação entre a morte de Charles Whitehorn e a de Anna Brown, Comstock passava adiante as fofocas que ouvira de sua rede de informantes. Dizia-se que a viúva de Whitehorn, Hattie, cobiçava o dinheiro do marido e tinha ciúme do relacionamento dele com outra mulher. Será que a mulher seria Anna Brown? Essa hipótese levava à questão seguinte: seria Whitehorn o pai da criança?

Os detetives começaram a seguir Hattie Whitehorn dia e noite, tentando ver sem serem vistos: "O agente seguiu[29] a sra. Whitehorn a Okla. City desde Pawhuska [...]. Saiu de Okla. City com a sra. Whitehorn para Guthrie [...]. Seguiu a sra. Whitehorn, Tulsa para Pawhuska". Mas não havia progressos.

Em fevereiro de 1922, nove meses depois do assassinato de Whitehorn e Anna Brown, as investigações pareciam ter chegado a um impasse permanente. Pike, o detetive que Hale havia contratado, foi embora. O xerife Freas já não comandava a investigação: naquele mês, fora afastado do cargo depois que um júri o declarou culpado de não fazer cumprir a lei.

Então, numa noite gelada de fevereiro, William Stepson, um osage campeão de laço de 29 anos, recebeu uma ligação que o levou a sair de sua casa, onde estavam sua mulher e dois filhos, em Fairfax. Horas depois, voltou, visivelmente doente. Stepson, sempre em ótima forma, morreu em poucas horas. As autoridades examinaram o corpo e supuseram que alguma pessoa com quem ele se encontrara havia lhe ministrado uma dose de veneno, talvez estricnina — um alcaloide branco e amargo que, segundo um tratado do século XIX, era "dotado de uma energia mais destrutiva"[30] do que praticamente todos os outros venenos. O tratado dizia que um animal de laboratório no qual se injetou estricnina ficava "agitado e trêmulo, e depois é tomado de rigidez a partir das pernas",[31] acrescentando que "esses sintomas aumentam a um ponto em que ele é atacado de um violento espasmo generalizado, com o qual a cabeça se curva para trás, a espinha se enrijece, os membros se esticam e enrijecem, e a respiração se interrompe pelo endurecimento do peito". As últimas horas de Stepson devem ter sido um horrível tormento: os músculos em convulsão, como se ele estivesse recebendo choques elétricos; o pescoço esticado e as maxilas apertadas; os pulmões contraídos à medida que ele tentava respirar, até que finalmente veio a asfixia.

Na época da morte de Stepson, os cientistas já dispunham de vários métodos para detectar o envenenamento. Uma amostra de tecido podia ser extraída do corpo e passar por testes que verificassem se haveria nela uma determinada quantidade de substâncias tóxicas — de estricnina a arsênico. Contudo, em grande parte do país esses métodos da medicina legal eram aplicados ainda com menor rigor do que as técnicas dactiloscópicas e balísticas. Em 1928, um estudo do Conselho Nacional de Pesquisa concluiu

William Stepson.

que os inquéritos, em muitos condados dos Estados Unidos, eram conduzidos por indivíduos "sem treinamento nem especialização"[32] que dispunham de "uma pequena equipe de qualificação medíocre e equipamentos inadequados". Em lugares como o condado de Osage, onde não havia pessoal treinado em medicina legal nem laboratório criminal, o envenenamento era um modo perfeito de cometer um crime. Os venenos abundavam nas prateleiras dos boticários e nos armazéns, e, ao contrário do disparo, podiam ser administrados em silêncio. E os sintomas causados por muitas dessas substâncias tóxicas se assemelhavam a males naturais — a náusea e a diarreia do cólera, ou as convulsões de um ataque cardíaco. Durante a Lei Seca, houve tantas mortes acidentais causadas por metanol e outros ingredientes tóxicos do uísque clandestino que um assassino poderia muito bem pôr veneno no copo de uma pessoa sem levantar nenhuma suspeita.

Em 26 de março de 1922, menos de um mês depois da morte de Stepson, uma osage morreu com suspeita de envenenamento. Mais uma vez, nenhum exame toxicológico foi efetuado. Foi então que, em 28 de julho, Joe Bates, um osage na casa dos trinta anos, conseguiu uísque com um desconhecido e depois de tomar um gole começou a espumar pela boca e desmaiou. Ele também morreu do que as autoridades chamavam de algum estranho veneno. Deixou mulher e seis filhos.

Em agosto daquele ano, como o número de mortes continuava a aumentar, um grupo de osages convenceu Barney McBride, um empresário do petróleo, branco e rico, a viajar a Washington, DC, e pedir às autoridades que investigassem. McBride fora casado com uma creek, já falecida, e criava a filha dela. Muito interessado nos assuntos indígenas em Oklahoma, tinha a confiança dos osages. Um repórter disse, a seu respeito, tratar-se de um homem "grisalho e de bom coração".[33] Como ele conhecia muita gente do governo em Washington, foi considerado o mensageiro ideal.

Ao chegar a uma hospedaria na capital do país, McBride encontrou o telegrama de um sócio. "Tenha cuidado",[34] dizia. McBride levava consigo uma Bíblia e um revólver calibre .45. À noite, passou pelo Elks Club para jogar bilhar. Ao sair, foi agarrado por alguém que lhe meteu um saco de estopa na cabeça e o amarrou com firmeza. Na manhã seguinte, o corpo de McBride foi encontrado num bueiro de esgoto em Maryland. Esfaqueado mais de vinte vezes, levara golpes na cabeça e estava nu, só de meias e sapatos, num dos quais foi deixado um cartão com seu nome. O exame do corpo indicava que tinha sido agredido por mais de uma pessoa, e as autoridades suspeitavam que os assassinos o tivessem seguido desde Oklahoma.

Notícias do assassinato chegaram logo a Mollie e sua família. O crime — que o *Washington Post* qualificou de "o mais brutal nos anais do distrito"[35]— parecia ser mais que um simples assassinato. Tinha todas as características de uma mensagem, um aviso. Numa manchete, o *Post* mencionou o que ficava cada vez mais claro: "Suposta conspiração para matar índios ricos".[36]

6. O Olmo do Milhão de Dólares

A despeito dos assassinatos, os maiores barões do petróleo do mundo continuavam aportando. A cada três meses, às dez da manhã, esses empresários — entre eles E. W. Marland, Bill Skelly, Harry Sinclair, Frank Phillips e seus irmãos — desembarcavam na estação de trens de Pawhuska, em suas luxuosas litorinas particulares. A imprensa alardeava sua chegada em boletins: "Esperado hoje o 'trem especial' dos milionários";[1] "Pawhuska hoje cede a cidade aos homens do petróleo";[2] "Homens de milhões esperam momento psicológico".[3]

Os magnatas se dirigiam para o leilão de arrendamento de lotes dos osages, evento que ocorria quatro vezes por ano, fiscalizado pelo Departamento do Interior. Um historiador o apelidou de "Montecarlo dos osages".[4] Desde o início dos leilões, em 1912, apenas uma parcela da vasta reserva subterrânea do condado de Osage fora liberada para perfuração, enquanto os lances por um único lote, que normalmente cobria uma área de 65 hectares, disparavam. Em 1923, o *Daily Oklahoman* comentou: "Brewster,[5] o herói do livro *Brewster's Millions*, chegou praticamente à loucura na tentativa de desembolsar 1 milhão de dólares em um ano. Se estivesse em Oklahoma [...] poderia ter gastado 1 milhão com um simples aceno de cabeça".

Quando o tempo estava bom, os leilões aconteciam ao ar livre, no topo de uma colina de Pawhuska, à sombra de uma grande árvore conhecida como Olmo do Milhão de Dólares. Curiosos cruzavam quilômetros para assistir ao evento. Ernest às vezes ia, assim como Mollie e outros membros da tribo. "Há também um toque de cor na plateia, pois os osages [...] são muitas vezes observadores impassíveis mas interessados",[6] relatou a Associated Press, recorrendo aos estereótipos usuais. Outras pessoas da comunidade — inclusive colonos como Hale e Mathis, o dono da Big Hill Trading Company — tinham grande interesse nos leilões. O dinheiro que afluía proveniente do boom do petróleo ajudara os osages a erguer seus próprios negócios e a realizar o sonho outrora fantástico de transformar a pradaria inculta num farol para o comércio.

O leiloeiro — um branco alto, de cabelo ralo e voz tonitruante — enfim se postava sob a árvore. Costumava vestir uma camisa listrada espalhafatosa, com barbatana no colarinho, e uma gravata balouçante; uma corrente de metal, ligada a um relógio, pendia de seu bolso. Ele, que presidia as vendas dos osages, era conhecido como Colonel, o que soava como se fosse um veterano da Primeira Guerra. Na verdade, fazia parte de seu nome de batismo: Colonel Ellsworth E. Walters. Excelente showman, convocava os interessados com frases informais como: "Vamos lá, pessoal, este velho gato selvagem tem hoje uma bela ninhada de gatinhos".[7] Como os lotes de menor valor eram oferecidos primeiro, os barões, sentados mais ao fundo, em geral deixavam os lances iniciais para os principiantes. Jean Paul Getty, que compareceu a muitos leilões, lembra que um arrendamento podia mudar o destino de um homem: "Não é raro que um aventureiro, reduzido a

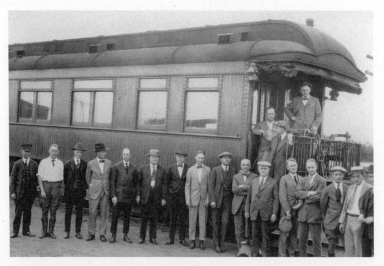

Frank Phillips (no degrau inferior) e outros magnatas do petróleo chegam ao território osage em 1919.

seus últimos centavos e sem dinheiro ou crédito para comprar mais [...], cave um poço que faz dele um homem rico".[8] Da mesma forma, um lance errado podia levar à ruína: "Fortunas eram feitas e perdidas todos os dias".

Os magnatas do petróleo examinavam mapas geológicos e tentavam colher informações sobre os lotes por meio de homens empregados como "farejadores de rochas" e espiões. Depois de uma pausa para o almoço, o leilão oferecia os lotes mais valiosos, e os olhares da multidão se voltavam inevitavelmente para os figurões, cujo poder se equiparava, se é que não ultrapassava, o dos barões do aço e das estradas de ferro do século xix. Alguns deles haviam começado a usar sua influência para mudar o curso da história. Em 1920, Sinclair, Marland e outros milionários do petróleo ajudaram a financiar a campanha presidencial vitoriosa de Warren Harding. Um empresário de Oklahoma disse a um amigo que a indicação de Harding custara, a ele e a seus negócios, 1 mi-

Colonel Walters conduzindo um leilão sob o Olmo do Milhão de Dólares.

lhão de dólares. Mas com Harding na Casa Branca, observou um historiador, "os homens do petróleo deitaram e rolaram".[9] Sinclair canalizou, por meio de uma empresa fantasma, mais de 200 mil dólares para o novo secretário do Interior, Albert B. Fall; outro magnata enviou seu filho para entregar ao secretário uma maleta preta contendo 100 mil dólares.

Em troca, o secretário autorizou os milionários a explorar as valiosas reservas estratégicas de petróleo pertencentes à Marinha. Sinclair recebeu um lote exclusivo numa reserva de Wyoming chamada Teapot Dome [Domo da Chaleira], em alusão à forma de uma rocha de arenito das proximidades. O presidente da Standard Oil avisou a um ex-cabo eleitoral de Harding: "Entendo que o Departamento do Interior esteja a ponto de fechar um contrato de arrendamento do Teapot Dome, e todos os que são do ramo estão sentindo o cheiro disso [...]. Acho mesmo que você deveria contar ao presidente que eles estão sentindo o cheiro disso".[10]

As barganhas ilícitas ainda não haviam sido ventiladas; quando os barões do petróleo chegavam ao Olmo do Milhão de

Dólares, eram tratados como príncipes do capitalismo, a multidão abria alas para eles. Durante a apresentação dos lances, as tensões às vezes transbordavam. Certa vez, Frank Phillips e Bill Skelly se engalfinharam e, enquanto rolavam no chão como guaxinins furiosos, Sinclair fez um sinal de cabeça para Colonel e depois saiu dali triunfante, com seu lote. Um repórter disse que "veteranos da Bolsa de Valores de Nova York nunca haviam testemunhado um vale-tudo mais eletrizante do que o grupo de barões do petróleo de reputação estadual e nacional lutando para ficar com os lotes preferidos".[11]

Em 18 de janeiro de 1923,[12] passados cinco meses do assassinato de McBride, muitos dos grandes empresários do petróleo reuniram-se para um novo leilão. Como era inverno, eles se encontraram no Constantine Theater, em Pawhuska. Tido como "o melhor edifício de sua natureza em Oklahoma",[13] o teatro tinha colunas gregas, murais e luzes ao redor do palco. Como de hábito, Colonel começou pelos lotes de menor valor. "Façam seus lances!",[14] gritou. "Lembrem-se, não há lotes por menos de quinhentos dólares."

Uma voz destacou-se na multidão: "Quinhentos".

"Tenho quinhentos", trovejou Colonel. "Quem dá seiscentos? Quinhentos, quinhentos... obrigado... seiscentos, quem dá setecentos [...]" Colonel fez uma pausa e gritou: "Vendido para este cavalheiro por seiscentos dólares!".

Ao longo do dia, os lances por outros lotes só aumentavam: 10 mil... 50 mil... 100 mil...

Colonel brincou: "Wall Street está acordando".

O Lote 13 foi vendido a Sinclair por mais de 600 mil dólares.

Colonel respirou fundo. "Lote 14", ele disse. O terreno estava no meio do rico campo de Burbank.

A multidão se calou. Foi então que uma voz não identificada se ergueu do meio da sala: "Meio milhão". Era um representante da Gypsy Oil Company, afiliada ao grupo Gulf Oil, que trazia um mapa aberto sobre os joelhos e não levantou os olhos ao falar.

"Quem dá 600 mil?", perguntou Colonel, conhecido pela capacidade de detectar o mais leve aceno ou gesto dos interessados. Nos leilões, Frank Phillips e um de seus irmãos usavam sinais quase imperceptíveis — o erguer de uma sobrancelha, um giro do charuto. Frank contava brincando que certa vez o gesto de espantar uma mosca tinha custado 100 mil dólares a seu irmão.

Colonel conhecia seu público e apontou para um senhor grisalho que tinha um charuto apagado entre os dentes. Ele representava um consórcio que incluía Frank Phillips e Skelly — velhos adversários, mas agora aliados. O homem de cabelo grisalho fez um aceno de cabeça quase invisível.

"Setecentos", gritou Colonel, apontando rapidamente para o homem que dera o primeiro lance. Outro aceno.

"Oitocentos", disse Colonel.

Virou-se para o homem do mapa, que disse: "Novecentos".

Outro aceno do homem do charuto apagado. Colonel berrou as palavras: "Um milhão de dólares".

Os lances continuavam subindo. "Chegamos a 1,1 milhão, quem dá 1,2 milhão?", indagou Colonel. "De novo: 1,1 milhão; quem dá 1,2 milhão?"

Ninguém se manifestou. Colonel olhou para o homem grisalho, que ainda mascava seu charuto apagado. Um repórter que estava na sala comentou: "Precisamos de ar!".

"Isto é Burbank, homens. Não percam a oportunidade", advertiu Colonel.

Ninguém se mexeu nem disse uma palavra.

"Vendido!", anunciou o leiloeiro. "Por 1,1 milhão de dólares."

Cada novo leilão superava o anterior, tanto em relação ao

Centro de Pawhuska em 1906, antes do boom do petróleo.

Pawhuska transformada, no auge da era do petróleo.

lance mais alto por um determinado lote quanto ao total de milhões arrecadados. Um lote foi vendido por quase 2 milhões, enquanto o total arrecadado num único leilão chegou perto de 14 milhões. Um repórter da *Harper's Monthly Magazine* comentou: "Onde isso vai parar? A cada vez que se perfura um novo poço, os índios ficam muito mais ricos".[15] E acrescentou: "Os osages estão ficando tão ricos que será preciso tomar alguma providência".

Um número cada vez maior de americanos brancos expressava seus receios quanto à riqueza dos osages — uma indignação alimentada pela imprensa. Os jornalistas contavam histórias, quase sempre bastante exageradas, sobre osages que descartavam pianos de cauda no gramado ou trocavam de carro ao ter um pneu furado. Segundo a revista *Travel*, "o índio osage é hoje o príncipe dos esbanjadores. Comparado a sua imprevidência, o Filho Pródigo não passava de uma pessoa frugal afeita a ninharias".[16] Uma carta dirigida ao editor da revista semanal *Independent* refletia esse sentimento, referindo-se ao osage típico como um sujeito imprestável[17] que enriquecera "só porque o governo, desastradamente, o fixou numa terra cheia de petróleo que nós, brancos, desbravamos para ele". Mathews lembra acidamente de repórteres que "se divertiam com o impacto bizarro da riqueza sobre homens do neolítico, com a habitual presunção e o juízo dos incultos".[18]

Os relatos raramente mencionavam, se é que alguma vez o fizeram, que muitos osages haviam investido seu dinheiro com habilidade,[19] ou que alguns de seus gastos provavelmente se deviam a costumes ancestrais que conferiam uma posição respeitável na tribo a quem manifestasse grandes mostras de generosidade. É fato que, durante os Anos Loucos, uma época marcada pelo que Scott Fitzgerald chamou de "a maior, a mais ostentatória gastança da história",[20] os osages não estavam sozinhos em sua prodigalidade. Marland, o barão do petróleo que encontrou o campo de Burbank, construiu em Ponca City uma mansão de 22 cômodos e logo depois a trocou por outra ainda maior. Com o interior feito à imagem do Palazzo Davanzati de Florença, do século XIV, a nova casa tinha 25 cômodos (entre eles um salão de baile com o teto folheado a ouro e candelabros de cristal Waterford), doze banheiros, sete lareiras, três cozinhas e um elevador revestido de pele de bisão. Na parte externa, uma piscina, campos de polo, uma quadra de golfe e cinco lagos com ilhas. Quando questionado por esse excesso, Marland não se desculpou: "Para mim, o objetivo do dinheiro é comprar e construir. Foi o que fiz. E se isso é um problema, sou culpado".[21] Contudo, em poucos anos ele estaria arruinado a ponto de não poder pagar a conta de luz, e teve de desocupar a mansão. Depois de uma passagem pela política, tentou descobrir outro poço, mas fracassou. Seu arquiteto lembra:

> A última vez que o vi, estava sentado junto a um barril em algum ponto do nordeste da cidade. Chovia, e ele usava capa de chuva e chapéu, mas estava sentado ali, como que desacorçoado. Dois ou três homens trabalhavam em sua plataforma móvel na esperança de encontrar petróleo. Afastei-me com um nó na garganta e lágrimas nos olhos.[22]

Outro famoso barão do petróleo de Oklahoma torrou em pouco tempo 50 milhões de dólares e acabou sem nada.

Muitos osages, ao contrário de outros americanos ricos, não podiam gastar o dinheiro como quisessem devido ao sistema de curatela financeira imposto pelo governo federal (um desses curadores disse que um osage adulto era "como uma criança de sete ou oito anos que quando vê um brinquedo novo quer comprá-lo"[23]). A lei obrigava que se indicasse um curador para qual-

A imprensa reclamava que enquanto um de cada onze americanos tinha um carro, cada osage possuía, praticamente, onze veículos.

quer índio americano que o Departamento do Interior qualificasse de "incapaz". A decisão de indicar um curador — na prática, transformar um índio num cidadão pela metade — era quase sempre baseada na proporção de sangue indígena que corria nas veias de um proprietário, ou naquilo que a Suprema Corte de Justiça chamava de "fraqueza racial".[24] Um nativo de sangue puro estava invariavelmente sujeito à curatela, o que era raro acontecer com aqueles de sangue mestiço. John Palmer, o órfão meio sioux adotado por uma família osage que desempenhou papel fundamental na preservação dos direitos minerais da tribo, apelou a membros do Congresso: "Não deixem que o tanto de sangue branco ou indígena determine quem os senhores tomarão como membros da tribo. Não importa o tanto de sangue indígena. Cavalheiros não lidam com coisas desse tipo".[25]

Como era de esperar, seus apelos foram ignorados, e os membros do Congresso se reuniriam em salas revestidas de painéis de madeira e passariam horas examinando em detalhes os gastos dos osages, como se estivesse em jogo a segurança do país. Numa audiência de um subcomitê da Casa dos Representantes em 1920, os legisladores esmiuçaram um relatório enviado por um inspetor do governo encarregado de investigar os hábitos de consumo da tribo, inclusive os da família de Mollie. O investigador citou com desagrado seu "demonstrativo": uma dívida de 319,05 dólares que a mãe de Mollie, Lizzie, tinha acumulado num açougue pouco antes de sua morte. O investigador afirmava que o diabo se apossara do governo quando ele negociou o acordo de direitos sobre o petróleo com a tribo. Destilando fogo e enxofre, ele declarou:

> Visitei muitas cidades de nosso país, trabalhei em muitas delas e nas cercanias, e conheço mais ou menos bem suas mazelas sujas e suas fossas de iniquidade. No entanto, nunca compreendi tão plenamente a história de Sodoma e Gomorra, cujos pecados e vícios causaram sua destruição e sua queda, até visitar essa nação indígena.[26]

Ele implorou ao Congresso que tomasse uma atitude mais eficaz. "Qualquer branco do condado de Osage poderá lhes dizer que os índios estão ficando incontroláveis",[27] comentou, "e é chegada a hora de começar a restringir esse dinheiro ou de afastar de nossos corações e de nossa consciência toda esperança de transformar o índio osage num cidadão de verdade."

Alguns poucos legisladores e testemunhas procuraram aplacar a tentativa de conferir aos osages a condição de bode expiatório. Numa audiência posterior, até mesmo um juiz que servia como curador reconheceu que os índios não gastavam suas riquezas de modo muito diferente do dos brancos endinheirados. "Há muito de humano nesses tais osages",[28] disse. Hale também afirmou que o governo não deveria ditar as decisões financeiras dos indígenas.

Mas em 1921, da mesma forma como outrora adotara o sistema de rações para pagar aos osages pela terra a eles tomadas — assim como sempre transformava sua ladainha iluminista num martelo de coerção —, o Congresso aprovou uma lei ainda mais draconiana para controlar o modo como os osages podiam gastar seu dinheiro. Os curadores não só continuariam a fiscalizar as finanças de seus curatelados como, pela nova lei, os osages com curadores ficariam "restritos", ou seja, cada um deles poderia retirar, de seu patrimônio, não mais que uns poucos milhares de dólares por ano. Pouco importava se precisassem do dinheiro para pagar a educação dos filhos ou as contas de hospital de uma criança doente. "Temos muitas crianças pequenas",[29] explicou o último chefe hereditário da tribo, que tinha mais de oitenta anos, numa declaração à imprensa. "Queremos criá-las e educá-las. Queremos dar-lhes conforto, e não queremos que nosso dinheiro seja controlado por alguém que não se importa nem um pouco conosco." E prosseguiu:

> Queremos nosso dinheiro agora. Ele nos pertence. É nosso, e não pretendemos que nenhum autocrata o retenha e nos impeça de usá-lo [...]. É uma injustiça com toda a tribo. Não queremos ser tratados como um bando de crianças. Somos homens capazes de cuidar de nós mesmos.

Na qualidade de osage de sangue puro, Mollie estava entre aqueles cujas retiradas foram restritas, mas pelo menos no caso dela o curador era seu marido, Ernest.

E não era apenas o governo federal que se intrometia nos assuntos financeiros da tribo. Os osages encontraram-se cercados de predadores — "um bando de abutres",[30] como disse alguém numa reunião de conselho da tribo. Funcionários corruptos do governo local também procuravam abocanhar a fortuna dos índios. Havia ladrões prontos a assaltar as contas bancárias deles. Os comerciantes exigiam que pagassem preços "especiais" — ou seja, inflacionados. Contadores e advogados inescrupulosos tentavam explorar a mal definida condição legal dos osages de sangue puro. Uma mulher branca de trinta anos, do estado de Oregon, chegou a escrever uma carta à tribo procurando um osage com quem se casar: "Por favor, avisem ao índio mais rico de que tiverem notícia, e ele vai me achar tão boa e sincera quanto um ser humano pode ser".[31]

Numa sessão do Congresso, Bacon Rind, outro chefe osage, declarou que os brancos "nos empurraram para um fim de mundo, a parte mais árida dos Estados Unidos, pensando: 'Vamos levar esses índios para aquele monte de pedras e deixá-los num canto'".[32] Agora que o monte de pedras valia milhões de dólares, ele disse, "todo mundo quer ir para lá e pegar um pouco do dinheiro".

7. Criatura das trevas

Fazia um frio violento nos primeiros dias de fevereiro de 1923. Ventos gelados cortavam as planícies e uivavam pelas ravinas, fustigando os galhos. A pradaria ficou dura como pedra, as aves desapareceram do céu e o Avô Sol parecia pálido e distante.

Certo dia, dois homens[1] caçavam a seis quilômetros de Fairfax quando avistaram um carro numa depressão pedregosa do terreno. Em vez de se aproximarem, voltaram à cidade e informaram as autoridades. O vice-xerife e o oficial de justiça foram investigar. Já com pouca luz, desceram uma encosta íngreme para alcançar o veículo. Como era comum na época, as janelas tinham cortinas, e o carro, um Buick, parecia uma urna mortuária. A cortina da janela do motorista estava entreaberta, e o vice-xerife olhou pela abertura. Viu um homem caído sobre o volante. "Deve estar bêbado",[2] concluiu. Ao abrir a porta reparou que havia sangue no assento e no piso. O homem levara um tiro fatal na parte posterior da cabeça. O ângulo do disparo, além da ausência de arma no local, descartava suicídio. "Vi que ele tinha sido assassinado",[3] contou mais tarde o vice-xerife.

Desde o brutal assassinato de McBride, o empresário do petróleo, tinham-se passado cerca de seis meses sem que se soubesse de nenhuma outra morte suspeita. Contudo, quando os dois agentes da lei observaram o homem no carro, perceberam que a matança continuava. O corpo estava mumificado devido ao frio, e dessa vez eles não tiveram dificuldade em reconhecer a vítima: era Henry Roan, um osage de quarenta anos, casado e com dois filhos. No passado, ele usara o cabelo em duas longas tranças, mas foi obrigado a cortá-lo ao ir para o internato, assim como teve de mudar seu nome original, Roan Horse. Mesmo sem as tranças — e tombado no carro — seu rosto comprido e belo, e seu corpo, alto e esbelto, lembravam um guerreiro osage.

Henry Roan.

Os agentes da lei voltaram para Fairfax, onde notificaram o juiz de paz. Pediram que Bill Hale também fosse informado. Como lembrou o prefeito de Fairfax, "Roan considerava W. K. Hale seu melhor amigo".[4] O morto estava entre os osages de sangue puro cuja dotação financeira fora oficialmente cortada, e muitas vezes pedira empréstimos em dinheiro a Hale. "Éramos bons amigos, e ele me pedia ajuda quando enfrentava problemas",[5] diria Hale depois, acrescentando que fizera tantos empréstimos a Roan que ele acabou por indicá-lo beneficiário de sua apólice de seguro de vida, no valor de 25 mil dólares.

Poucas semanas antes de morrer, Roan telefonara a Hale, perturbado. Soubera que sua mulher estava tendo um caso com um sujeito chamado Roy Bunch. Hale foi visitar Roan e tentou consolá-lo.

Dias depois, topou com Roan no banco, no centro de Fairfax. Ele lhe pediu uns poucos dólares emprestados; ainda estava deprimido por causa da mulher e queria tomar um gole de bebida clandestina. Hale aconselhou-o a não comprar uísque: "Henry, seria melhor parar com isso. Está lhe fazendo mal".[6] E avisou-o de que os homens da Lei Seca iriam "pegá-lo".

"Não vou levar para a cidade", disse Roan. "Vou escondê-lo." E desapareceu, até que o corpo foi encontrado.

Mais uma vez tiveram início os rituais macabros. O vice-xerife e o oficial de justiça voltaram à ravina, e Hale os acompanhou. A cena do crime estava encoberta pela escuridão; os homens enfileiraram seus veículos no topo da colina e dirigiram os faróis para o barranco — àquele que um dos agentes da lei chamaria de "verdadeiro vale da morte".[7]

Hale ficou no alto da colina, observando a investigação, os homens entrando e saindo do Buick em sombras. Um dos irmãos Shoun concluiu que a morte ocorrera dez dias antes. Os agentes registraram a posição do corpo de Roan — "as mãos cruzadas diante do peito e a cabeça no assento"[8] — e a trajetória da bala, que tinha saído pelo olho direito e estilhaçado o para-brisa. Registraram o vidro quebrado espalhado no capô e no chão. Anotaram os itens que encontraram com a vítima: "Vinte dólares em cédulas, dois dólares de prata e [...] um relógio de ouro".[9] E observaram, nas proximidades, marcas de pneus de outro carro na lama congelada — supostamente, o veículo do assassino.

A notícia do crime renovou a sensação incômoda de medo. O *Osage Chief* — que, por acaso, na mesma edição prestava tributo a Abraham Lincoln como inspirador dos americanos — deu, na primeira página: "Henry Roan baleado por mão desconhecida".[10]

A notícia sobressaltou Mollie. Em 1902, mais de uma década antes de conhecer Ernest, ela e Roan haviam se casado, mas a união durara pouco. Há escassas referências sobre o relacionamento, mas tudo indica que foi um casamento arranjado: jovens — Mollie tinha apenas quinze anos — reunidos para preservar um modo de vida em extinção. Como o casamento tinha sido feito segundo o costume osage, não houve necessidade de divórcio. Eles tomaram seus próprios caminhos, e pronto. Contudo, permaneceram ligados pela lembrança de uma intimidade fugaz que aparentemente terminou sem mágoas e talvez até com alguma afeição silenciosa.

Muitas pessoas do condado acorreram ao funeral de Roan. Os osages mais velhos entoaram os tradicionais cantos para os mortos, mas agora eles pareciam dirigidos aos viventes, àqueles que tinham de suportar esse mundo de assassinatos. Hale mais uma vez carregou o caixão, mantendo erguido o ataúde do amigo. Um dos poemas prediletos de Hale fazia eco à exortação de Jesus no Sermão da Montanha:

O juízo do homem erra, mas existe Alguém que "tudo faz bem".
Sempre, ao longo da jornada da vida, tem presente este preceito:
"Faze aos outros o que desejas que fizessem a ti".[11]

Mollie sempre havia colaborado com as autoridades, mas sentiu-se pouco à vontade quando começaram a investigar a morte de Roan. À sua maneira, ela era um produto da autoconstrução típica do espírito americano. Tinha arranjado os detalhes de seu passado da mesma forma como arrumara sua casa, e nunca disse nada a Ernest, seu segundo marido, instintivamente ciumento, sobre seu casamento osage com Roan. Ernest dera apoio a Mollie durante aqueles tempos terríveis, e ambos haviam tido uma terceira filha, Anna. Se Mollie levasse sua ligação com Roan ao conhecimento das autoridades, teria de admitir que enganara Ernest durante todos aqueles anos. Decidiu não dizer nada, nem ao marido nem às autoridades. Mollie tinha lá seus segredos.[12]

Depois da morte de Roan, começaram a aparecer lâmpadas elétricas do lado de fora das casas dos osages, penduradas no telhado e nos parapeitos das janelas, acima das portas dos fundos, com seu brilho conjunto abrindo espaço na escuridão. Um repórter de Oklahoma observou:

> Quem viajar em qualquer direção a partir de Pawhuska, verá à noite as casas dos osages destacadas por luzes elétricas, que um forasteiro diria ser uma mostra de ostentação da riqueza do petróleo. Mas as luzes são acesas, como todos os osages sabem, para protegê-los contra a aproximação furtiva de um espectro sinistro — certa mão invisível — que levou uma praga para as terras indígenas e converteu seus amplos hectares, que outras tribos nativas veem com inveja, quase como um paraíso, num Gólgota, num campo de crânios de homens mortos. A pergunta que se impõe na terra osage é: "Quem será o próximo?".[13]

Os assassinos criaram um clima de terror que erodia a comunidade. As pessoas suspeitavam de vizinhos, suspeitavam de amigos. A viúva de Charles Whitehorn dizia que a mesma gente que tinha matado seu marido em breve acabaria com ela.[14] Um visitante lembrou mais tarde que em Fairfax os moradores estavam tomados de "um medo paralisante",[15] e um repórter escreveu que um "manto sombrio de mistério e medo [...] cobria os vales repletos de petróleo nas montanhas dos osages".[16]

Apesar dos riscos cada vez maiores, Mollie e sua família insistiam na busca dos assassinos de Anna. Bill Smith confidenciou[17] a diversas pessoas que seu trabalho de detetive vinha "esquentando". Certa noite, estava em casa com Rita, numa área isolada próxima a Fairfax, quando pensaram ter ouvido alguma coisa se mexendo por perto. O barulho cessou — o que quer que fosse, quem quer que fosse, tinha desaparecido. Poucas noites depois, Bill e Rita ouviram de novo aquele som. Intrusos — só podia ser isso — estavam do lado de fora, sondando, mexendo em coisas, depois dando no pé. Bill disse a um amigo: "Rita está assustada".[18] Ele mesmo parecia ter perdido sua segurança agressiva.

Menos de um mês depois da morte de Roan, Bill e Rita abandonaram a casa, deixando para trás a maior parte de seus pertences. Mudaram-se para um belo sobrado, com alpendre e garagem, perto do centro de Fairfax. (Comprado do médico James Shoun, muito amigo de Bill.) Diversos de seus vizinhos tinham cães de guarda, que latiam à menor perturbação; com certeza eles avisariam se os intrusos voltassem. "Agora que nos mudamos talvez nos deixem em paz",[19] disse Bill a um amigo.

Não muito tempo depois, surgiu um homem à porta da casa dos Smith, dizendo ter ouvido comentários sobre o interesse de Bill em vender algumas terras. Bill disse-lhe que se tratava de um engano. O homem, ele observou, tinha um olhar selvagem, como o de um meliante, e mirava de relance o entorno da casa, como se a estivesse avaliando.

No começo de março, os cães da vizinhança morreram, um após o outro; seus corpos foram encontrados caídos nas escadas e nas ruas. Bill tinha certeza de que haviam sido envenenados. Ele e Rita foram tomados de um silêncio tenso. Ele confiou a um amigo que "não esperava viver muito mais".[20]

Em 9 de março, um dia de rajadas de vento, Bill foi de carro com um amigo à fazenda de Henry Grammer, fabricante de bebidas clandestinas, na divisa oeste da reserva: precisava de um trago. Mas sabia que Grammer, que o jornal *Osage Chief* considerava o "personagem mais famigerado do condado",[21] tinha seus segredos e controlava um mundo invisível. A investigação sobre a morte de Roan trouxera à tona uma revelação: antes de desaparecer, Roan disse que ia comprar uísque na fazenda de Grammer — o mesmo lugar, coincidentemente ou não, em que Anna, irmã de Mollie, adquiria seu uísque.

Grammer era astro de rodeio — já tinha se apresentado no Madison Square Garden — e campeão do mundo no laço. Dizia-se também que era assaltante de trens, importante produtor de bebidas proibidas ligado à máfia de Kansas City e excelente pistoleiro. O sistema legal elástico parecia incapaz de detê-lo. Em 1904, em Montana, ele atirou num tosquiador de ovelhas e recebeu uma sentença de apenas três anos. Num incidente posterior, no condado de Osage, um homem chegou ao hospital ferido de bala, sangrando profusamente e gemendo: "Vou morrer, vou morrer".[22] Disse que o atirador tinha sido Grammer e desmaiou. Mas no dia seguinte, quando acordou e percebeu que não fora para os braços do Senhor, pelo menos não tão cedo, afirmou não fazer ideia de quem teria apertado o gatilho. À medida que seu império de bebida crescia, Grammer passou a comandar um verdadeiro exército de bandidos. Entre eles, Asa Kirby, pistoleiro que ostentava um reluzente dente de ouro, e John Ramsey, ladrão de gado que parecia o menos mau dos homens maus de Grammer.

Bill e seu amigo chegaram à fazenda de Grammer ao entar-

Henry Grammer foi sentenciado a três anos de prisão por matar um homem em Montana.

decer. Diante deles erguiam-se uma grande casa de madeira e um celeiro; na mata circundante, escondidos, havia alambiques de cobre de quinhentos galões. Grammer tinha sua própria usina elétrica, de modo que sua gangue podia trabalhar dia e noite — sem precisar da fraca luz da lua para fabricar bebida.

Ao descobrir que o patrão não estava, Bill pediu a um dos trabalhadores várias jarras de uísque. Deu um trago. Numa pastagem próxima, perambulavam os cavalos premiados de Grammer. Teria sido fácil para Bill, antigo ladrão de cavalos, montar num deles e desaparecer. Mas limitou-se a beber um pouco mais. Então, ele e seu amigo voltaram para Fairfax, passando pela fieira de lâmpadas — as luzes do medo, como eram chamadas — que balançavam com o vento.

Bill deixou o amigo, foi para casa e estacionou o Studebaker

Rita Smith e sua criada Nettie Brookshire numa cabana de verão.

na garagem. Rita estava em casa com Nettie Brookshire, uma criada branca de dezenove anos que muitas vezes pernoitava lá.

Foram logo para a cama. Pouco antes das três da manhã, um homem que morava perto ouviu uma violenta explosão. O impacto irradiou por toda a vizinhança, vergando árvores e letreiros, arrancando janelas. Num hotel de Fairfax, um vigia que estava numa janela levou uma chuva de estilhaços e foi lançado ao chão. Em outro quarto do hotel, um hóspede foi jogado para trás. Mais perto da explosão, as portas das casas ficaram em pedaços; as colunas de madeira quebravam como gravetos. Uma testemunha, ainda menino à época, escreveu mais tarde: "Era como se a noite nunca fosse parar de tremer".[23] Mollie e Ernest também sentiram a explosão. "Tudo balançava",[24] disse Ernest depois. "De início pensei que fosse um trovão." Mollie, assustada, levantou-se, foi até a janela e viu alguma coisa pegando fogo no céu, como se o sol tivesse irrompido na noite. Ernest foi até a janela e ficou ao lado dela, olhando o brilho assustador.

Ele enfiou a calça e correu para a rua. As pessoas saíam cambaleantes de casa, confusas e aterrorizadas, levando lanternas e disparando armas, num sinal de aviso e chamado para que outros se juntassem à procissão cada vez maior — uma correria de gente, a pé e de carro, para o lugar da explosão. Ao chegarem mais perto, começaram a gritar: "É a casa de Bill Smith! É a casa de Bill Smith!".[25] Só que já não havia casa. Não havia nada além de estacas torradas, metal retorcido e mobília em pedaços, que Bill e Rita tinham comprado dias antes na Big Hill Trading Company. Tiras de roupa de cama se enroscavam nos cabos telefônicos, escombros pulverizados flutuavam no ar escuro e tóxico. Até mesmo o Studebaker tinha sido destruído. Uma testemunha lutava para encontrar palavras: "Aquilo parecia nem sei o quê".[26] Estava claro que alguém tinha detonado uma bomba debaixo da casa.

As chamas entre os escombros consumiam os fragmentos que haviam restado da casa e subiam em rajadas para o céu, numa nuvem de fogo. Bombeiros voluntários carregavam água de poços e tentavam controlar o fogo. E as pessoas procuravam Bill, Rita e Nettie. "Venham cá, homens, há uma mulher ali!",[27] gritou um dos socorristas.

O juiz de paz tinha se juntado às buscas, assim como Mathis e os irmãos Shoun. Antes mesmo que os restos humanos fossem encontrados, o agente funerário da Big Hill Trading Company chegou com seu carro fúnebre; um concorrente apareceu também, e as duas aves agourentas circulavam por ali.

Os homens reviravam as ruínas. James Shoun, antigo proprietário da casa, sabia onde ficava o dormitório principal. Foi até lá e de repente ouviu uma voz pedindo ajuda. Outros também ouviram, um som fraco mas perceptível: "Socorro!... Socorro!".

Um dos homens apontou para um montinho fumegante de onde parecia sair a voz. Os bombeiros lançaram água naquele ponto, e, no meio do vapor, todos começaram a remover os escombros. À medida que trabalhavam, a voz se tornava mais forte, sobrepondo-se aos estalos dos destroços. Finalmente, um rosto começou a tomar forma, enegrecido e torturado. Bill Smith se contorcia ao lado da cama. Suas pernas, de tão queimadas, estavam irreconhecíveis, assim como as costas e as mãos. David Shoun declarou mais tarde que nunca em sua vida de médico tinha visto alguém naquelas condições: "Ele estava pedindo socorro, e num estado deplorável".[28] James Shoun tentou confortar Bill, dizendo: "Não vou deixar você sofrer".

À medida que removia os escombros, o grupo viu que Rita, de camisola, estava deitada ao lado do marido. Seu rosto estava ileso, e ela parecia dormir tranquilamente, sonhando. Quando a levantaram, porém, descobriram sua nuca esmagada. Estava morta. Bill soltou um grito sofrido. "Rita se foi",[29] repetia. A um amigo que se encontrava ali, ele falou: "Se você tiver uma arma [...]".

Ernest, usando um roupão que alguém tinha lhe dado para se cobrir, observava. Não era capaz de se afastar do horror, e ficava murmurando: "Um incêndio".[30] O agente funerário da Big Hill pediu-lhe autorização para remover os restos de Rita, e ele consentiu. Precisava ser embalsamada antes que Mollie a visse. O que diria quando soubesse que outra de suas irmãs fora assassinada? Agora Mollie, de quem outrora se pensava que seria a primeira a morrer devido ao diabetes, era a única que restava.

Nettie não foi encontrada. O juiz de paz decidiu que a jovem — casada e com um filho — tinha "explodido em pedaços".[31] Não restava dela nem o mínimo exigido para uma investigação, mas o agente funerário rival encontrou o bastante para pedir pagamento pelo enterro. "Pensei em voltar e pegar a empregada com o carro fúnebre, mas ele chegou primeiro",[32] disse o agente da Big Hill.

Os médicos e outros homens ergueram Bill Smith, que luta-

*Casa de Rita e Bill Smith antes (acima)
e depois (embaixo) da explosão.*

va para respirar. Levaram-no para o Fairfax Hospital, onde David Shoun lhe injetou várias doses de morfina. Era o único sobrevivente, mas perdeu a consciência antes que pudesse ser interrogado.

Levou algum tempo para que os agentes da lei chegassem ao hospital. O oficial de justiça e outras autoridades estavam numa audiência em Oklahoma City. "O momento da ação também foi escolhido de caso pensado",[33] observou um investigador, já que as autoridades "estavam distantes". Depois de saberem da notícia e voltar às pressas, os agentes instalaram holofotes na entrada e na saída do hospital, para evitar que os assassinos pudessem entrar e dar cabo de Bill. Guardas armados serviram de sentinelas.

Delirando, entre a vida e a morte, Bill às vezes sussurrava: "Eles pegaram Rita e agora vão querer me pegar".[34] O amigo que o acompanhara à fazenda de Grammer foi vê-lo. "Ele só falava enrolado",[35] lembrou. "Não entendi uma só palavra do que dizia."

Depois de uns dois dias, Bill recuperou a consciência. Perguntou por Rita. Queria saber onde ela havia sido enterrada. David Shoun pensou que o amigo, acreditando que pudesse morrer, queria fazer uma declaração — revelar o que sabia sobre a bomba e os assassinos. "Tentei fazê-lo falar",[36] diria o médico às autoridades. "Perguntei: 'Você tem alguma ideia de quem fez isso?'. Eu estava ansioso para saber." Mas o médico disse que Bill não revelou nada de importante. Em 14 de março, quatro dias depois da explosão, Bill Smith morreu — mais uma vítima do que entrou para a história como o Reinado do Terror Osage.

Um jornal de Fairfax publicou um editorial dizendo que a explosão estava além de qualquer compreensão — "além de nossa capacidade de entender como seres humanos podem descer tão baixo".[37] O jornal exigia que a lei não deixasse "pedra sobre pedra para identificar os criminosos e levá-los à justiça". Um dos bombeiros disse a Ernest, na cena do crime, que os responsáveis por aquilo "deviam ser lançados ao fogo e queimados".[38]

Em abril de 1923, o governador de Oklahoma, Jack C. Walton, enviou o principal investigador do estado, Herman Fox Davis, ao condado de Osage. Advogado e ex-detetive particular da agência Burns, Davis cultivava uma polidez untuosa. Fumava charuto, seus olhos brilhavam através de um véu de fumaça azul. Um funcionário da justiça chamou-o de "detetive de romance policial barato".

Muitos osages chegaram a crer que as autoridades locais estavam em conluio com os assassinos e que só uma força externa, como Davis, poderia acabar com a corrupção e solucionar o crescente número de casos. Contudo, em poucos dias Davis foi flagrado em companhia de alguns dos mais notórios criminosos do condado. Outro investigador pilhou-o recebendo propina do chefe de uma organização clandestina de jogo. Em pouco tempo ficou evidente que o investigador especial do estado, encarregado de solucionar os casos de assassinato de osages, era ele mesmo um criminoso.

Em junho de 1923, Davis foi declarado culpado de receber propina e sentenciado a dois anos de prisão, mas em poucos meses foi perdoado pelo governador. Com outros conspiradores, roubou e matou um destacado advogado. Dessa vez, foi condenado a prisão perpétua. Em novembro, o governador Walton sofreu impeachment e perdeu o cargo, acusado, entre outras coisas, de abusar do sistema de indultos e liberdade condicional (e assim "ter lançado contra cidadãos honestos do estado uma horda de criminosos e assassinos"[39]) e por ter recebido contribuições ilícitas do barão do petróleo E. W. Marland, com as quais construiu uma casa de luxo.

Em meio à corrupção desenfreada,[40] W. W. Vaughan, advogado de 54 anos, residente em Pawhuska, tentava agir com decência. Quando promotor, ele jurara eliminar o elemento criminoso, o "parasita daqueles que ganham a vida por meios honestos";[41] vinha trabalhando de perto com os investigadores particulares que procuravam solucionar os assassinatos de osages. Num dia de junho de 1923, Vaughan recebeu um telefonema urgente, de um amigo do sobrinho do lendário chefe James Bigheart. Com suspeita de envenenamento, George Bigheart — que tinha 46 anos e certa vez escrevera, ao se candidatar a uma escola, que esperava "ajudar os necessitados, alimentar os famintos e vestir os nus"[42] — foi levado às pressas para um hospital de Oklahoma City. Seu amigo disse ao advogado que Bigheart tinha informações sobre os assassinos dos osages, mas só falaria disso com Vaughan, em quem confiava. Vaughan perguntou sobre o estado de Bigheart, e disseram-lhe que se apressasse.

Antes de sair, ele informou a mulher, que recentemente dera à luz o décimo filho do casal, sobre um esconderijo onde guardava as provas que reunira sobre os crimes. Se alguma coisa lhe acontecesse, disse, ela devia retirá-las dali imediatamente e entregá-las às autoridades. Junto com as provas, haveria dinheiro para ela e para os filhos.

Ao chegar ao hospital, Vaughan encontrou Bigheart ainda consciente. Havia outras pessoas no quarto, e Bigheart fez sinal para que saíssem. O moribundo teria então revelado suas informações, inclusive a existência de documentos incriminadores. Vaughan ficou ao lado dele durante horas, até que o osage fosse dado por morto. O advogado telefonou para o novo xerife do condado de Osage e avisou que tinha toda a informação de que ele precisava. Voltaria no primeiro trem. O xerife perguntou-lhe se sabia quem tinha matado Bigheart. Oh, ele sabia muito mais, ele respondeu.

Desligou e se dirigiu à estação, onde foi visto tomando um trem noturno. Na manhã seguinte, quando o veículo chegou à estação, não havia sinal dele. "Passageiro desaparece deixando suas roupas no carro pullman",[43] noticiou o *Tulsa Daily World*. "Mistério envolve o desaparecimento de W. W. Vaughan, de Pawhuska".

Os escoteiros, cuja primeira tropa nos Estados Unidos fora organizada em Pawhuska, em 1909, juntaram-se às equipes de busca. Cães farejadores procuraram pelo desaparecido. Trinta e seis horas depois, o corpo de Vaughan foi avistado ao lado dos trilhos da estrada de ferro, cinquenta quilômetros ao norte de Oklahoma City. Fora atirado para fora do trem, quebrara o pescoço e estava praticamente nu, como McBride, o barão do petróleo. Os documentos que Bigheart lhe dera tinham desaparecido, e, quando a viúva chegou ao esconderijo, constatou que o lugar tinha sido esvaziado.

Um promotor do caso perguntou ao juiz de paz se ele achava que Vaughan sabia demais. O juiz respondeu: "Sim, senhor, e trazia consigo papéis de valor".[44]

A lista oficial de mortos do Reinado do Terror Osage somava cerca de 24 membros da tribo. Entre as vítimas havia mais dois homens que tinham tentado colaborar na investigação: um deles, um destacado fazendeiro osage, foi lançado do alto de uma escada depois de ser drogado; o outro foi baleado em Oklahoma City quando ia informar as autoridades sobre o caso.

Notícias sobre os assassinatos começaram a se espalhar. Numa matéria intitulada "A 'maldição negra' dos osages", o *Literary Digest*, publicação de circulação nacional, dizia que membros da tribo haviam sido "fuzilados em pastagens desertas, atingidos por tiros dentro de seus automóveis, envenenados para morrer lentamente e dinamitados enquanto dormiam em suas casas".[45] E prosseguia: "Até agora a maldição continua. Onde vai acabar, ninguém sabe". A população de maior riqueza per capita do mundo também estava se tornando a mais assassinada do mundo. Posteriormente, a imprensa falaria dos assassinatos como tão "obscuros e sórdidos quanto qualquer caso de crime deste século"[46] e como o "capítulo mais sangrento na história criminal americana".[47]

W. W. Vaughan com a mulher e cinco filhos.

Todas as iniciativas para esclarecer o mistério falharam. Ameaças anônimas obrigaram o juiz de paz a interromper novas pesquisas sobre os últimos crimes. Estava tão apavorado que se recolhia a uma sala nos fundos e trancava a porta quando precisava discutir os casos. O novo xerife descartou qualquer possibilidade de investigar os crimes. "Não queria me envolver nisso",[48] admitiu depois, acrescentando, misterioso, que "há uma correnteza, como uma fonte à beira de um buraco. Só que não há fonte, ela secou, e está seca até o fundo". Sobre a solução dos casos, disse que "é uma tarefa e tanto, e o xerife e uns poucos homens não podem com ela. Isso cabe ao governo".

Em 1923, depois da explosão da casa de Smith, a tribo osage começou a pressionar o governo federal: exigiam investigadores sem vínculos com funcionários do condado ou do estado, ao contrário do xerife ou de Davis. O Conselho Tribal adotou uma resolução formal que dizia:

> Considerando que em nenhum caso os criminosos foram presos e levados à justiça, e que o Conselho Tribal Osage entende como essencial para a preservação da vida e da propriedade dos membros da tribo que se empreenda uma ação pronta e enérgica para capturar e punir os criminosos [...], o Conselho resolve solicitar ao Excelentíssimo Secretário do Interior os serviços do Departamento de Justiça para a captura e o indiciamento dos assassinos da tribo osage.[49]

Posteriormente, John Palmer, advogado de ascendência meio sioux, enviou uma carta a Charles Curtis, senador federal pelo Kansas. Com sangue kaw e osage,[50] Curtis era o mais alto funcionário de reconhecida ascendência indígena já eleito. Palmer lhe disse que a situação era mais desastrosa do que se podia imaginar e que, a menos que ele e outros homens influentes instassem o Departamento de Justiça a agir, os "demônios"[51] que estavam por trás da "mais hedionda série de crimes já cometidos neste país" escapariam à justiça.

Enquanto a tribo esperava uma resposta do governo federal, Mollie vivia apavorada, sabendo que provavelmente seria o próximo alvo do que parecia um complô para eliminar sua família. Ela não conseguia esquecer uma noite, meses antes da explosão, em que estava na cama com Ernest e ouviu um barulho do lado de fora da casa. Alguém tentava entrar no carro deles. Ernest a acalmou, dizendo baixinho um "fique quieta"[52] enquanto alguém se afastava no veículo roubado.

Quando ocorreu a explosão, Hale estava no Texas. Na volta, observou os restos queimados da casa, verdadeiras ruínas de guerra — "um horrível monumento",[53] como diria um investigador. Ele prometeu a Mollie que vingaria o sangue da família dela. Quando ouviu dizer que um bando de meliantes — talvez a gangue responsável pelo Reinado do Terror — planejava roubar uma loja em cujo cofre havia diamantes, cuidou pessoalmente do caso. Alertou o dono da loja, que ficou à espera. Com efeito, naquela noite, entraram intrusos em seu estabelecimento e o comerciante atingiu

Mollie (terceira a partir da esq.) com as irmãs Rita (à esq.), Anna (segunda a partir da esq.) e Minnie (à dir.).

um deles com sua escopeta calibre .12. Depois que os demais assaltantes fugiram, as autoridades examinaram o morto e viram seu dente incisivo de ouro. Era Asa Kirby, ligado a Henry Grammer.

Certo dia as pastagens de Hale pegaram fogo. As chamas se espalharam por quilômetros, salpicando a terra com carcaças de gado. Mollie, percebendo que até mesmo o Rei das colinas Osage parecia vulnerável, e depois de tanto tempo lutando por justiça, recolheu-se a sua casa, trancando portas e blindando janelas. Não recebia mais ninguém, não ia mais à igreja. Era como se os assassinos tivessem feito em pedaços até mesmo sua fé em Deus. Entre os habitantes do condado murmurava-se que ela havia se trancado por medo de enlouquecer, ou que seu entendimento já vacilava, tamanha era a tensão. Parecia também que o diabetes piorava. O Escritório de Assuntos Indígenas recebeu uma mensagem de alguém que a conhecia dizendo que ela estava "com a saúde abalada e não esperava viver por muito tempo".[54] Consumida pelo medo e pela doença, ela entregou a terceira filha, Anna, a um parente, para que a criasse.

O tempo passava. Há poucos registros, pelo menos confiáveis, sobre a vida de Mollie durante esse período. Nada sobre como ela se sentiu quando agentes do Bureau of Investigation — um ramo obscuro do Departamento de Justiça que em 1935 passaria a se chamar Federal Bureau of Investigation (FBI) — finalmente chegaram à cidade. Nada sobre o que ela pensava de médicos como os irmãos Shoun, sempre indo e vindo, injetando-lhe o que se dizia ser uma nova droga milagrosa: insulina. Era como se, depois de ter sido obrigada a uma jogada trágica, ela tivesse abandonado a mesa de jogo.

Mais tarde, em fins de 1925, o padre local recebeu uma mensagem secreta de Mollie. Sua vida estava em perigo, ela dizia. Pouco depois, um agente do Escritório de Assuntos Indígenas levantou outra informação: Mollie não estava morrendo de diabetes, mas vinha sendo envenenada.

CRÔNICA SEGUNDA
O investigador

Uma conspiração é tudo o que a vida cotidiana não é. É o jogo com informações privilegiadas, frio, decidido, inexorável, para sempre inacessível a nós. Nós é que somos os imperfeitos, os inocentes, tentando dar algum sentido à lida de todos os dias. Os conspiradores têm uma lógica e uma ousadia para nós inalcançáveis. Todas as conspirações são a mesma história tensa de homens que veem coerência em algum ato criminoso.

Don DeLillo, *Libra*

8. O Departamento da Amoralidade

Num belo dia de verão de 1925, Tom White, agente especial encarregado da unidade de campo do Bureau of Investigation em Houston, no Texas, recebeu uma ordem urgente da sede em Washington, DC. O novo chefe da instituição, J. Edgar Hoover, queria lhe falar de imediato, e pessoalmente. White arrumou a mala às pressas. Hoover exigia que seu pessoal usasse ternos escuros, gravatas sóbrias e sapatos pretos, muito bem engraxados. Queria que seus agentes fossem o retrato de um determinado tipo de americano: branco, com jeito de advogado, profissional. Ele dava a impressão de a cada dia baixar uma nova norma, um novo mandamento sagrado, e White pôs na cabeça seu chapelão de caubói, com um ar de desafio.

Despediu-se da mulher e dos dois filhos pequenos e embarcou num trem, como costumava fazer anos antes, quando trabalhava como detetive da estrada de ferro, indo de estação em estação à caça de criminosos. Agora não estava perseguindo nada, a não ser seu próprio destino. Ao chegar à capital do país, enfrentou o trânsito barulhento até a sede da agência. Haviam-lhe dito que Hoover tinha um "assunto importante"[1] a tratar, mas ele não fazia ideia do que fosse.

White era um agente da lei ao velho estilo. Havia servido nos Texas Rangers perto da virada do século xix para o xx e dedicara grande parte da vida a cavalgar de um lado para outro na região selvagem do sudoeste dos Estados Unidos, sempre com uma carabina Winchester ou um revólver de seis tiros, com cabo de madrepérola, no rastro de fugitivos, assassinos e salteadores de estradas. Era um homem de 1,93 metro de altura, braços e pernas vigorosos e o ar distante de pistoleiro. Mesmo metido num terno rígido, como um vendedor porta a porta, parecia ter saído de uma era mítica. Anos depois, um agente do Bureau que trabalhara com ele escreveu que White era "tão religioso quanto os corajosos defensores do Álamo",[2] acrescentando que

> causava impacto vê-lo com seu amplo chapéu Stetson de camurça, dando a impressão de que um fio de prumo, partindo de sua cabeça, descia até o calcanhar, tocando cada pedaço da parte posterior de seu corpo. Tinha um passo majestoso, macio e silencioso como o de um gato. Falava desse mesmo jeito e não errava um tiro. Era tratado com respeito absoluto e assustava para valer jovens do Leste como eu, que olhavam para ele com uma mescla de reverência e medo, ainda que quem prestasse bastante atenção em seus olhos cinzentos e frios percebia neles um brilho de amabilidade e compreensão.

White entrou para o Bureau of Investigation em 1917. Antes quis se alistar no Exército para lutar na Primeira Guerra Mundial, mas não foi aceito devido a uma cirurgia recente. Tornar-se um agente especial era sua forma de servir ao país, disse. Mas essa era apenas uma parte da verdade. Na realidade, ele sabia que a tribo dos antigos policiais do Velho Oeste, à qual pertencia, vinha se

Tom White.

extinguindo. Embora ainda não tivesse quarenta anos, White corria o risco de vir a ser um representante de uma era do passado num espetáculo mambembe de cenas de faroeste — ainda vivo, mas praticamente morto.

O presidente Theodore Roosevelt criou o Bureau em 1908, na esperança de preencher o vazio existente na aplicação das leis federais. (Devido a uma persistente oposição ao estabelecimento de uma força policial nacional, o procurador-geral de Roosevelt agira sem a aprovação do Legislativo, o que levou um deputado a declarar que a nova organização era um "bastardo burocrático".[3]) Quando White entrou para o Bureau, ele só contava com algumas centenas de profissionais e não mais que um punhado de unidades de campo. Sua jurisdição sobre crimes era limitada, e os agentes cuidavam de uma miscelânea de casos: investigavam violações dos regulamentos antitrustes e bancários; o transporte de um estado para outro de carros roubados, anticoncepcionais, filmes de lutas de boxe e livros pornográficos; fugas de prisioneiros mantidos em prisões federais e crimes cometidos em reservas indígenas.

Assim como os demais agentes, White deveria somente colher dados. "Naquele tempo não tínhamos autorização para efetuar prisões",[4] ele recordaria mais tarde. Tampouco podiam portar armas. White vira muitos policiais serem mortos no Oeste, e, embora não falasse muito sobre essas baixas, elas quase o levaram a abandonar a carreira. Não tinha a menor vontade de trocar o mundo por homenagens póstumas. Morte era morte. Por isso, quando realizava alguma missão perigosa, ele às vezes metia um revólver no cinto. Ao diabo os mandamentos de Hoover.

Seu irmão mais novo, J. C. "Doc" White, também era um ex-Ranger do Texas que foi trabalhar no Bureau. Beberrão irritadiço que com frequência portava um revólver com cabo de osso e, por via das dúvidas, uma faca na bota de couro, era mais arrogante do que Tom — "bruto e decidido",[5] como um parente o descreveu. Os irmãos White integravam um pequeno contingente de policiais do Oeste conhecidos no Bureau como os Caubóis.

Tom White não tinha nenhum treinamento formal como agente da lei, e se esforçava para dominar os novos métodos científicos, como a decodificação dos incompreensíveis desenhos papilares da polpa dos dedos. No entanto, vinha mantendo a lei desde muito jovem, e tinha aprimorado suas qualificações como investigador — a capacidade de discernir padrões recorrentes e transformar fatos isolados numa narrativa com sentido. Apesar de sua intuição para o perigo, havia participado de tiroteios temerários; mas, ao contrário de seu irmão Doc — que, como disse um agente, tinha feito uma carreira "pontilhada de balas"[6] —, Tom tinha o hábito quase irracional de *não* querer atirar e se orgulhava de nunca ter matado alguém. Era como se temesse seus instintos. Para ele, a fronteira entre um homem da lei e um bandido era bastante tênue.

Tom White tinha visto muitos colegas do Bureau cruzarem essa fronteira. Durante o governo Harding,[7] no começo da década de 1920, o Departamento de Justiça estivera cheio de apaniguados políticos e agentes inescrupulosos, entre os quais o diretor do órgão, o famigerado detetive particular William Burns. Ao ser nomeado diretor do órgão, em 1921, Burns passara a interpretar as leis à sua conveniência e contratara agentes sem princípios, entre eles um vigarista que vendia proteção e perdão a criminosos. O Departamento de Justiça se tornara conhecido como o Departamento da Amoralidade.

Em 1924, depois que uma comissão do Congresso revelou que o magnata do petróleo Harry Sinclair havia subornado o secretário do Interior, Albert Fall, para abrir poços na reserva federal de petróleo de Teapot Dome — o nome que ficaria associado para sempre ao escândalo —, a investigação que se seguiu mostrou como estava podre o sistema de Justiça nos Estados Unidos. Quando o Congresso começou a vasculhar o Departamento de Justiça, Burns e o procurador-geral lançaram mão de todo o seu poder e de todos os instrumentos da lei para frustrar o inquérito e obstruir a Justiça. Deputados e senadores eram seguidos, seus gabinetes, invadidos, os telefones, grampeados. Um senador denunciou os vários "complôs ilegais, os contracomplôs, os atos de espionagem, os disfarces e os detectofones"[8] que vinham sendo empregados não para "detectar e impedir o crime, e sim [...] para proteger aproveitadores, beneficiários de subornos e protegidos".

Em meados de 1924, Calvin Coolidge, sucessor de Harding, livrou-se de Burns e nomeou um novo procurador-geral, Harlan Fiske Stone. Em vista do crescimento do país e da profusão de leis federais, Stone concluiu que uma força policial nacional era indispensável, mas, para melhor atender a essa necessidade, o Bureau teria de ser reformulado de alto a baixo.

Para surpresa de muitos críticos do departamento, enquanto procurava um nome permanente, Stone escolheu como diretor interino J. Edgar Hoover, vice-diretor do órgão, então com 29 anos. Embora Hoover não carregasse a nódoa do Teapot Dome, havia sido diretor da indigesta divisão de informações, que espionava pessoas simplesmente por suas posições políticas. Além disso, Hoover nunca fora investigador. Jamais tomara parte num tiroteio ou efetuara uma prisão. Seu avô e o pai, já falecidos, haviam trabalhado para o governo federal, e Hoover, que ainda morava com a mãe, era fruto da burocracia — suas fofocas, seu jargão, seus acordos tácitos, suas guerras territoriais incruentas mas encarniçadas.

Cobiçando o cargo de diretor como estratégia para construir seu próprio império burocrático, Hoover escondeu de Stone a extensão de seu papel em operações internas de vigilância e prometeu dissolver a divisão de informações. Executou zelosamente as reformas que, solicitadas por seu superior, promoviam seu próprio desejo de transformar o Bureau numa força moderna. Num memorando, Hoover informou ao procurador-geral que tinha começado a examinar os arquivos de pessoal e a identificar agentes incompetentes ou desonestos que deveriam ser demitidos. Também avisou que, atendendo a seus pedidos, elevara as exigências para a contratação de novos agentes, que agora deveriam ter alguma formação em direito ou conhecimentos contábeis. "Todos os esforços serão envidados pelos funcionários do Bureau a fim de fortalecer o moral da organização",[9] escreveu Hoover, "e para executar ao pé da letra as políticas que V. S.ª definiu."

Em dezembro de 1924, Stone deu a Hoover o cargo que ele desejava. Hoover haveria de rapidamente reformular o órgão, transformando-o numa força monolítica — uma força que, durante seu reinado de quase cinco décadas como diretor, ele utilizaria não só para combater o crime como para cometer abusos de poder ultrajantes.

* * *

Hoover já determinara a White que investigasse um dos primeiros processos de corrupção abertos em decorrência do escândalo de Teapot Dome. White assumiu o cargo de diretor da penitenciária federal de Atlanta, onde realizou uma operação secreta para apontar autoridades que, em troca de propina, concediam a presos melhores condições de vida e libertação antes dos prazos legais. Certo dia, durante a investigação, White deu com guardas esmurrando uma dupla de presos, e ameaçou demiti-los se repetissem a agressão. Depois disso, um dos presos pediu para se avistar com White em privado. Como que para mostrar sua gratidão, o homem mostrou a White uma Bíblia e pôs-se a esfregar de leve sua falsa página de rosto com uma mistura de iodo e água. Como num passe de mágica, surgiram palavras. Escritas com tinta invisível, elas informavam o endereço onde um ladrão de bancos — que fugira do estabelecimento penal antes de White assumir — tinha se homiziado. A mensagem secreta ajudou a polícia a recapturar o criminoso. Depois desse episódio, outros prisioneiros passaram a prestar informações a White, que lhe permitiram desmascarar um sistema de "favoritismo e imunidades pagas".[10] White reuniu provas suficientes para condenar o ex-diretor, que se tornou o preso número 24207 na mesma penitenciária. Uma autoridade do Bureau que visitou a prisão escreveu num relatório: "Causou-me forte impressão o sentimento entre os presos em relação às ações e à conduta de Tom White. Parece reinar ali uma sensação geral de satisfação e confiança, o sentimento de que agora hão de ser tratados com justiça".[11] Finda a investigação, Hoover enviou a White uma carta de recomendação em que se lia: "V. S.ª proporcionou respeito e distinção não só a si próprio como ao órgão a que todos nos dedicamos".[12]

Tom White chegou à sede do Bureau, então instalada em

dois andares alugados num edifício na esquina da rua K com a avenida Vermont. Hoover tinha afastado muitos dos policiais do Oeste, e, à medida que White se dirigia à sala do diretor, ele pôde ver a nova geração de agentes — universitários que escreviam à máquina mais depressa do que atiravam. Os veteranos zombavam deles, chamavam-nos de "escoteiros" com "pés chatos, mal egressos de universidades", o que não era de todo falso. Como um agente mais tarde admitiu, "éramos um bando de novatos e não tínhamos ideia do que estávamos fazendo".[13]

White foi levado à imaculada sala de Hoover, onde havia uma imponente mesa de madeira e um mapa na parede que mostrava a localização das unidades de campo da agência. Nessa época o chefe era bastante esguio e de aparência juvenil. Numa foto feita vários meses depois, ele veste um elegante terno escuro. O

Hoover no Bureau of Investigation em dezembro de 1924.

cabelo é denso e ondulado, o queixo é firme e os lábios estão comprimidos, o que lhe confere um ar severo. Os olhos castanhos estão atentos, como se fosse ele que estivesse focalizando a câmera.

White com seu chapéu de caubói se agigantava sobre Hoover, um baixote cuja estatura modesta lhe causava tanto acanhamento que ele raramente promovia agentes mais altos para a sede do Bureau, tendo chegado a instalar um estrado atrás de sua mesa, sobre o qual ficava de pé. Mas, se ficou intimidado diante daquele enorme texano, nada demonstrou: disse que precisava discutir com ele um assunto de máxima urgência. A questão tinha a ver com os assassinatos dos índios osages. White sabia que aquele caso de muita repercussão era uma das primeiras investigações de homicídio da agência, mas não conhecia seus pormenores e pôs-se a ouvir enquanto Hoover falava em rajadas descontínuas — uma estratégia que criara na juventude para superar a gagueira.

Na primavera de 1923, depois que o Conselho Tribal dos osages aprovou a resolução pedindo a ajuda do Departamento de Justiça, o então diretor Burns enviou um agente para investigar os 24 assassinatos ocorridos até então. O agente passou algumas semanas no condado de Osage antes de concluir que "qualquer investigação adicional será inútil".[14] Outros agentes foram mandados para lá depois disso, sempre em vão. Os osages tinham sido obrigados a financiar parte da investigação federal com seus próprios recursos — um montante que acabaria por ascender a 20 mil dólares, equivalentes a quase 300 mil atuais. Apesar desse gasto, Hoover decidira, depois de assumir o comando do Bureau, devolver o caso às autoridades estaduais, a fim de fugir à responsabilidade pelo fracasso. O agente do Bureau que chefiava a unidade de campo de Oklahoma havia garantido ao diretor que a transferência poderia ser feita sem "comentários desfavoráveis"[15] da imprensa. No entanto, isso foi antes que a agência — a agência de Hoover — tivesse sangue nas mãos. Meses antes, agentes federais haviam persuadido o novo governo do Oklahoma a libertar

Blackie Thompson, capturado e condenado por assalto a banco, de modo que ele pudesse trabalhar secretamente para o Bureau, reunindo informações sobre a morte dos indígenas. Em relatórios de campo, os profissionais destacaram, entusiasmados, que seu "agente secreto"[16] começara a atuar entre "os meliantes nos campos de petróleo e a reunir os indícios que nos prometeu". E anunciaram: "Esperamos ótimos resultados".[17]

 O Bureau supunha que aqueles agentes estivessem mantendo Blackie sob vigilância constante, mas na verdade tinham perdido sua pista nas colinas Osage. E aí ele assaltou um banco. E matou um policial. As autoridades levaram meses para deter Blackie, e, como Hoover observou, "vários investigadores tiveram de arriscar a vida para corrigir esse erro".[18] Até então, Hoover tinha conseguido manter o caso longe da imprensa. No entanto, nos bastidores ouvia-se uma crescente gritaria política. O procurador-geral do estado de Oklahoma enviara a Hoover um telegrama em que acusava a agência de ser "responsável pelo fracasso"[19] da investigação. John Palmer, o conhecido advogado da tribo, mandou uma carta furiosa a Charles Curtis, senador pelo Kansas, insinuando que a investigação tinha sido prejudicada por corrupção:

> Participo da crença geral de que os assassinos foram bastante astutos, além de capazes, política e financeiramente, de fazer com que agentes honestos e competentes fossem removidos ou enviados para outros locais, e também de calar funcionários desonestos cujo dever era e ainda é caçar os responsáveis por esses crimes tenebrosos.[20]

Comstock, o advogado de Oklahoma nomeado curador de vários osages, havia informado ao senador Curtis, pessoalmente, sobre a atuação catastrófica do Bureau.

 Quando Hoover recebeu White, corria o risco de perder o poder e de repente se via confrontando a única coisa que se empenhava, de todos os modos, em evitar desde que se tornara diretor: um escândalo. A situação em Oklahoma, ele entendia, era "grave e delicada".[21] Mesmo um cheirinho remoto de comportamento impróprio, tão recente havia sido o Teapot Dome, poderia encerrar sua carreira. Poucas semanas antes, ele enviara um memorando confidencial a White e a outros agentes especiais, declarando: "Este departamento não pode enfrentar um novo escândalo público".[22]

À medida que White ouvia o que Hoover tinha a dizer, ficava evidente por que fora convocado. O diretor precisava dele — um de seus poucos agentes experientes, um dos Caubóis — para resolver os assassinatos de índios osages e, assim, garantir sua permanência no cargo. "Quero que o senhor dirija a investigação", ele determinou.[23]

Ordenou que White partisse para Oklahoma City e assumisse o comando da unidade de campo local. Mais tarde, explicou que, devido à anarquia reinante na região, "é provável que o escritório esteja enfrentando um volume de trabalho maior que o de qualquer outro no país e, consequentemente, precisa ser chefiado por um investigador competente em todas as áreas, experiente, e que seja capaz de gerir pessoas".[24] White sabia que a transferência para Oklahoma seria um problemão para sua família. Entretanto, compreendia o que estava em jogo na missão e disse a Hoover: "Sou humano e ambicioso o bastante para querer esse encargo".[25]

White não nutria dúvidas sobre o que aconteceria se não obtivesse êxito: agentes anteriores malsucedidos acabaram banidos para postos distantes ou até afastados da sede do Bureau. Hoover dissera: "Não haverá desculpas para... fracassos".[26] White sabia também que vários agentes haviam sido mortos ao tentar prender os assassinos. Tinha consciência de que se tornara um homem marcado no momento em que entrara no escritório de Hoover.

9. Os Caubóis dissimulados

Depois de assumir a direção da unidade de campo de Oklahoma City, em julho de 1925, White passou em revista os volumosos arquivos de documentos sobre os assassinatos de osages, criados nos últimos dois anos. Muitas vezes, homicídios que não são logo resolvidos não são resolvidos nunca. Somem os indícios, desaparecem as lembranças. Mais de quatro anos haviam se passado desde a morte de Anna Brown e Charles Whitehorn — em geral, o único meio de solucionar casos como esses consiste em procurar por uma pista deixada de lado na pilha original de informações.

Os arquivos sobre os assassinatos dos osages continham fatos históricos em sua forma mais básica: fragmentos de dados colhidos sem datação ou encadeamento, qual um romance cujas páginas estivessem fora de ordem. White vasculhou aquela bagunça em busca de algum indício despercebido. Embora habituado a lidar com mortes violentas, a brutalidade detalhada nos relatórios era de tirar o fôlego. A respeito da explosão da casa dos Smith, um agente escrevera: "As duas mulheres tiveram morte instantânea, seus corpos ficaram despedaçados, e fragmentos de carne foram encontrados mais tarde grudados numa casa a cerca de cem metros de distância".[1] Os agentes anteriores haviam se concentrado nos seis casos que pareciam ter mais probabilidade de solução: a morte de Rita Smith e seu marido, Bill Smith, e da criada do casal, Nettie Brookshire, por aquele atentado a bomba, e a morte a tiros de Anna Brown, Henry Roan e Charles Whitehorn.

White batalhava por encontrar ligações entre as mais de duas dezenas de assassinatos, mas alguns fatos saltavam aos olhos: os alvos eram índios osages ricos, e três das vítimas — Anna Brown, Rita Smith e a mãe delas, Lizzie — eram parentes de sangue. Era surpreendente que os agentes não tivessem falado com Mollie Burkhart, a única que restou. Os investigadores eram ensinados a ver o mundo através de olhos alheios. Mas como poderia White saber o que essa mulher tinha visto? Nascida numa cabana na pradaria; enriquecida astronomicamente; aterrorizada diante dos assassinatos de membros de sua família e outros osages — o que ela vira, afinal? Os arquivos prestavam poucas informações sobre sua vida; só mencionavam que sofria de diabetes e vivia trancada em casa.

Alguns detalhes nos documentos pareciam reveladores. Assassinos em série tendem a adotar um padrão, ao passo que os assassinos dos osages haviam se valido de uma grande variedade de métodos. Não havia uma "assinatura". Isso, além do fato de os corpos terem surgido em diferentes partes do estado e do país, levava a crer que a série de crimes não era obra de uma única pessoa. Quem estava por trás deles com certeza contratara asseclas. A natureza dos crimes também informava alguma coisa sobre seu autor intelectual: não era um homicida impulsivo, mas um hábil criador de tramas, suficientemente culto para conhecer substâncias tóxicas e bastante calculista para executar seu plano diabólico ao longo de anos.

À medida que White examinava os dados, conjecturava uma teoria atrás da outra. Entretanto, submetidas a exames mais apurados, as informações mostravam-se invariavelmente baseadas nas mesmas fontes, pouco confiáveis: detetives particulares e policiais do lugar, cujas opiniões se fundavam em nada além de boatos. Como a corrupção parecia presente em todas as instituições do condado, essas fontes poderiam estar espalhando intencionalmente informações falsas, com o intuito de ocultar o verdadeiro complô. White percebeu que o maior problema das investigações anteriores não era a falta de pistas, mas o excesso de pistas. Os agentes começavam a seguir uma delas, depois a abandonavam, sem comprová-la ou refutá-la de maneira conclusiva. Mesmo quando pareciam avançar, não coletavam nenhuma evidência que fosse admissível num tribunal.

Em seu esforço por ser moderno, White tinha de aprender muitas técnicas novas, porém a mais útil era a mais antiga: separar, com frieza e método, fatos verificáveis de boatos. Não era seu desejo enforcar um homem simplesmente porque ele, como investigador, tinha produzido uma história plausível. E depois de anos de averiguações espalhafatosas e falsas — além de possivelmente criminosas — sobre os assassinatos de índios osages, White precisava se livrar de meias verdades e construir uma narrativa incontestável, baseada no que ele chamava de "cadeia ininterrupta de indícios".[2]

White preferia investigar seus casos sozinho, mas, em vista do número de assassinatos e pistas a serem seguidas, convenceu-se de que precisaria formar uma equipe. No entanto, nem mesmo uma equipe superaria um dos principais obstáculos que haviam frustrado os investigadores anteriores: a recusa das testemunhas em cooperar — fosse por preconceito, corrupção ou, como se expressou um agente, "o medo quase universal de 'vestir o paletó de madeira'".[3] Por isso White decidiu que ele seria a face pública da investigação, enquanto a maior parte dos agentes atuaria em segredo.

Hoover lhe fizera uma promessa: "Vou lhe dar todos os homens de que precisar".[4] Reconhecendo as limitações de seus universitários, Hoover havia mantido na folha de pagamento um punhado de outros Caubóis, entre eles Doc, o irmão de White. Esses agentes ainda estavam aprendendo a investigação científica[5] e se habituando a preparar os relatórios finais numa máquina de escrever. No entanto, White decidiu que eles eram os únicos capazes de executar aquela missão: infiltrar-se numa região violenta, lidar com bandidos, seguir suspeitos, passar dias sem dormir, manter a identidade em segredo apesar da pressão e usar armas mortais se necessário. Ele começou a montar uma equipe de Caubóis, mas não incluiu Doc: desde que tinham trabalhado juntos nos Rangers, ele e o irmão procuravam não atuar nos mesmos casos, para evitar que suas famílias corressem o risco de perder seus chefes ao mesmo tempo.

Recrutou primeiro um ex-xerife do Novo México,[6] que, aos 56 anos, se tornou o membro mais velho da equipe. Embora reservado a ponto de parecer tímido, o xerife gostava de assumir falsas identidades e já tinha se passado por toda espécie de criminoso, de ladrão de gado a falsificador de dinheiro. Em seguida, White recrutou um antigo Ranger do Texas,[7] louro, atarracado e falante, que, de acordo com um de seus chefes, trabalhava melhor em situações "em que haja algum elemento de perigo".[8] Além desses, White trouxe para o grupo um experiente agente secreto que mais parecia um vendedor de seguros — talvez porque fora essa sua profissão anterior.[9]

Um agente oriundo da investigação anterior deveria ser mantido, White decidiu: John Burger. Ele tinha um amplo conhecimento do caso — dos suspeitos às trilhas de indícios — e criara uma vasta rede de informantes, que incluía muitos marginais. Como já era bem conhecido no condado de Osage, poderia trabalhar abertamente com White. O mesmo acontecia com outro agente, Frank Smith, um texano que em sua proposta de trabalho assim listou seus interesses principais: "Tiro ao alvo com pistola e carabina[10] — Caça de animais grandes — Pesca esportiva — Montanhismo — Aventuras — Caça de homens". No escritório de Hoover, Smith era classificado como pertencente ao "tipo mais antigo de agentes sem instrução".[11]

A equipe de White incluía um ex-Texas Ranger de quem se dizia ser feito sob medida para "algum elemento de perigo".

Por fim, White chamou John Wren. Tendo atuado como espião para os líderes revolucionários mexicanos, Wren era uma raridade no Bureau: um índio americano. (Provavelmente, o único.) Em parte ute (uma tribo que florescera na região onde ficam hoje os estados de Colorado e Utah), tinha bigode torcido e olhos pretos. Era um investigador talentoso, mas pouco tempo antes fora afastado do órgão por deixar de apresentar relatórios e cumprir os regulamentos. Um agente especial na direção provisória do escritório local assim se referira a ele, exasperado:

> É excepcionalmente talentoso para cuidar dos casos, e parte de seu trabalho só pode ser classificada como brilhante. Mas de que valem tantos dias e noites de dedicação ao dever se os resultados não se concretizam em relatórios escritos? Ele guarda todas as informações na cabeça, não as passa para o papel.[12]

Em março de 1925, Hoover tinha chamado Wren de volta, não sem antes adverti-lo: "Se o senhor não cumprir as normas que estão em vigor neste escritório, eu me verei forçado a pedir sua demissão".[13] White sabia que Wren traria para a equipe uma perspectiva crucial. Alguns dos agentes anteriormente envolvidos no caso, inclusive Burger, haviam manifestado preconceito contra os osages, o que na época era um lugar-comum. Num relatório conjunto, Burger e outro agente afirmaram: "Os índios em geral causam pena, são preguiçosos, covardes e libertinos",[14] e o colega de Burger insistiu que o único meio de fazer "qualquer um desses índios osages, dissolutos e teimosos, falar o que sabe é cortar o benefício dele [...] e, se necessário, jogá-lo na cadeia".[15] Esse desprezo havia aprofundado a desconfiança dos índios em relação aos agentes federais e prejudicara a investigação. Contudo, Wren, que se referia a si mesmo como um dos "guerreiros" de Hoover, tinha resolvido muitos casos delicados em reservas.

White informou a Hoover quais homens ele queria, e aqueles que já não estavam lotados no escritório de Oklahoma receberam ordens urgentes da sede, em código: "Apresentem-se imediatamente, sem chamar a atenção, ao agente no comando Tom White". Assim que a equipe foi reunida, White pegou sua arma e partiu para o condado de Osage — mais um viajante das brumas.

10. Eliminar o impossível

Um a um, os forasteiros foram chegando ao condado.[1] O ex-xerife foi o primeiro, disfarçado de um criador de gado idoso e tranquilo vindo do Texas. Em seguida foi a vez do extrovertido ex-Ranger, que também se apresentou como fazendeiro. Não muito tempo depois, o antigo corretor de seguros abriu um negócio no centro de Fairfax, vendendo apólices emitidas por empresas sérias. Por fim chegou o agente Wren, na pele de um curandeiro indígena que dizia estar à procura de seus parentes.[2]

White os havia aconselhado a adotar identidades simples, para que não se traíssem. Os dois agentes que se passavam por criadores de gado logo se aproximaram de William Hale, que os viu como conterrâneos texanos e apresentou-os a vários figurões da cidade. O corretor de seguros bateu à porta de vários suspeitos, como se pretendesse lhes vender apólices. O agente Wren também fez alguns progressos, participando de reuniões tribais e colhendo informações junto a índios que talvez não falassem com um agente branco. "Wren tinha vivido entre os índios [...] e vinha se saindo muito bem",[3] disse White a Hoover, acrescentando que seus homens pareciam ser capazes de "aguentar o rigor da vida".

Era difícil, para White, resolver por onde começar a investigação. Os registros da averiguação do médico-legista a respeito da morte de Anna Brown haviam desaparecido misteriosamente. "Minha mesa foi arrombada e os depoimentos sumiram",[4] disse o juiz de paz de Fairfax.

Praticamente nenhuma das evidências colhidas nos locais dos crimes fora preservada, mas no caso de Anna Brown o agente funerário guardara em segredo um objeto: o crânio dela. Mais ou menos do tamanho de um melão, era muito leve e lembrava uma concha branqueada pelo sol. Examinando o crânio, White pôde ver o buraco na parte posterior, por onde entrara a bala. Concluiu, como os demais investigadores, que o projétil devia ter sido disparado por uma arma de pequeno calibre — um revólver calibre .32 ou, talvez, .38. Também lhe chamou a atenção, como aos demais, que não havia orifício de saída na parte frontal do crânio de Anna — o que significava que a bala tinha se alojado no interior da cabeça. Teria sido impossível perder de vista esse projétil durante a autópsia. Alguém, na sala do exame — um conspirador ou mesmo o assassino —, devia ter ficado com ele.

O juiz de paz admitiu que ele também tivera essas suspeitas. White insistiu na questão: teria sido possível que, digamos, os dois médicos, David e James Shoun, tivessem ficado com o projétil? "Não sei",[5] respondeu o juiz.

Ao ser questionado, David Shoun admitiu que não existia orifício de saída do projétil, mas insistiu que ele e o irmão tinham "dado uma busca diligente".[6] James Shoun afirmou o mesmo. White estava convencido de que alguém havia alterado a cena do crime. Entretanto, em vista do número de pessoas presentes à autópsia, entre as quais os policiais do lugar, o agente funerário e Mathis, dono da Big Hill Trading Company, não dava para afirmar quem seria o culpado.

* * *

Para separar fatos de boatos nos arquivos sobre o caso, White optou por um caminho simples mas eficiente: tentaria confirmar metodicamente o álibi de cada suspeito. Como disse Sherlock Holmes, "depois que se elimina o impossível, o que restar, seja lá o que for, por mais improvável que seja, deve ser a verdade".[7]

White deixou que o agente Burger o guiasse pela névoa da investigação federal anterior. Burger havia trabalhado no caso durante um ano e meio, e nesse período seguira muitas das pistas pesquisadas pelos detetives particulares contratados por Hale e Mathis e pela família de Mollie. Baseando-se nas conclusões do agente, White logo pôde excluir muitos suspeitos, entre eles o ex-marido de Anna, Oda Brown. Seu álibi — ele estava com outra mulher — foi confirmado, e ficou evidente que quem havia implicado Brown forjara a história na esperança de barganhar junto aos promotores melhores condições na prisão. O avanço das investigações eliminou outros suspeitos, como os toscos petroleiros apontados por Harve Freas, o xerife afastado.

Agente John Burger.

Em seguida, White explorou o boato de que Rose Osage matara Anna porque ela tentara seduzir seu namorado, Joe Allen. (Depois disso, Rose e Joe haviam casado.) White soube da declaração que o investigador privado nº 28 obtivera da jovem índia kaw, segundo a qual Rose lhe confessara o crime. Num relatório de campo, um agente do Bureau comentara: "É do conhecimento geral que Rose [...] era uma pessoa brigona e ciumenta".[8] O delegado de polícia de Fairfax também passou para os agentes um detalhe perturbador: na época do assassinato de Anna, ele encontrou uma mancha escura no banco de trás do carro de Rose. Parecia sangue, disse.

O agente Burger informou a White que certa vez tinha levado Rose Osage e Joe ao gabinete do xerife para interrogatório. Os dois foram postos em salas diferentes e lá ficaram por bastante tempo. Quando Burger interrogou Rose, ela insistiu que não tinha nada a ver com o assassinato de Anna. "Nunca tive nenhuma briga ou discussão com Anna",[9] ela declarou. Burger então confrontou Joe, que, nas palavras do agente, estava "muito retraído, insolente e de cara feia".[10] Outro investigador lhe havia perguntado, em separado: "Você era íntimo de Annie?".[11]

"Não, nunca fui", ele respondeu.

Joe apresentou o mesmo álibi que Rose: na noite de 21 de maio de 1921, eles haviam estado juntos em Pawnee, a quase trinta quilômetros a sudoeste de Gray Horse, e haviam parado numa pousada. O proprietário da pousada — um daqueles lugares sórdidos que fediam a sexo e álcool — confirmou. Entretanto, os investigadores notaram que as histórias contadas pelos namorados coincidiam, quase palavra por palavra, como se tivessem sido ensaiadas.

Rose e Joe foram liberados, e depois disso Burger procurou a ajuda de um informante — Kelsie Morrison, contrabandista de uísque e vendedor de drogas, que parecia uma fonte ideal. Ele fora casado com uma osage e era muito amigo de Rose e de outros suspeitos. Contudo, antes que White pudesse recrutar Morrison, precisava encontrá-lo: ele havia fugido do condado depois de agredir uma autoridade local da Lei Seca. Burger e outros agentes perguntaram aqui e ali e ficaram sabendo que Morrison estava morando em Dallas, no Texas, usando um nome falso, Lloyd Miller. Os agentes prepararam uma armadilha. Mandaram uma carta registrada para a caixa postal que estava em nome de Miller e o agarraram quando ele foi ao correio pegar a carta. "Interrogamos 'Lloyd Miller', que durante mais ou menos uma hora negou que fosse Kelsie Morrison, mas por fim admitiu que era",[12] relatou o agente Burger.

Morrison, que Burger descreveu como "um criminoso extremamente astuto, temerário e confesso",[13] vestia-se como um vigarista de dancing. Alto, nervoso, com marcas de bala e olhinhos apertados, ele parecia definhar de dentro para fora, e daí seu apelido — Magrão. "Fala demais e fuma um cigarro atrás do outro",[14] registrou o agente num relatório. "O nariz fareja e ele mexe a boca e o nariz como um coelho, quase sem parar, principalmente quando fica agitado."

Os federais fizeram um acordo com ele: em troca da revogação de seu mandado de prisão por agressão, ele lhes passaria informações sobre os assassinatos dos osages. Burger declarou à sede: "Esse acordo é estritamente confidencial e em nenhuma circunstância deve ser divulgado fora do departamento, para quem quer que seja".[15]

Como havia o risco de que Morrison fugisse, antes de liberá-lo o agente Burger fez questão de que ele passasse por um rigoroso processo chamado "bertillonagem". Criado pelo criminologista francês Alphonse Bertillon, em 1879, foi o primeiro método científico para identificação de criminosos reincidentes. Utilizando um paquímetro e outros instrumentos especiais, Burger, ajudado pela polícia de Dallas, tirou onze medidas do corpo de Morrison. Entre elas estavam a largura e o comprimento da cabeça, o comprimento do pé esquerdo e o diâmetro da orelha direita.

Depois de informar a Morrison a finalidade dessas medidas, Burger também pediu um retrato de frente, outra inovação de Bertillon. Em 1894, uma jornalista especializada em cobertura de escândalos, Ida Tarbell, escreveu que qualquer prisioneiro que passasse pelo sistema de Bertillon estaria identificado para sempre: "Ele pode apagar tatuagens, comprimir o tórax, tingir o cabelo, extrair os dentes, dissimular a altura ou provocar cicatrizes no corpo. Tudo isso será inútil".[16]

Entretanto, a bertillonagem já estava sendo ultrapassada por um método mais eficiente de identificação, que vinha revolucionando a criminalística científica: a datiloscopia. Em alguns casos, mesmo sem uma testemunha ocular, podia-se comprovar a presença de um suspeito no local de um crime. Ao se tornar diretor interino do Bureau, Hoover criou a Divisão de Identificação,[17] um centro de armazenamento das impressões digitais de criminosos encarcerados em todo o país. Esses métodos científicos, disse Hoover, ajudariam "os guardiões da civilização diante do perigo comum".[18]

Por ordem de Burger, as impressões digitais de Morrison foram tiradas. "Temos a fotografia dele, sua descrição, suas medidas e suas impressões digitais se for necessário prendê-lo",[19] informou à sede.

Em seguida, deu algum dinheiro a Morrison, que prometeu visitar Rose Osage e Joe Allen, além de alguns marginais, para tentar descobrir alguma coisa sobre os assassinatos. Morrison avisou que, caso sua colaboração com os federais viesse a público, isso representaria para ele uma sentença de morte.

Mais tarde informou[20] ter conversado com Rose sobre o assassinato de Anna, quando lhe perguntou: "Por que você fez isso?".[21] E ela respondeu: "Você não sabe nada sobre isso, Magrão. Eu não matei Anna". Num memorando, Burger comentou sobre seu informante: "Se não acabarem com ele cedo demais, poderá ser utilíssimo".[22]

Àquela altura, White reexaminou todas as informações reunidas por Morrison e pelos agentes a respeito de Rose Osage e Joe Allen. Em vista da declaração de Rose a Morrison, e como o proprietário da pousada confirmara o álibi do casal, a declaração da índia kaw, de que Rose lhe confessara ter cometido o crime, ficava sem sentido. Um detalhe, em especial, era curioso. Segundo o relato da índia kaw sobre a confissão de Rose, Anna estava no carro quando Rose atirou nela, e seu corpo fora atirado no córrego Three Mile, onde Rose também teria jogado suas próprias roupas manchadas de sangue.

As conclusões das autópsias eram reveladoras. Os criminologistas já sabiam que depois da morte o sangue coagula no ponto mais baixo de um corpo, formando manchas escuras na pele. Se, num cadáver, essas manchas aparecem em regiões mais altas, é sinal de que alguém moveu o corpo. No caso de Anna, os médicos não tinham feito nenhuma referência a isso, e, de acordo com todas as descrições do crime, não havia uma trilha de sangue desde o carro até o córrego.

Aparentemente, a testemunha estava mentindo, e Rose e Joe eram inocentes. Isso explicaria por que o detectofone instalado pelos detetives particulares a serviço da família de Mollie Burkhart jamais captara alguma conversa incriminadora, e as roupas de Rose jamais foram achadas no córrego. Quando os agentes interrogaram a índia kaw, ela logo cedeu. Admitiu que Rose nunca lhe contara aquela história sobre o assassinato. Na verdade, um branco que ela não conhecia tinha ido à casa dela, redigira a declaração e a obrigara a assinar, embora nada do que estivesse escrito fosse verdade. White compreendeu que os conspiradores não estavam só apagando indícios e provas — estavam fabricando evidências.

11. O terceiro homem

Hoover imediatamente começou a pressionar White pedindo informações atualizadas. Certa vez, quando White trabalhava em campo e não respondera de imediato, Hoover o censurou, dizendo: "Não compreendo por quê, no fim das contas, o senhor não pôde me passar um telegrama para me manter bem informado sobre o avanço das investigações e a situação em geral".[1] Com o passar dos anos, a atenção que Hoover dava ao caso ora aumentava, ora diminuía, mas ele tinha ficado tão preocupado com as críticas que vinha recebendo em Oklahoma que, antes da chegada de White, começara a investigar a questão. Embora não fosse dado a sair a campo (tinha fobia de micróbios e mandara instalar em sua casa um sistema de filtros purificadores de ar), examinava relatórios dos agentes — que viam e ouviam por ele no mundo cheio de ameaças.

Estudando a papelada sobre os assassinatos de índios osages, encontrou uma "observação interessante":[2] Anna Brown e Roan haviam sido mortos com um tiro na cabeça, e, "depois de um exame cuidadoso de todos os ângulos", Hoover passou a crer que

A. W. Comstock com um índio osage.

uma mulher branca, Necia Kenny, casada com um osage, talvez fosse a chave do caso. Necia havia dito aos agentes que A. W. Comstock, advogado que atuava como curador de vários osages, provavelmente fazia parte da conspiração. Hoover não se esquecera de que Comstock criticara o Bureau e ameaçara pôr o senador Curtis contra ele — o que o tornava, a seus olhos, um canalha mal-intencionado. "Estou convencido de que a sra. Kenny está no caminho certo", Hoover dissera a um de seus agentes.

Necia Kenny tinha uma história de instabilidade mental. Dizia ter sido enfeitiçada, e no passado tentara assassinar um advogado da cidade. Ainda assim, o próprio Hoover a interrogara em

Washington, não só uma, mas duas vezes, e chamara um especialista em "doenças mentais" para avaliá-la. O médico, do governo, concluiu que Necia era paranoide, mas observou, nas palavras de Hoover, que ela "percebe coisas que escapam à observação da pessoa comum". Por isso, disse Hoover, ela "nos importa mais como fornecedora de pistas do que como testemunha".

    White não tinha conseguido comprovar as alegações de Necia Kenny, mas também não sabia o que pensar de Comstock. Armado de seu revólver inglês Bulldog, o homem era um dos poucos cidadãos brancos proeminentes no condado de Osage que se dispunham a ajudar os investigadores. Assegurou que poderia fornecer indícios importantes, caso pudesse ter acesso aos arquivos do Bureau, mas White se recusava a lhe mostrar arquivos confidenciais. Mesmo assim, Comstock visitava White com frequência, dando-lhe pequenas informações úteis e acompanhando o avanço das investigações. Depois sumia de novo, com seu reluzente Bulldog inglês.

    No fim de julho de 1925, White voltou toda a sua atenção para o último nome da lista de suspeitos do assassinato de Anna Brown: Bryan Burkhart. Ao longo do inquérito de 1921, o cunhado de Mollie afirmara que, na noite em que Anna desapareceu, ele a levara da residência de Ernest e Mollie diretamente para a casa dela, onde a deixou entre 16h30 e 17h. Em seguida dirigiu-se a Fairfax, e foi visto com Hale, Ernest e um casal de tios entre os espectadores do musical *Bringing Up Father*. Não teria havido tempo para que ele fosse ao riacho, atirasse em Anna e voltasse à cidade antes do início do espetáculo. Seu álibi parecia incontestável.

    Para corroborarem o álibi, o agente Burger e um colega tinham viajado a Campbell, uma cidade no norte do Texas, onde moravam os tios de Bryan. Os agentes passaram rapidamente pelas antigas trilhas percorridas no passado por caubóis, agora substituídos por vagões de transporte de gado, puxados por ruidosas locomotivas. Os dois homens do Bureau souberam que Hale fora criado num pomar a poucos quilômetros de Campbell. Sua mãe morrera quando ele contava três anos — o Rei das colinas Osage também tinha um passado doloroso.

Em Campbell, os agentes passaram pela austera casa dos tios de Bryan. O tio estava fora, mas a tia convidou os investigadores a entrar e os fez ouvir uma maldosa arenga sobre o fato de Ernest ter se casado com uma daquelas índias milionárias. Burger lhe perguntou sobre a noite em que Anna desaparecera. Ah, ela havia escutado os fuxicos sobre Bryan ser culpado da morte daquela índia bêbada, disse. Mas nada daquilo era verdade. Depois de levar Anna para a casa dela, Bryan tinha se reunido ao resto do grupo em Fairfax.

De repente o tio apareceu na porta da casa. Pareceu descontente ao ver uma dupla de agentes federais em sua casa. No começo relutou em falar, mas depois confirmou que Bryan se encontrara com ele e sua mulher em Fairfax, depois de deixar Anna em casa. Acrescentou que após o espetáculo teatral ele e a mulher passaram a noite na mesma casa onde se encontrava Bryan, que não se afastara dali em nenhum momento. Ele não podia ser o assassino. Em seguida o tio deixou claro que queria que os agentes fossem embora.

Em agosto de 1925, White mandou seus agentes se infiltrarem na cidade de Ralston. Queria que investigassem uma pista que não fora averiguada como deveria: na noite em que Anna Brown desapareceu, como mostravam os autos do processo, alguns brancos que estavam sentados diante de um hotel na rua principal de Ralston julgavam tê-la visto num carro. No passado, investigadores, entre os quais policiais locais e detetives particulares, haviam falado com essas importantes testemunhas, mas, em seguida, como que sepultaram o que tinham ouvido. Ao menos uma das testemunhas desaparecera, e White estava convencido de que, como um agente observara num relatório, tais pessoas foram "pagas por suspeitos para sumir dali e não voltar".[3]

White e seus homens tentaram localizar algumas das testemunhas que estavam em frente ao hotel, entre elas um fazendeiro idoso que um agente já havia interrogado. Durante a primeira entrevista, o fazendeiro dera sinais de sofrer de demência senil, fitando o investigador com olhar inexpressivo. Passado algum tempo, porém, mostrou certo interesse. Nada havia de errado com sua memória, explicou. Ele só tinha desejado ter certeza de que os investigadores eram quem diziam ser. Conversar com a pessoa errada sobre aqueles assassinatos podia antecipar a viagem para a eternidade.

O fazendeiro então falou com White e seus homens. Segundo seu depoimento, repetido mais tarde sob juramento, ele se lembrava bem daquela noite, pois muitas vezes conversara sobre o assunto com amigos que costumavam se reunir diante do hotel. "Nós, o pessoal da velha guarda, temos muito tempo livre, e é ali que nos reunimos",[4] disse. Lembrou-se de que o carro havia parado junto do meio-fio, e pela janela aberta ele pôde ver Anna — bem ali, a sua frente. Ela os cumprimentou, e alguém do grupo respondeu: "Oi, Annie".

A mulher do fazendeiro, que estivera com ele em Ralston naquela noite, também tinha certeza de que a pessoa no carro era Anna, embora não tivesse falado com ela. "Havia muitos índios por ali",[5] ela declarou. "Às vezes eu falava com um deles, às vezes não. Às vezes, quando eu falava com um deles, não respondiam." Questionada sobre se Anna estava caída para a frente, como se tivesse bebido, ela respondeu: "Annie sentava-se como todos eles se sentam, mais ou menos assim". Então assumiu uma posição séria e rígida, como uma estátua, sua interpretação de uma índia estoica.

Em dado momento, alguém lhe perguntou se havia alguém com Anna no carro.

"Havia, sim, senhor", respondeu a mulher do fazendeiro.

"Quem?"

"Bryan Burkhart."

Ela contou que Bryan dirigia o carro, com um chapéu de caubói. Outra testemunha disse que também vira Bryan com Anna no veículo. "Dali seguiram direto para oeste, atravessando a cidade, mas não sei para onde foram depois",[6] lembrou-se a testemunha.

Essa era a primeira falha comprovada no álibi de Bryan. Ele podia ter levado Anna para casa, mas poderia ter saído com ela de novo. Como escreveu um agente num relatório, Bryan "cometeu perjúrio quando jurou, no inquérito do médico-legista em Fairfax […], que tinha deixado Anna na casa dela em Fairfax entre 16h30 e 17h".[7]

Bryan Burkhart.

White precisava descobrir aonde os dois tinham ido quando saíram de Ralston. Juntando detalhes fornecidos pelos informantes de Burger e por testemunhas que os agentes disfarçados haviam localizado, ele conseguiu criar uma sequência cronológica. Bryan e Anna haviam parado num bar clandestino próximo e lá permaneceram até mais ou menos as dez da noite. Depois foram para outra espelunca, situada muitos quilômetros ao norte de Fairfax. O tio de Bryan foi visto com eles, de modo que talvez tivesse mentido a Burger, para encobrir não só a Bryan como a si próprio. O dono do lugar disse a agentes que Bryan e Anna tinham ficado ali, bebendo, até mais ou menos uma da manhã.

As informações sobre o paradeiro de Bryan e Anna depois disso tornavam-se cada vez mais incongruentes. Uma testemunha disse que eles tinham parado, sozinhos, em outro bar clandestino, já perto de Fairfax. Outras disseram ter visto os dois deixarem esse bar na companhia de um "terceiro homem" que não era o tio. "Consta que o terceiro homem estava com Anna Brown e Bryan Burkhart",[8] observou o agente Burger. A última vez que Anna e Bryan estiveram juntos teria sido mais ou menos às três da manhã. Uma mulher que os conhecia contou ter ouvido um carro parar perto da casa dela em Fairfax. Um homem, que a testemunha acreditava ter sido Bryan, gritou: "Pare com essa bobagem, Annie, e entre no carro".[9]

Depois disso, não se soube mais de Anna — virou um fantasma. Um vizinho de Bryan, porém, o viu chegar em casa ao amanhecer. Mais tarde Bryan pediu que o sujeito não dissesse uma só palavra a quem quer que fosse, e lhe pagou pelo silêncio.

White havia se detido num suspeito importante. Mas, como acontece com muitos mistérios, cada resposta levava a outra pergunta. Se Bryan tinha matado Anna, qual seria sua motivação? Estaria ele envolvido nos outros assassinatos? E quem seria o terceiro homem?

12. Um deserto de espelhos

No fim do verão, White começou a suspeitar que havia um espião entre seus investigadores. Um de seus agentes, ao interrogar um advogado local de má fama — uma pessoa que, segundo um informante, tentava "afundar"[1] o trabalho do governo —, observou que o sujeito deixara escapar um chocante conhecimento dos mecanismos internos do caso. Por fim, o advogado admitiu ter lido "parte dos relatórios feitos pelo Bureau [...] e que teria oportunidade de ver outros".[2]

O trabalho da agência sempre fora prejudicado por vazamentos e sabotagem. Um agente se queixou de que "as informações contidas em relatórios caem imediatamente em mãos de pessoas não autorizadas e inescrupulosas".[3] Um procurador federal também descobriu que relatórios passados a ele pelo Bureau haviam desaparecido de seu gabinete. Os vazamentos ameaçavam a vida dos agentes e criavam dúvidas insidiosas, que levavam os investigadores a questionar a lealdade dos colegas. Um promotor federal exigiu que nenhuma cópia de relatórios seus fosse "entregue a algum representante do estado de Oklahoma".[4]

Um caso extremamente grave ocorreu quando dois detetives particulares, um dos quais trabalhava para a agência de Burns, tentaram revelar a identidade do principal informante do Bureau, Kelsie Morrison. Esses homens contaram a várias autoridades locais que Morrison trabalhava para o departamento e em seguida chegaram a detê-lo mediante uma falsa acusação de roubo. O agente Burger declarou que a conduta desses detetives era "deplorável"[5] e estava "com certeza prejudicando nossa investigação". A obstrução, comentou, parecia ser "o único objetivo"[6] desses homens, e acrescentou que "alguém deve estar pagando para que eles ajam assim". Um agente informou que Morrison, depois de sair da cadeia, parecia "louco de medo".[7] Em um dos encontros, Morrison implorou aos agentes que pegassem "os desgraçados"[8] responsáveis pelos assassinatos antes que eles o pegassem. Burger avisou a Morrison que "tivesse cuidado com golpes e armadilhas".[9]

O ex-xerife do Novo México que se passava por criador de gado na equipe de White.

À noite, White às vezes se encontrava com sua equipe em locais ermos, e os homens se escondiam no escuro, como fugitivos. No passado, eles haviam tido a impressão de estarem sendo seguidos, e White os aconselhou, caso fossem descobertos: "Mantenham-se calmos e evitem lutas, se possível".[10] Deixou claro que deveriam portar armas, acrescentando: "Se precisarem lutar para sobreviver, façam o serviço completo".

White deu consigo a vagar por um deserto de espelhos — seu trabalho tinha mais a ver com espionagem do que com investigação criminal. Havia informantes, agentes duplos e até, talvez, agentes triplos. Ninguém havia despertado mais suspeitas do que um detetive particular chamado Pike. Um cavalheiro certa vez procurou Burger, no condado de Osage, apresentando-se como intermediário de Pike. Os agentes estavam cientes de que este fora contratado por William Hale, em 1921, para solucionar os assassinatos dos osages, mas abandonara o caso por não conseguir nenhum avanço.

Entretanto, esse intermediário disse que Pike deixara de passar uma informação crucial, que descobrira no decurso da investigação: ele sabia quem era o terceiro homem que fora visto com Bryan e Anna por volta da hora em que ela foi morta. Burger escreveu que Pike, aparentemente, "conhecia esse terceiro homem e falara com ele".[11] Entretanto, o intermediário deixou claro que o sujeito só passaria a informação sob a condição de receber uma soma elevada. "Está na cara que vem por aí alguma vigarice",[12] escreveu Burger num relatório.

Os agentes exigiram, por meio do intermediário, que Pike aparecesse. Mais uma vez, porém, ele não acatou a ordem, determinado, evidentemente, a extorquir dinheiro e obstruir a justiça. Os agentes lançaram então uma operação de caça a Pike, cujo último endereço conhecido era em Kansas City. "Pike terá de ser localizado e detido",[13] escreveu Burger. "Ele mudou de endereço em Kansas City assim que soube que estávamos à sua procura. Acreditamos que tenha sido pago para sumir."

Não muito depois disso, Pike foi apanhado ao cometer um assalto numa estrada em Tulsa. Sem alternativa, entregou um jogador da cidade. Os agentes confirmaram que o jogador estivera num dos bares ilegais com Bryan e Anna na noite de 21 de maio. No entanto, conforme a investigação avançou, soube-se que o jogador fora para casa cedo demais para ser o terceiro homem.

Mais uma vez os agentes pareciam ter sido ludibriados. Continuaram a pressionar Pike, e com o passar do tempo ele começou, pouco a pouco, a revelar uma outra dimensão do caso. Disse que não fora contratado para solucionar o assassinato de Anna Brown. Na realidade, haviam lhe pedido que dissimulasse o paradeiro de Bryan na noite do crime.

Sua missão, Pike disse, seria fabricar indícios e gerar falsas testemunhas — "criar um álibi",[14] como se expressou. Além disso, declarou que as ordens partiram diretamente de William Hale. Explicou que Hale nunca dissera explicitamente que Bryan se envolvera no assassinato de Anna, mas que isso era evidente pelo que Hale lhe pedia que fizesse. Se Pike estava dizendo a verdade, isso significava que Hale — aparentemente um paradigma da lei e da ordem que se mostrara o mais dedicado protetor de Mollie Burkhart — estivera mentindo durante todos aqueles anos a respeito do assassinato de Anna. Pike não soube responder o que White mais queria saber: estaria Hale protegendo Bryan ou integrava um plano mais complexo e nefando?

Pike disse aos agentes outra coisa surpreendente. Quando encontrava Hale e Bryan, às vezes uma outra pessoa estava presente: Ernest Burkhart. E acrescentou que este tinha o cuidado de nunca "discutir o caso ou comentá-lo na presença de Mollie".[15]

13. O filho do carrasco

Quando viu, pela primeira vez, um criminoso ser enforcado, Tom White ainda era menino, e o verdugo era seu pai. Em 1888, Robert Emmett White, seu pai, foi eleito xerife do condado de Travis, no Texas, que incluía Austin — cidade que, na época, não chegava a ter 15 mil habitantes. Emmett, como o pai de Tom gostava de ser chamado, era um homenzarrão com um denso bigode. Além disso, era pobre, severo, dedicado ao trabalho e religioso. Em 1870, aos dezoito anos, mudou-se do Tennessee para o interior ainda meio selvagem do Texas. Quatro anos depois, casou com a mãe de Tom, Maggie. Moravam numa cabana de troncos, numa região agreste e montanhosa perto de Austin, onde criavam algumas cabeças de gado e arrancavam da terra o pouco alimento que ela podia oferecer. Tom, nascido em 1881, era o terceiro de cinco filhos, entre os quais havia ainda Doc, o mais novo, e Dudley, o mais velho, um garoto brigão a quem Tom era especialmente chegado. A escola mais próxima — que só tinha uma sala e uma professora para oito séries — ficava a cinco quilômetros, e para chegar lá os irmãos White eram obrigados a caminhar.

Tom (de pé à esq.) e seus irmãos: Doc (montado no burrinho) e Dudley (extrema dir.).

Quando Tom tinha seis anos, sua mãe morreu, ao que parece de complicações de um parto. O corpo foi sepultado num terreno onde Tom podia ver a grama crescendo sobre a cova. Sozinho, Emmett criou os filhos, todos com menos de dez anos. Um livro do século XIX sobre texanos de destaque assim se referiu a ele: "O sr. White pertence àquela classe de agricultores esforçados e trabalhadores, característicos do condado de Travis [...]. É bastante conhecido no condado, e as pessoas confiam piamente em sua vitalidade e integridade de caráter".[1] Em 1888, uma delegação de cidadãos pediu a Emmett que se candidatasse ao cargo de xerife, o que ele fez, vencendo com facilidade. E assim o pai de Tom se tornou a lei.

Na qualidade de xerife, Emmett era encarregado da cadeia do condado, em Austin, e ele se mudou com os filhos para uma casa que ficava ao lado dela. O prédio lembrava uma fortaleza, com janelas gradeadas, frios corredores de pedra e várias celas enfileiradas. No primeiro ano da gestão de Emmett, a cadeia tinha quase trezentos presos, entre eles quatro assassinos, 65 ladrões, dois incendiários, 24 arrombadores, dois falsificadores, cinco estupradores e 24 reclusos classificados como lunáticos. Já adulto, Tom recordou: "Fui criado praticamente dentro da cadeia. Da janela do quarto, eu podia ver, lá embaixo, o corredor da cadeia e as portas de algumas celas".[2]

Era como se as Escrituras estivessem se desdobrando diante de seus olhos: o bem e o mal, a redenção e a condenação. Um dia, aconteceu um entrevero na cadeia. Enquanto o xerife White tentava pôr fim à confusão, seus filhos correram para o tribunal, que ficava perto dali, pedindo ajuda aos gritos. O *Austin Weekly Statesman* publicou uma notícia com o título "Sangue; sangue; sangue; a cadeia do condado virou um verdadeiro matadouro".[3] E o jornalista descrevia a cena que o jovem Tom havia encontrado:

> Em seu dia a dia de trabalho, um repórter vê com frequência cenas sangrentas e nauseantes, mas nenhuma delas nem sequer se aproximou daquilo que vi ao entrar na cadeia do condado ontem à tarde, mais ou menos às cinco e meia da tarde. Para onde quer que eu me virasse, só via sangue.

Depois do incidente, que resultou em cinco homens gravemente feridos, Emmett White tornou-se um xerife firme e até inflexível. Ainda assim, mostrava uma notável consideração pelas pessoas sob sua custódia, e fazia questão de efetuar prisões sem exibir sua arma. Não filosofava a respeito da justiça ou de suas responsabilidades, mas Tom notava que o pai sempre se portava da mesma forma, fossem os presos negros ou brancos, americanos ou mexicanos. Na época, os linchamentos extrajudiciais, sobretudo de negros, no Sul, eram uma das nódoas mais chocantes do sistema prisional dos Estados Unidos. Sempre que Emmett ouvia dizer que pessoas do lugar planejavam uma "festa do garrote", saía correndo para tentar evitá-la. "Se uma turba tentar tirar o negro"[4] das mãos do xerife, escreveu certa vez um repórter, "é certo que haverá problemas". Emmett se recusava a encarcerar na mesma cela jovens não violentos e veteranos mais perigosos, e, como não havia outro lugar para aqueles, deixava-os em sua própria casa, vivendo com seus filhos. Uma mocinha ficou com eles durante semanas. Tom nunca soube por que ela estava presa, e o pai nunca tocou no assunto.

Com frequência Tom cismava sobre o motivo que levava criminosos a fazer o que faziam. Alguns pareciam irremediavelmente maus, como se tivessem o diabo no corpo. Muitos pareciam ter doenças mentais, viam coisas que ninguém mais via. Outros, entretanto, tinham sido levados a um ato desesperado — com frequência, algo violento e odioso —, mas depois se arrependiam, buscando redenção. De certa forma, eram esses os mais assustadores, pois eram a prova de que a maldade podia tomar conta de qualquer pessoa. Tom frequentava uma igreja batista com a família, e o pastor dizia que todos eram pecadores — até Emmett, o guardião da justiça. Esses eram mistérios que Tom talvez nunca resolvesse, embora passasse grande parte da vida às voltas com eles.

Tom prestava atenção no trabalho do pai. Emmett perseguia homens todos os dias, até aos domingos. A criminologia era primitiva: ele pegava seu revólver, procurava testemunhas do crime e depois saía a cavalo em busca de alguém. Também mantinha uma matilha de cães que às vezes o ajudavam na caça aos bandidos.

Num dia de verão, em 1892, quando Tom tinha onze anos,

O pai de Tom supervisionava a prisão do condado, em Austin.

Emmett saiu apressado com os cães de caça: um pai de família fora abatido a tiros, derrubado de seu cavalo. O xerife notou que a trinta passos do local onde o homem caíra havia um trecho de terra pisoteada e uma bucha de cartucho queimada. Era o lugar de onde o assassino abrira fogo. White soltou os cães, e os animais logo pegaram a trilha do atirador, a qual, curiosamente, levava à casa do morto. Conversando com testemunhas, o xerife White soube que o homem fora morto pelo filho.

Semanas depois, ele foi chamado de novo, dessa vez por causa de um estuprador. O título de uma matéria no *Statesman* dizia: "Violentada em pleno dia [...]. A sra. D. C. Evans foi tirada de seu cabriolé, agredida e violada — agentes da lei na trilha do celerado brutal".[5] Apesar de uma busca frenética, os policiais não conseguiram localizar o bandido. Em casos assim, o pai de Tom se fechava, como se atormentado por alguma doença insidiosa. Certa vez, antes de ele prender um fugitivo, um jornalista escreveu: "Verdade seja dita, o xerife White só pensa nesse caso dia e noite", a tal ponto que "a captura do malfeitor tornou-se a razão de ser da vida do xerife".[6]

Toda vez que Emmett saía sem um destino certo e sabido, com os cães ladrando, Tom era invadido pelo temor de que o pai talvez nunca mais voltasse — que, como a mãe, ele pudesse desaparecer deste mundo para sempre. Embora arriscar a vida a fim de proteger a sociedade demandasse muito ânimo e coragem, esse desprendimento também continha, ao menos do ponto de vista de seus familiares, certa dose de crueldade.

Certa vez, um facínora encostou um revólver na cabeça de Emmett, que, sabe Deus como, conseguiu se livrar da arma. De outra feita, na cadeia, um preso puxou uma faca e o atacou por trás. Tom viu a arma enfiada nas costas do pai, o sangue esguichando no chão. Era impressionante o volume de sangue que existia dentro de um corpo, dentro de seu pai. O preso tentou torcer a faca, e seu pai parecia prestes a entregar a alma ao criador quando, de repente, deu um jeito de meter o dedo no olho do prisioneiro, fazendo o olho saltar fora — Tom podia vê-lo pendurado na órbita. Em seguida, Emmett dominou o bandido. Mas, pelo resto da vida, Tom nunca esqueceria aquela cena. Como perdoar um pecador que tentara matar seu pai?

O primeiro enforcamento presenciado por Tom ocorreu em janeiro de 1894. Um negro de dezenove anos, Ed Nichols, fora condenado por estuprar uma moça, sentenciado a ser "pendurado pelo pescoço até que morra".[7] O dever de cumprir a execução, coisa que não ocorria no condado havia uma década, cabia ao xerife.

Emmett contratou um carpinteiro para construir o patíbulo, perto do muro sul da prisão, o único local onde o telhado tinha altura suficiente. O local ficava a três metros da cela do condenado — que insistia em sua inocência e continuava a esperar um adiamento por parte do governador —, e o homem podia escutar o barulho das peças de madeira serradas e pregadas, num ritmo cada vez mais rápido. O xerife estava decidido a tornar a execução misericordiosamente rápida, e, completada a obra, testou-a diversas vezes com sacos de areia.

O governador rejeitou o apelo final, dizendo: "Que a justiça seja cumprida".[8] O pai de Tom deu a notícia a Nichols, que orava em sua cela. O condenado tentou se manter calmo, mas suas mãos começaram a tremer. Declarou que gostaria de estar bem barbeado e de usar um bom terno preto para seu encontro com a morte, e Emmett prometeu que seus desejos seriam atendidos.

No dia da execução, Tom, então com doze anos, ficou de pé num andar superior dentro da cadeia. Ninguém o afastou dali, nem mesmo seu pai, e ele podia ver Nichols, que vestia seu terno novo, sendo conduzido por Emmett ao patíbulo. O tempo dava a impressão de ser medido por cada passo e cada respiração. Tom ouviu um pastor ler a declaração final de Nichols: "O xerife White se mostrou muito gentil comigo. Sinto-me preparado para encontrar a morte. Minha alma está em paz com toda a humanidade".[9] Em seguida o pastor pronunciou suas próprias palavras. "Ed Nichols está a um passo da eternidade",[10] disse. "O xerife Morte está montado em seu corcel negro, a pouca distância daqui, chegando para apoderar-se da alma deste homem, que será julgada no tribunal superior, onde o próprio Deus é o senhor supremo, seu filho Jesus o advogado, e o Espírito Santo o promotor."

O pastor se calou, e Tom ouviu uma voz familiar. Era seu pai, lendo o mandado de execução. Passaram o laço no pescoço de Nichols e o vestiram com um capuz preto. Tom não via mais o rosto do condenado, mas podia ver seu pai com a mão na alavanca do alçapão. Quando faltavam dois minutos para as quatro da tarde, seu pai baixou a alavanca. O corpo caiu, antes de saltar com violência para cima. Foi então que um som inesperado de espanto e de horror correu pelo grupo que assistia à cena. A execução tinha sido realizada de acordo com todas as regras, mas mesmo assim Nichols ainda se sacudia. "Ele esperneou e se agitou durante muito tempo",[11] lembrou-se Tom mais tarde. "Era como se nunca fosse desistir e morrer." Por fim, seu corpo ficou imóvel e foi tirado da corda.

Talvez porque houvesse assistido a essa e a outras execuções, ou talvez porque tivesse visto o efeito da provação sobre o pai, ou, quem sabe, por temer que o sistema pudesse matar um inocente, na vida adulta Tom se opôs àquilo que às vezes era chamado de "homicídio judicial". E passou a ver a justiça como uma luta para subjugar as paixões violentas não só em outras pessoas como em si mesmo.

Em 1905, aos 24 anos, Tom se alistou nos Texas Rangers. Criado no século XIX para lutar contra os índios americanos no Oeste e, mais tarde, contra os mexicanos na fronteira, o serviço tinha se transformado numa força policial estadual. Fazia muito tempo que os índios americanos e os mexicanos desprezavam os Rangers por seus métodos brutais e seu gosto por primeiro atirar e depois investigar. Entretanto, os texanos brancos haviam criado toda uma mitologia ao redor dos Rangers. Como diria mais tarde o presidente Lyndon B. Johnson, "todo menino no Texas aprendia o que era a vida com histórias sobre os Texas Rangers. E eu não fui exceção".[12]

Dudley, o primogênito, também apaixonado pela mística dos Rangers, entrou para a força no mesmo ano que Tom, e Doc não tardou a se juntar a eles. Mais tarde, Coley, outro irmão, seguiu ainda mais de perto os passos do pai, tornando-se xerife do condado de Travis. Doc se lembrava do conselho que o pai lhe dera quando se tornou representante da lei: "Meu filho, junte todos os elementos indiciais que puder. Depois, ponha-se no lugar do criminoso. Pense muito bem. Tape todos os buracos, meu filho".[13]

Como Doc e Dudley, que atuavam nos Rangers em companhias separadas, Tom recebia um salário pífio de quarenta dólares mensais — "O mesmo que um tropeiro",[14] como ele dizia. Entrara para a companhia num acampamento cem quilômetros a oeste de Abilene. Certa vez, ao chegar ao acampamento, um Ranger comentou:

> Havia ali uma cena digna de ser desenhada. Homens em grupos, de barbas longas e bigodes, vestidos das formas mais variadas, com uma única exceção — o chapéu de banda, marca registrada do Texas Ranger, e o cinturão de pistolas em torno da cintura —, estavam ocupados secando seus cobertores, limpando e ajustando suas armas, e outros preparando comida em várias fogueiras, enquanto outros cuidavam dos cavalos. Nunca se vira um ambiente tão brutal.[15]

Tom aprendeu a ser um homem da lei seguindo o exemplo dos policiais mais antigos.[16] Se alguém observasse atentamente, e se não estivesse às voltas com bebida ou mulheres (ocupações bastante apreciadas pelos Rangers), podia aprender a rastrear as pegadas de um cavalo no mato — ainda que, como Tom um dia percebeu, os ladrões virassem as ferraduras ao contrário, para enganar quem procurasse os animais. Poderia aprender pequenos truques:[17] bater as botas com os canos para baixo de manhã, para o caso de algum escorpião ou outro bicho desses ter entrado nelas; sacudir os cobertores, por causa de cascavéis, antes de se deitar à noite. Aprendia a evitar areias movediças e a localizar regatos numa área em tudo desértica. Descobria que era melhor ter um cavalo preto e se vestir de preto, como uma personificação do mal, de modo a não ser visto por um pistoleiro de noite.

Atrás, da esq. para a dir., os irmãos de Tom: Doc, Dudley e Coley. Na frente, o pai deles, o avô e o próprio Tom.

Um grupo de agentes da lei do Texas, entre eles Tom White (12) e seus três irmãos, Doc (6), Dudley (7) e Coley (13).

Tom logo recebeu ordens para sua primeira missão: acompanhar o capitão e o sargento na busca de ladrões de gado no condado de Kent, ao norte de Abilene. Em certo momento, Tom e o sargento pararam num armazém para pegar provisões. Amarraram os cavalos e, ao se dirigirem para a loja, o sargento perguntou a Tom onde estava sua Winchester. Na bainha, no cavalo, ele respondeu. O sargento, homem de temperamento explosivo, gritou: "Nunca faça isso! [...] Pegue sua Winchester *agora*, e não largue a arma nem por um momento".[18]

Constrangido, Tom foi buscar a arma, e não demorou para entender o nervosismo do sargento: os ladrões de gado estavam de olho neles. Por várias vezes tiveram de evitar ser baleados antes de finalmente prender a quadrilha.

Tom foi aprendendo a lidar com o que chamava de "bandoleiragem": ladrões de gado e de cavalos, vigaristas, proxenetas, contrabandistas, assaltantes de diligências, salteadores e toda sorte de transgressores. Certa vez ele e outro Ranger, Oscar Roundtree, foram enviados para Bowie, uma cidade sem lei; depois, um pastor escreveu ao capitão da companhia dizendo ter testemunhado "a expulsão completa, pelos dois Rangers que o senhor enviou para cá, da bandidagem de nossa cidade".[19]

Durante seu período como Ranger, Tom investigou vários homicídios. Doc, seu irmão, lembrou: "A gente não tinha nada... Nem impressões digitais. Precisávamos nos basear sobretudo em testemunhas, e muitas vezes era difícil convencê-las a depor".[20] Outro problema, ainda maior, era que alguns Rangers não tinham paciência com as sutilezas da lei. Um dos homens da companhia de Tom procurou o bandido mais violento da cidade e puxou uma briga para poder matá-lo. Tom, acreditando que no mais das vezes um policial evitaria "matar se não perdesse a cabeça",[21] mais tarde diria a um escritor que costumava ter discussões violentas com esse Ranger. Não lhe parecia certo que um homem se arvorasse em juiz, jurados e carrasco.

* * *

Em 1908, quando estava lotado em Weatherford, cidade a leste de Abilene, Tom conheceu uma jovem. Bessie Patterson era uma mocinha pequena (se comparada com ele), de cabelo castanho-claro e olhar sincero. Tom, que passava muito tempo entre homens, se encantou. Se era um homem calado, Bessie não tinha papas na língua e era um verdadeiro turbilhão. Impunha-lhe sua vontade como poucos tinham coragem de fazer, mas ele não parecia se importar. Pelo menos com ela, não era sua obrigação estar no comando do mundo que o rodeava ou das emoções em seu íntimo. Seu emprego, entretanto, não se coadunava com casamento. O capitão de Doc certa vez dissera: "Um policial que persegue criminosos sem alma não tem de arranjar mulher e filhos".[22]

Mas não demorou para que Tom fosse afastado dela. Junto com um Ranger que era um de seus amigos mais chegados, N. P. Thomas, ele foi mandado para Amarillo, no norte do Texas, para lidar com uma onda de criminalidade na cidade. Um outro Ranger havia informado que alguns dos piores criminosos do país estavam lá, e que o gabinete do xerife não colaborava em nada para expulsá-los. Além disso, comentou o Ranger, "o xerife tem dois filhos que moram no prostíbulo".[23]

Thomas já tivera vários embates com o vice-xerife; numa manhã de janeiro de 1909, estava sentado no gabinete do promotor do condado quando o assistente lhe apontou o revólver e disparou contra seu rosto. Thomas caiu para a frente, o sangue jorrando pela boca. Quando o serviço médico chegou, ele ainda respirava, mas não foi possível estancar a hemorragia — morreu com muito sofrimento.

Muitos policiais com quem Tom servira tiveram morte prematura, independentemente de serem novatos ou veteranos, irresponsáveis ou cuidadosos. Roundtree, que veio a ser vice-xerife, foi baleado na cabeça por um rico proprietário de terras. O Ranger com quem Tom discutia por se arrogar todas as funções da justiça passou a fazer parte de uma milícia paramilitar, foi alvejado acidentalmente e morreu vitimado por um de seus companheiros. O sargento da companhia foi baleado seis vezes por um assaltante, enquanto um transeunte era atingido duas vezes. Ainda prostrado no chão, sangrando, o sargento pediu um papel e rabiscou uma mensagem para a sede dos Rangers: "Levei vários tiros e estou ferrado. Tudo calmo".[24] Ele sobreviveu por milagre, mas o transeunte inocente morreu. Depois houve o caso de um recruta alvejado enquanto tentava deter um assalto. Tom levou o corpo à casa dos pais dele, que não conseguiam entender por que o filho se metera numa situação tão perigosa, perseguindo marginais.

Depois da morte de N. P. Thomas, Tom sentiu um vazio enorme. Um amigo dele, que escreveu um breve texto sobre sua vida, assim se expressou: "A luta emocional de Tom foi breve, mas violenta. Deveria [...] tentar vingar a morte [de Thomas]?".[25] Ele resolveu largar os Rangers e casar com Bessie. O oficial-ajudante escreveu ao capitão, dizendo que Tom "se mostrara um excelente policial" e que "lamentava vê-lo deixar a corporação".[26] Mas sua decisão estava tomada.

Tom e Bessie foram morar em San Antonio, onde nasceu o primeiro dos dois filhos do casal. Ele arrumou um emprego como detetive da estrada de ferro, e o salário lhe possibilitou ter outro filho. Embora ainda perseguisse bandidos, a cavalo, o trabalho era, de modo geral, menos perigoso. Em muitos casos, envolvia desmascarar quem usava de má-fé para receber indenizações — segundo Tom, pessoas covardes e, por isso, mais desprezíveis do que os facínoras que arriscavam a vida para assaltar um trem.

Ele era um dedicado pai de família, mas, tal como Emmett, tinha atração pelo lado sombrio da vida, e em 1917 prestou juramento para se tornar agente especial do Bureau of Investigation. Jurou: "Seguirei e defenderei a Constituição dos Estados Unidos contra todos os inimigos. [...] COM A AJUDA DE DEUS".

Em julho de 1918, não muito tempo depois de Tom ter passado a trabalhar no Bureau, seu irmão Dudley, em companhia de outro Ranger, viajou a uma remota área florestal do Texas, a chamada Big Thicket, para prender dois desertores. A época era de seca, e, em meio à poeira e ao calor, Dudley e seu parceiro foram revistar uma casa de madeira onde se acreditava que os homens estivessem escondidos. Os suspeitos não estavam lá. Os Rangers

Dudley, irmão de Tom.

resolveram esperar na varanda. Às três da manhã, um tiroteio repentino iluminou a escuridão. Os fugitivos haviam armado uma arapuca. O companheiro de Dudley recebeu dois tiros e, enquanto sangrava na varanda, viu o amigo de pé, atirando com um de seus revólveres. Logo em seguida ele caía, como se alguém houvesse cortado suas pernas, e seu corpo ficou no chão. Mais tarde seu parceiro declarou que Dudley "caiu, e não se levantou mais".[27] Uma bala o atingira perto do coração.

Tom ficou chocado com a notícia. Seu irmão, casado, com três filhos, dos quais o maior não completara oito anos, lhe parecia invulnerável. Os dois desertores foram presos, e o pai de Dudley assistiu ao julgamento todo, até ambos serem condenados.

Depois do tiroteio, o corpo foi levado para sua casa. Um Ranger anotou, clinicamente: "Uma lona de carroça, um lençol de cama, um travesseiro — usados no transporte do corpo do Ranger White".[28] Tom e sua família recuperaram as coisas dele, entre elas o projétil de aço e ponta macia que o matara. O corpo foi sepultado num cemitério perto da fazenda onde ele nascera. Como estava escrito na Bíblia, "porquanto és pó, e em pó te tornarás". Num obelisco em sua sepultura se lia:

JOHN DUDLEY WHITE, SR.
QUARTEL DOS TEXAS RANGERS
MORTO NO CUMPRIMENTO DO DEVER
12 DE JULHO DE 1918

Duas semanas depois do enterro, começou finalmente a cair uma chuva fria, lavando a pradaria. A essa altura, Tom já voltara para o Bureau.

14. Últimas palavras

Em setembro de 1925, perguntando-se quais segredos William Hale e seus sobrinhos Ernest e Bryan escondiam, Tom White supôs que Bill Smith, cunhado de Mollie Burkhart, já tivesse descoberto a resposta. Smith fora o primeiro a suspeitar que Lizzie fora envenenada, e o primeiro a suspeitar de uma conspiração maior ligada à riqueza petroleira da família. Se fora morto por causa do que descobrira, essa informação poderia ser a chave para desvendar o complô criminoso contra os osages.

Depois da explosão que destruiu a casa de Smith, os agentes procuraram a enfermeira que o atendera no hospital, querendo saber se ele havia mencionado alguma coisa sobre os assassinatos. Ela disse que Bill sempre resmungava nomes em seu sono agitado, mas que era impossível entendê-los. Às vezes, quando acordava, ele se mostrava preocupado, com medo de ter dito, dormindo, alguma coisa que não deveria dizer. Ela lembrava que, pouco antes de morrer, Bill se reunira com seus médicos, James e David Shoun, e com seu advogado. Os médicos tinham pedido à enfermeira que saísse do quarto. Era evidente que não queriam testemunhas. A funcionária supunha que o agonizante fizera alguma declaração a respeito do responsável pela explosão.

Como já suspeitava dos irmãos Shoun por causa do sumiço do projétil no caso de Anna Brown, Tom White começou a interrogar cada pessoa que estivera no quarto com Bill. Mais tarde, promotores federais também interrogaram esses homens. De acordo com uma transcrição desses interrogatórios, David Shoun admitiu que ele e seu irmão haviam chamado o advogado, acreditando que Bill pudesse dizer quem tinham sido seus assassinos, mas que isso não acontecera. "Se Bill Smith fazia ideia de quem acabara com ele, nunca disse uma palavra sobre isso",[1] lembrou o médico.

Um dos promotores insistiu, perguntando-lhe por que fora tão importante que a enfermeira saísse do quarto. Shoun explicou que as enfermeiras "comumente saem quando os médicos entram".[2]

"Se ela disser que o senhor lhe pediu que saísse, estará mentindo?"[3]

"Não, senhor. Se ela diz que eu pedi, eu pedi." Shoun disse que juraria, quantas vezes lhe perguntassem, que Bill nunca identificou seus assassinos. Apontando para o chapéu, acrescentou: "Foi Bill Smith quem me deu este chapéu, e ele era meu amigo".

James Shoun, irmão de David, mostrou-se igualmente obstinado, declarando ao promotor: "Ele nunca disse quem foi que explodiu a casa".

"Mas deve ter falado sobre isso."

"Bill nunca disse quem foi que provocou a explosão."[4]

"Ele conversou sobre quem fez isso?"

"Ele nunca disse quem foi que provocou a explosão."

Interrogado, o advogado de Bill Smith também insistiu que não fazia a menor ideia de quem fora o responsável pela explosão. "Cavalheiros, isso para mim é um mistério",[5] disse. Entretanto, durante o interrogatório, revelou que Smith havia dito no hospital: "Sabem, eu só tive dois inimigos no mundo",[6] e que esses inimigos eram William K. Hale e seu sobrinho Ernest Burkhart.

Os investigadores perguntaram a James Shoun sobre isso, e por fim ele declarou a verdade: "Eu detestaria afirmar positivamente que o ouvi dizer [...] que Bill Hale explodiu a casa, mas ele afirmou que Bill Hale era seu único inimigo".[7]

"O que ele falou sobre Ernest Burkhart?", perguntou um promotor.

"Ele disse que, ao que soubesse, aqueles eram seus únicos inimigos."

Os Shoun eram muito ligados a Hale e aos Burkhart, haviam sido médicos de suas famílias. Não muito depois da conversa no hospital, um dos irmãos Shoun disse à enfermeira que Bryan Burkhart estava doente e havia pedido que ela o visitasse. Ela foi e, enquanto estava lá, Hale apareceu. Conversou em particular com Bryan e em seguida se aproximou da enfermeira. Depois de falarem sobre generalidades, ele lhe perguntou se antes de morrer Bill Smith havia declarado quem eram seus assassinos. A enfermeira lhe respondeu: "Mesmo que ele tivesse me dito, eu não falaria".[8] Além de assuntar se ela sabia de algo, Hale talvez quisesse adverti-la a não divulgar uma só palavra.

À medida que White e outros agentes esmiuçavam a declaração dos médicos, passaram a suspeitar que eles haviam orquestrado o encontro privado com Bill Smith não para ouvir seu depoimento, mas por outro motivo. Nessa reunião, James Shoun foi nomeado administrador do espólio de Rita, mulher de Bill, o que lhe permitiria ser o executor de seu testamento. Essa função era cobiçada pelos brancos, pois rendia honorários inescrupulosamente elevados e proporcionava amplas oportunidades de corrupção.

Depois que a equipe de White descobriu o esquema, um dos promotores interrogou David Shoun a respeito: "O senhor conheceu, no curso de medicina, as condições de uma declaração de moribundo.[9] Estava procurando obter algo desse teor?".

"Não", respondeu Shoun.

Agora estava clara a razão pela qual os médicos não haviam chamado o xerife ou um promotor, e sim o advogado pessoal de Bill Smith, a quem haviam pedido que levasse os documentos, de modo que Bill os assinasse antes de morrer.

Outro promotor perguntou a David Shoun se Bill estava ao menos lúcido o bastante para tomar tal decisão. "Ele sabia o que estava assinando?"[10]

"Imagino que sim. Julgávamos que ele estivesse consciente."

"O senhor, como médico, acha que ele estava consciente?"

"Ele estava consciente."

"E tomou providências para que seu irmão fosse nomeado curador do espólio da mulher dele?"

"Tomei, sim, senhor." E mais adiante, durante o interrogatório, admitiu: "Um espólio muito rico".

Quanto mais White investigava o fluxo de dinheiro advindo da exploração de petróleo em terras osages, mais encontrava camadas e camadas de corrupção. Embora alguns curadores e administradores tentassem agir em defesa dos interesses da tribo, inúmeros outros usavam o sistema de modo a fraudar as pessoas que supostamente protegiam. Muitos curadores compravam mercadorias em suas próprias lojas, a preços inflacionados, para seus curatelados. (Um curador comprou um carro por 250 dólares e o revendeu a seu curatelado por 1250.) Ou, em outros casos, encaminhavam todos os negócios de seus curatelados para certas lojas ou bancos, em troca de propina. Ou ainda alegavam comprar casas e terras para seus curatelados quando, na verdade, estavam comprando para si mesmos. Outros curadores simplesmente roubavam os índios. Um estudo do governo estimou que até 1925 os curadores tinham se apossado de pelo menos 8 milhões de dólares das contas dos osages. "O capítulo mais negro da história deste estado tratará da curatela dessas propriedades",[11] afirmou um líder osage, acrescentando: "Milhões... não estou dizendo milhares, mas milhões... de dólares de muitos osages foram gastos e malbaratados pelos próprios curadores".

Esse "negócio indígena", como Tom White descobriu, era uma elaborada operação criminosa na qual estavam mancomunados vários setores da sociedade. Em geral, os curadores e administradores desonestos eram os mais destacados cidadãos brancos de suas comunidades: empresários, fazendeiros, juízes e políticos. E havia policiais, promotores e juízes que facilitavam e ocultavam a roubalheira (e, às vezes, atuavam eles mesmos como curadores e administradores). Em 1924, a Associação dos Direitos dos Índios, criada para defender os interesses das comunidades indígenas, realizou uma investigação do que chamou "uma orgia de corrupção e exploração".[12] O grupo documentou o modo como os ricos índios de Oklahoma eram "descarada e abertamente roubados de maneira científica e impiedosa"[13] e como as curadorias eram "as cerejas distribuídas aos amigos fiéis dos juízes como recompensa pelo apoio que lhes davam nas eleições". Os juízes, sabia-se, diziam ao cidadão: "Vote em mim e eu cuidarei para que você receba uma boa curadoria". Uma mulher branca, casada com um índio osage, relatou a um repórter o modo como as pessoas da cidade tramavam:

> Formava-se um grupo de comerciantes e advogados que escolhiam alguns índios como presa. Eles controlavam todas as autoridades. [...] Esses homens se entendiam bem uns com os outros. Diziam a sangue-frio: "Você pega fulano, beltrano e sicrano, e eu pego esses aqui". Escolhiam índios que possuíam plenos direitos de exploração de terras e grandes fazendas.[14]

O chefe osage Bacon Rind queixou-se de que "todo mundo quer vir aqui e pegar um pouco desse dinheiro".

Alguns casos eram mais que escabrosos. A Associação dos Direitos dos Índios detalhou a história de uma viúva cujo curador se apossara da maior parte de seus bens. Em seguida, o sujeito disse à mulher, que se mudara do condado de Osage, que ela não teria mais dinheiro a receber; deixou-a na miséria com dois filhos pequenos. "Na casa em que ela morava com suas criancinhas não havia cama, nem cadeira, nem comida",[15] disse o investigador. Mesmo quando o filho menor da viúva adoeceu, o curador continuou se recusando a lhe dar dinheiro, por mais que ela pedisse. "Sem alimentação adequada, nem assistência médica, a criança morreu", declarou o investigador.

Os osages estavam cientes dessas falcatruas, mas não tinham como impedi-las. Depois que a viúva perdeu seu filhinho, provas da fraude foram levadas a um juiz do condado, mas solenemente ignoradas. "Não há nenhuma esperança de justiça enquanto se permitir que vigorem essas condições",[16] concluiu o investigador. "O grito humano dessa [...] mulher é um chamado à América." Falando a um repórter sobre os curadores, um índio osage afirmou: "O dinheiro os atrai e ficamos totalmente indefesos. Eles têm as leis e toda a máquina do seu lado. Diga a todo mundo, quando você escrever sua reportagem, que eles estão escalpelando nossa alma aqui".[17]

15. A face oculta

Num dia daquele mês de setembro, o agente que se passava por corretor de seguros parou num posto de gasolina em Fairfax e começou a conversar com uma mulher que trabalhava ali. Quando ele lhe disse que estava à procura de uma casa para comprar naquela região, a mulher informou que William Hale "controlava tudo"[1] por ali. Explicou que ela mesma comprara de Hale a casa onde morava, que ficava ao lado das pastagens do fazendeiro. Certa noite, lembrou, uma enorme área das terras de Hale tinha sido incendiada. Não restara nada além de cinzas. A maior parte das pessoas ignorava quem havia iniciado o incêndio, mas ela sabia: empregados de Hale, seguindo ordens dele, haviam posto fogo na terra, com olho no dinheiro do seguro: ao todo, 30 mil dólares.

White procurou se informar melhor sobre outro fato suspeito: como Hale se tornara o beneficiário da apólice do seguro de vida de Henry Roan, no valor de 25 mil dólares? Quando Roan apareceu com uma bala na nuca, em 1923, havia razões óbvias para que Hale fosse o principal suspeito. No entanto, nem o xerife nem outros policiais o investigaram — uma omissão que já não parecia fortuita.

White foi atrás do corretor de seguros que vendera a apólice a Roan em 1921. Hale sempre insistira que Roan, um de seus melhores amigos, tinha feito dele beneficiário da apólice porque ele lhe emprestara muito dinheiro ao longo dos anos. Mas a história que o corretor contou foi outra.

De acordo com as lembranças do sujeito, Hale havia tido a iniciativa de fazer o seguro, e chegara a dizer: "Puxa vida, isso é como fisgar peixes num barril".[2] Hale prometera pagar um prêmio extra para fazer o seguro, e o corretor propusera: "Bem, podemos segurá-lo por 10 mil dólares".

"Não, eu quero que seja por 25 mil", disse Hale.

O corretor propusera aquela quantia porque Hale não era parente de Roan, e só poderia tornar-se seu beneficiário se fosse credor dele. Hale dissera: "Bem, ele me deve um bocado de dinheiro, uns 10 mil ou 12 mil dólares".

White achava difícil acreditar que essa dívida realmente existisse. Se Roan devesse mesmo esse montante, bastaria Hale apresentar uma prova da dívida ao espólio de Roan e seria reembolsado. Não seria preciso fazer um seguro de vida para o amigo — a apólice não teria um retorno significativo a menos que Roan, que estava com trinta e tantos anos, morresse de repente.

O corretor, que era muito amigo de Hale, admitiu que não havia prova da dívida e que só tinha pensado em sua comissão. Era simplesmente mais um envolvido no "negócio indígena". Roan parecia não saber dessas maquinações. Confiava que Hale, tido como seu melhor amigo, o estivesse ajudando. Mas havia um obstáculo para o plano do fazendeiro. Roan — um beberrão que já tinha batido seu carro sob efeito do álcool — deveria ser examinado por um médico, que certamente assinaria uma declaração dizendo que ele era um risco para a seguradora. De fato, um médico disse que ninguém aprovaria aquele "índio bêbado",[3] tanto que Hale procurou outros médicos, até encontrar um, em Pawhuska, que se dispôs a escrever um atestado positivo sobre Roan. James, um dos onipresentes irmãos Shoun, também endossou a recomendação.

White descobriu que a seguradora rejeitara a primeira proposta. Mais tarde, um representante da companhia comentou secamente a respeito do esforço de Hale para fazer um seguro no valor de 25 mil dólares: "Não acredito que isso seja normal".[4] Hale, sem desanimar, procurou outra seguradora. O formulário da proposta perguntava se Roan já fora recusado por um concorrente. A resposta dada foi "não". Um agente de seguros que analisou a proposta declarou depois às autoridades: "Eu sabia que as respostas às perguntas eram falsas".[5]

Dessa vez, Hale apresentou uma nota promissória para provar que Roan lhe devia dinheiro. A dívida que ele declarara inicialmente — 10 mil ou 12 mil dólares — crescera, inexplicavelmente, para 25 mil dólares, o montante exato da apólice de seguro. A promissória estava assinada por Roan e datada de "janeiro de 1921". Isso era importante porque indicava que a nota era anterior aos esforços de obter o seguro, o que conferia legitimidade à pretensão de Hale.

A análise grafológica e documental apenas engatinhava nas investigações criminais. Embora muitas pessoas admirassem as novas ciências forenses, atribuindo-lhes um poder quase divino, elas ainda eram bastante suscetíveis a erros humanos. Em 1893, o criminologista francês Bertillon ajudara a fazer com que Dreyfus fosse falsamente condenado por traição, ao apresentar uma análise grafológica absurdamente incorreta. Todavia, aplicadas com cuidado e prudência, a análise grafológica e a documental eram de grande utilidade. No caso do execrável assassinato perpetrado por Nathan Leopold e Richard Loeb, em 1924,* os investigadores detectaram corretamente as semelhanças entre as anotações de escola feitas por Leopold e o bilhete em que eles pediam resgate.

Mais tarde, agentes que atuavam no caso do assassinato de Roan mostraram a nota promissória a um analista do Departamento do Tesouro conhecido como "Perito em Documentos Questionáveis". Ele notou que na palavra *June* (junho), datilografada como parte da data, no início da nota, alguém havia apagado com cuidado as letras *u* e *e*. "Fotografias feitas com luz rasante[6] mostram claramente tanto o encrepamento como a elevação das fibras do papel em torno da data, resultado da rasura mecânica", escreveu o perito. Seu laudo determinou que alguém substituíra o *u* por um *a*, e o *e* por um *y*, de modo que se lia, na data, *Jany*.

White desconfiou que Hale criara o documento ao tentar obter a apólice de seguro, mas a alteração teria sido necessária quando ele se deu conta de que cometera um erro crasso com relação à data. Mais tarde, uma autoridade federal interrogou o homem que, segundo Hale, havia datilografado a promissória. O sujeito negou ter algum dia visto aquele documento. Quando lhe perguntaram se Hale estava mentindo, ele respondeu: "Com toda a certeza".[7]

A segunda seguradora aprovou a apólice, depois de Hale ter levado Roan de novo ao médico de Pawhuska para o necessário exame físico. O médico se lembrava de ter perguntado a Hale: "Bill, o que você vai fazer, matar esse índio?".[8]

Hale respondeu, rindo: "Isso mesmo".[9]

---

* Referência ao notório assassinato do jovem Bobby Franks, cometido por Nathan Freudenthal Leopold Jr. e Richard Albert Loeb, da Universidade de Chicago. Os criminosos declararam que, inspirados em Nietzsche, mataram apenas para provar que poderiam cometer o delito perfeito. (N. E.)

* * *

White veio a saber que, depois de Hale ter carregado o caixão no funeral de Roan, os policiais locais, além de não o considerarem suspeito, tentaram incriminar Roy Bunch, que havia tido um caso com a viúva. White e seus agentes falaram com Bunch, que insistiu em sua inocência e contou uma história curiosa a respeito de Hale. Depois do assassinato de Roan, ele o procurara e dissera: "Se eu fosse você, dava o fora da cidade".[10]

"Por que eu fugiria? Não fui eu que matei o cara."

"As pessoas acham que foi", respondeu Hale.

E Hale ofereceu dinheiro para ajudar Bunch a fugir. Depois disso, este conversou com um amigo, que o persuadiu a não deixar a cidade, pois isso só serviria para dar a impressão de que ele era culpado. "Se você fizer isso, pode ter certeza de que vai ser enforcado", disse o amigo.

White e seus homens investigaram Bunch com rigor e concluíram que ele não era suspeito. Como observou um agente, as "notórias relações entre Bunch e a mulher de Roan haviam sido calculadas para criar um bom escudo"[11] para os verdadeiros culpados. E a pessoa que parecia mais interessada em enquadrar Bunch era o Rei das colinas Osage. Depois do assassinato de Roan, Hale visitara a viúva várias vezes, na tentativa de fazê-la assinar documentos referentes ao espólio. Numa dessas visitas, deixara uma garrafa de uísque para ela, de presente. No entanto, a mulher recusou-se a provar a bebida, por temer que estivesse envenenada.

White reunira provas circunstanciais que implicavam Hale no assassinato de Roan, mas ainda havia consideráveis furos no caso. Não existia prova alguma — impressões digitais ou testemunhas oculares confiáveis — de que Hale tivesse atirado em Roan ou ordenado a um de seus sobrinhos ou a outra pessoa que o fizesse. E embora a apólice de seguro de vida suspeita o ligasse à morte do índio, ela não proporcionava motivo para o assassinato de outros osages.

Contudo, estudando o caso mais a fundo, White se fixou num detalhe. Antes de conseguir a apólice em que Roan figurava como segurado, Hale havia tentado comprar a terra concedida a ele pelo governo — uma parcela no fundo mineral da tribo, mais preciosa do que qualquer tesouro em ouro ou diamantes. Hale sabia que a lei impossibilitava a compra e venda das terras indígenas, mas confiava que uma pressão de brancos influentes sobre deputados e senadores em breve eliminaria essa proibição. Certa vez, ele dissera, "como muitos outros homens de bem, acreditei, no passado, que o Congresso não demoraria a aprovar uma lei permitindo que todo índio educado pudesse repassar ou vender seus direitos minerais a quem desejasse".[12] No entanto, a lei não foi alterada, e White suspeitou que esse revés tivesse induzido Hale a recorrer ao plano que envolvia seguro de vida e assassinato.

Contudo, existia uma forma legal que permitia a uma pessoa obter o direito à terra concedida pelo governo a um índio: mediante herança. À medida que White examinava os documentos de espólio de muitas vítimas de assassinatos, ficava evidente que, a cada caso, mais direitos a terras eram passados para as mãos de uma única pessoa: Mollie Burkhart. E, por acaso, ela era casada com um sobrinho de Hale, Ernest, um homem que, como um agente escreveu num relatório, era "totalmente controlado pelo tio".[13] Kelsie Morrison, contrabandista de bebidas e informante do Bureau, declarou a agentes que tanto Ernest quanto Bryan Burkhart faziam exatamente o que o tio mandava. E acrescentou que Hale era "capaz de tudo".[14]

Tom White estudou as mortes na família de Mollie. Até a cronologia já não parecia aleatória, mas parte de um plano implacável. Anna Brown, divorciada e sem filhos, tinha legado quase todas as posses à mãe, Lizzie. Matando Anna primeiro, o planejador garantia que o direito dela a terras não fosse dividido entre diversos herdeiros. Como Lizzie havia deixado em testamento a maior parte de seu direito a terras às filhas ainda vivas, Mollie e Rita, ela se tornou a próxima vítima. Em seguida vinham Rita e seu marido, Bill Smith. White se deu conta de que o método inusitado do assassinato final — um atentado a bomba — tinha uma lógica mal-intencionada. Os testamentos de Rita e Bill estipulavam que, se eles morressem ao mesmo tempo, grande parte do direito de Rita a terras caberia à sua irmã sobrevivente, Mollie. Nesse ponto, o planejador cometeu um erro de cálculo. Como Bill, inesperadamente, sobreviveu a Rita por alguns dias, ele herdou grande parte da riqueza dela, e, com sua morte, o dinheiro coube a um de seus parentes. Ainda assim, o grosso dos direitos da família fora canalizado para Mollie Burkhart, cujos bens eram controlados por Ernest. E White estava convencido de que Hale havia forjado um canal indireto para essa fortuna, por meio de seu sobrinho subserviente. Como White depois informou a Hoover, "MOLLIE parece ter sido o primeiro meio, a fim de atrair para HALE, através dos BURKHART, os bens de toda a família".[15]

White não pôde determinar se o casamento de Ernest e Mollie — ocorrido quatro anos antes do assassinato de Anna — fora concebido desde o início como parte da trama, ou se só depois da união Hale persuadira o sobrinho a trair a mulher. Em qualquer um dos casos, o plano, tão ousado e sinistro, era quase inacreditável. Obrigava Ernest a dividir uma cama com Mollie e criar filhos com ela, ao mesmo tempo que tramava e conspirava contra sua família. Como escreveu Shakespeare em *Júlio César*,

Onde acharás uma caverna bastante escura
Que encubra teu semblante hediondo? Não a busques, conspiração:
Oculta-o com sorrisos e afabilidade.

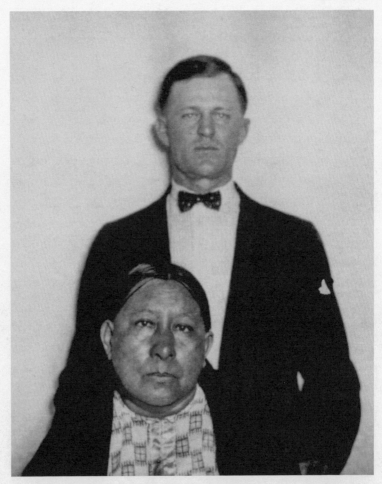

Ernest e Mollie Burkhart.

16. Pelo aperfeiçoamento da agência

White e seus agentes experimentavam uma crescente impressão de progresso. Um promotor do Departamento de Justiça enviou a Hoover uma nota atestando que, nos poucos meses em que White assumira o comando da investigação, "surgiram muitos ângulos novos desses casos"[1] e "um espírito novo e entusiástico parece ter invadido o coração de todos nós".

No entanto, ao investigar os assassinatos da família de Mollie Burkhart, White enfrentava o mesmo problema que encontrara ao averiguar a morte de Roan. Não existiam evidências físicas ou testemunhas que provassem que Hale tivesse executado ou ordenado qualquer um dos homicídios. E, sem um processo perfeito, jamais seria possível atingir o homem que se escondia por trás de várias camadas de respeitabilidade — fazia-se chamar de reverendo — e usava uma rede de proteção para influenciar xerife, promotores, juízes e algumas das mais altas autoridades do estado.

Num relatório sem meias palavras, os agentes afirmaram que Scott Mathis, proprietário da Big Bill Trading Company e curador de Anna Brown e Lizzie, era "um escroque, controlado, evidentemente, por Hale";[2] que um subordinado de Mathis atuava como "espião para Bill Hale e para a Big Bill Trading Company, e executa para eles todas as tarefas exigidas pela conspiração em suas atividades desonestas em prejuízo dos índios"; que o chefe de polícia de Ponca City havia "recebido dinheiro de Bill Hale"; que o chefe de polícia de Fairfax "nada fará, seja o que for, contra Hale"; que um banqueiro e curador da cidade "não dirá uma palavra contra a facção de Hale, isto porque Hale sabe demais sobre ele"; que o prefeito de Fairfax, "um arquiescroque", era amigo íntimo de Hale; que um promotor do condado, na função havia longos anos e parte da máquina política de Hale, "não prestava" e era "trapaceador"; e que até um funcionário federal lotado no Escritório de Assuntos Indígenas estava "a serviço de Bill Hale e fará tudo que ele mandar".

White tinha consciência de que sua luta para obter justiça estava apenas começando. Como diria um relatório do Bureau, Hale "dominava a política local e, aparentemente, não poderia ser punido".[3] Antes disso, Hoover já havia elogiado seu agente, dizendo que, graças à maneira como ele conduzia o caso, "a situação tem estado pacífica e não recebi nenhuma queixa ou crítica, de qualquer natureza, o que para mim constitui um enorme alívio".[4] Contudo, Hoover — aquele "feixinho altamente carregado de fios elétricos",[5] como um repórter o descreveu — ficava cada vez mais impaciente.

O diretor queria que a nova investigação[6] fosse uma vitrine para sua agência, ainda em reestruturação. Para se opor à imagem sórdida criada por Burns e a velha escola de detetives venais, ele adotou a atitude dos pensadores progressistas, que defendiam sistemas de gestão impiedosamente eficientes — fundamentados nas teorias do engenheiro industrial Frederick Winslow Taylor, para quem as empresas deveriam ser administradas "cientificamente", sendo a tarefa de cada trabalhador analisada e quantificada minuciosamente. Aplicando esses métodos ao governo, os progressistas queriam pôr fim à tradição de líderes partidários desonestos que enchiam as repartições públicas, inclusive as policiais, de protegidos e aliados. Em seu lugar, uma nova classe de tecnocratas dirigiria burocracias florescentes, ao modo de Herbert Hoover — "o Grande Engenheiro" —, transformado em herói por administrar com eficiência as campanhas de socorro humanitário durante a Primeira Guerra Mundial.

Como observou o historiador Richard Gid Powers, J. Edgar Hoover encontrou no progressismo uma atitude que refletia sua própria obsessão por organização e controle social. Além disso, era um modo de ele, um burocrata, projetar-se como figura arrojada — um cruzado da moderna era científica. O fato de não portar armas só dava lustre a sua imagem. Jornalistas observavam que os "dias do 'velho detetive' tinham chegado ao fim",[7] e que Hoover havia "abandonado as tradições fora de moda do Bureau of Investigation, como os detetives com 'sapatos de borracha, lanternas de furta-fogo e bigodes falsos', substituídos por métodos modernos de investigação".[8] Um artigo dizia: "Ele joga golfe. Quem poderia imaginar um velho detetive de meia-tigela fazendo isso?".[9]

Contudo, o zelo reformista do progressismo muitas vezes escondia um lado cruel. Muitos progressistas — em geral protestantes brancos de classe média — tinham arraigados preconceitos contra imigrantes e negros, e estavam tão convencidos de sua autoridade virtuosa que desdenhavam os procedimentos democráticos. Esse aspecto do progressismo refletia os impulsos mais sinistros de Hoover.

Enquanto o diretor racionalizava a agência de maneira radical, eliminando divisões com atividades similares e centralizando a autoridade, White, como outros agentes especiais, ganhava mais poder de comando sobre seus homens em campo, e ao mesmo tempo se tornava mais responsável diante de Hoover por tudo o que os agentes fizessem, de bom ou de mau. Ele era obrigado a preencher folhas de classificação de eficiência, dar notas aos agentes, numa escala de 0 a 100, em categorias como "conhecimento", "aparência pessoal", "discernimento", "documentação" e "lealdade". A nota média passava a ser a classificação geral do agente. Depois de ouvir que, vez ou outra, White dera a um agente a classificação 100, Hoover respondeu secamente, por escrito: "Lamento que eu seja incapaz de me convencer de que algum agente sob a jurisdição do Bureau esteja habilitado a uma classificação perfeita ou de 100%".[10]

Hoover acreditava que seus homens deveriam superar suas deficiências do mesmo modo como ele superara a gagueira na infância, e descartava aqueles que não correspondiam a suas severas expectativas. "Já afastei do serviço um número bastante considerável de funcionários",[11] informou a White e a outros agentes especiais. "A alguns faltava nível educacional; a outros, força moral." Hoover repetia bastante uma de suas máximas prediletas: "Uma pessoa ou melhora ou se deteriora".[12]

Embora reconhecesse que alguns pudessem julgá-lo um "fanático", ele reagia com fúria a toda violação das regras. Na primavera de 1925, quando White ainda estava baseado em Houston, Hoover queixou-se de que vários agentes da unidade de campo de San Francisco consumiam bebidas alcoólicas. Ato contínuo, demitiu esses agentes e ordenou a White — que, ao contrário de seu irmão Doc e muitos dos outros Caubóis, quase não bebia — que informasse seu pessoal de que aquele que fosse apanhado bebendo teria o mesmo destino. E acrescentou: "Acredito que, quando um homem passa a fazer parte das forças desta agência, deve proceder de forma a eliminar a menor possibilidade de suscitar críticas ou ataques à instituição".[13]

As novas políticas, reunidas num grosso manual — a bíblia do Bureau de Hoover —, iam além dos códigos de conduta. Ditavam como os agentes deveriam recolher e processar informações. No passado, eles podiam enviar relatórios por telefone ou telegrama, ou até passar pessoalmente as informações a um superior. E por isso era comum que informações essenciais e até arquivos inteiros se perdessem.

Antes de ser nomeado para o Departamento de Justiça, Hoover tinha trabalhado na Biblioteca do Congresso — "Tenho certeza de que ele viria a ser o bibliotecário-chefe se tivesse permanecido conosco",[14] atestou um colega — e se tornara especialista em classificar resmas de dados usando um método de catalogação análogo ao sistema Dewey de classificação de livros. Adotou um método semelhante, com suas classificações e subdivisões numeradas, para organizar os arquivos centrais e os índices gerais do Bureau. (O "arquivo pessoal" de Hoover, que incluía informações com potencial de chantagear políticos, ficava à parte, no gabinete de sua secretária.) Em sua gestão, os relatórios efetuados pelos agentes deveriam ser padronizados — todos em uma única folha. Isso não só reduzia a papelada — outra medida estatística — como o tempo que um promotor levava para avaliar se um caso devia ser objeto de processo judicial.

O próprio White era um chefe rigoroso. Um agente sob suas ordens em Oklahoma lembrava que cada funcionário "devia conhecer seu trabalho e fazê-lo".[15] Outro profissional, que mais tarde trabalhou com White, afirmou que ele podia ser "honesto de doer".[16] No entanto, White tinha mais paciência com a fragilidade humana do que Hoover, e muitas vezes procurava proteger seus subordinados da ira do chefão. Certa ocasião, o diretor ficou enfurecido ao constatar que um dos agentes não havia feito um relatório sobre os assassinatos de osages numa só página, e White lhe disse: "Considero que quem merece repreensão sou eu, pois examinei esse relatório e o aprovei".[17]

Tom White e Hoover.

Com Hoover, os investigadores passaram a ser vistos como peças intercambiáveis numa engrenagem, operários de uma grande empresa. Foi uma mudança importante em relação à política tradicional, em que os agentes da lei eram produtos de suas próprias comunidades. Uma alteração que ajudou a afastar os agentes da corrupção em suas cidades e criou uma força verdadeiramente nacional. Entretanto, também ignorou as diferenças regionais e teve o efeito cruel de constantemente transferir funcionários de um lugar para outro. Considerando "o aperfeiçoamento da agência",[18] White escreveu uma carta a Hoover dizendo que julgava mais eficaz um investigador familiarizado com uma área e sua população. Destacou que um de seus agentes, que atuara no caso dos osages disfarçado de pecuarista do Texas, tinha condições ideais para trabalhar no interior do país — "mas se o mandarmos para Chicago, Nova York ou Boston, ele será praticamente inútil". Hoover não se deixou convencer. Como um de seus colaboradores subservientes escreveu num memorando, "não concordo com o sr. White no tocante a essa questão. Um agente que só conheça as características dos habitantes de uma região do país deve buscar outro tipo de trabalho".[19]

Num centro de treinamento improvisado em Nova York, os agentes eram doutrinados nos novos regulamentos e métodos. (Mais tarde, Hoover transformou esse programa numa verdadeira academia em Quantico, na Virgínia.) Cada vez mais eles eram treinados naquilo a que Hoover se referia, orgulhoso, como "polícia científica", que incluía técnicas datiloscópicas e de balística. E aprendiam regras formais de coleta de evidências, para evitar que as averiguações fossem abandonadas ou imobilizadas, como acontecera com a primeira investigação dos assassinatos de osages.

Alguns agentes, sobretudo os mais velhos, desdenhavam Hoover e suas normas. Um veterano recomendou a novos recrutas: "A primeira coisa que vocês têm de fazer é esquecer tudo o que lhes ensinaram na Sede de Governo. A segunda é se livrar desses malditos manuais".[20] Em 1929, um agente pediu demissão, queixando-se de que as iniciativas de Hoover estavam "dirigidas contra o pessoal e não contra o criminoso".[21]

White às vezes se aborrecia com as regras e os caprichos de Hoover. Mas era evidente que apreciava fazer parte da agência, o que lhe permitia participar de fatos de grande envergadura. Tentava datilografar seus relatórios com esmero e exaltava as virtudes da polícia científica. Mais tarde, trocou o chapelão de caubói por um chapéu Fedora, e, como Hoover, passou a jogar golfe, dando suas tacadas em imaculados campos verdes onde se reuniam os novos americanos endinheirados, poderosos e com tempo livre. White poderia passar por um dos universitários de Hoover.

17. O artista do gatilho, o arrombador de cofres e o dinamitador

No verão de 1925, Tom White garantiu a Hoover que reuniria indícios suficientes para mandar Hale e seus cúmplices para a cadeia. Enviou-lhe um memorando em que informava a presença de um agente disfarçado na fazenda de Hale naquele exato momento, colhendo dados. White sentia-se pressionado, e não apenas por Hoover. No pouco tempo em que estivera tratando daquele caso, vira a cada noite as luzes acesas em torno das casas dos osages, percebera que os membros da comunidade não permitiam que os filhos fossem à cidade sozinhos, e observara também que um número cada vez maior de residentes vendia suas casas e se mudava para estados distantes ou até mesmo para outros países, como México e Canadá. (Mais tarde, um osage chamou o fenômeno de "diáspora".[1]) Era inequívoca a ansiedade dos índios, como também o ceticismo deles em relação à investigação. O que o governo americano tinha feito pela tribo? Por que eles, ao contrário de outros americanos, precisavam usar seu próprio dinheiro para financiar uma investigação do Departamento de Justiça? Um chefe osage declarou: "Fiz um acordo de paz com os brancos e depus minhas armas, para nunca mais tornar a usá-las, e agora vejo que os índios de minha tribo estão sofrendo".²

White compreendera que brancos preconceituosos e corruptos não envolveriam um só membro de seu grupo no assassinato de índios americanos, e por isso decidiu mudar de estratégia. Tentaria encontrar uma fonte em meio ao grupo mais perigoso e de pior reputação na população de Oklahoma: os marginais das colinas Osage. Relatórios de agentes e informantes como Morrison levavam a crer que muitos desses bandidos tinham conhecimento dos assassinatos. Esses homens podiam ser tão racistas quanto os demais, mas como alguns tinham sido presos havia pouco tempo, ou haviam sido condenados por crimes, White poderia pelo menos exercer certo poder sobre eles. O nome de um marginal, em particular, não parava de vir à tona: Dick Gregg, um salteador de estradas de 23 anos, que estivera ligado à gangue de Al Spencer e se achava numa penitenciária do Kansas, cumprindo pena de dez anos por roubo.

Gregg certa vez disse ao agente Burger que sabia alguma coisa a respeito dos assassinatos; permaneceu reticente, porém, insistindo que não poderia trair o que lhe fora dito em confiança. Num relatório, Burger observou, frustrado: "Gregg é 100% criminoso, e dirá o mínimo que puder".³ Comstock, advogado e curador, conhecia bem o pai de Gregg e prestava serviços jurídicos à família. Hoover ainda não confiava em Comstock, mas foi ele quem se valeu do relacionamento com o pai de Gregg para convencer o jovem marginal a cooperar com o Bureau.

White se encontrou com Gregg. Gostava de tomar notas mentais sobre os criminosos com quem se avistava, a fim de fixá-los na memória — aptidão aprimorada desde o tempo em que trabalhara em regiões onde a civilização praticamente ainda não chegara e onde não se podia contar com fotografias de bandidos ou impressões digitais. Décadas depois, quando lhe pediram que

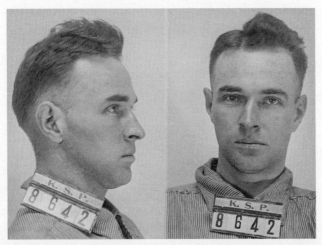

Dick Gregg, um dos membros da gangue de Al Spencer.

descrevesse Gregg, ele redigiu com extraordinária precisão: "Um homem muito pequeno, eu diria que com não mais de 1,67 metro e uns 56 quilos. Pele clara, olhos azuis e cabelo castanho-claro. Um rapaz de boa aparência".[4] A beleza de Gregg era ilusória, de acordo com um promotor, para quem o jovem era "o tipo do criminoso calculista, frio e cruel",[5] que "não hesitaria em cometer um homicídio". Ainda assim, no entender de White, Gregg pertencia a uma categoria de marginais que não eram intrinsecamente maus e que, com uma educação adequada, poderiam até "chegar a algum lugar".[6]

Embora o rapaz fosse conhecido por sua frieza como assaltante, relutava em entregar Hale. Se o traísse e a notícia se espalhasse, ele disse, "minha vida não valeria nada".[7] Entretanto, na esperança de conseguir uma redução em sua sentença por roubo, concordou em contar o que sabia. Lembrou que, em algum momento no verão de 1922, o bandido Al Spencer lhe disse que Hale queria um encontro com a gangue; assim, Spencer, Gregg e vários comparsas se dirigiram a um dos pastos de Hale perto de Fairfax.

Ele apareceu a cavalo, galopando, do meio do capim alto da pradaria. O grupo se reuniu à beira de um riacho, uma garrafa de uísque correu de mão em mão. Em seguida, Hale pediu a Spencer que tivessem um momento a sós, e os dois se afastaram. Quando voltaram e o encontro chegou ao fim, Spencer narrou o que tinham conversado.

Hale disse que pagaria a Spencer e sua gangue pelo menos 2 mil dólares para darem fim a um casal — um velho e sua "manta", referindo-se a uma índia. Spencer lhe perguntou quem seriam. "Bill Smith e sua mulher",[8] foi a resposta. O bandido declarou que podia ter sangue-frio, mas que não mataria uma mulher por dinheiro. As palavras que usou foram: "Não é esse meu estilo".[9] Hale disse esperar que Gregg, pelo menos, topasse levar o plano a efeito. Gregg, porém, concordou com Spencer.

White julgou que o jovem estivesse "mostrando as cartas"[10] e que sua recusa em agir como matador de aluguel mostrava tratar-se de "um marginal com certa honra".[11] Contudo, ainda que o testemunho de Gregg fosse a maior prova, até então, de que Hale encomendara os homicídios, era de valor jurídico quase nulo. Afinal de contas, a declaração vinha de um bandido condenado que tentava abreviar sua sentença, e Spencer, a única pessoa capaz de corroborar aquele testemunho, já tinha sido abatido por um grupo de policiais. (O *Pawhuska Daily Capital* noticiou: "Com $10 000 em títulos numa das mãos e a Winchester na outra, bandido famoso morre em ação na região que o abrigou em vida e se tornou seu sepulcro".)

Durante um dos interrogatórios, Gregg pediu aos agentes que procurassem Curley Johnson, comparsa do assaltante Blackie Thompson. "Esse Johnson sabe tudo sobre a explosão que matou Smith e vai abrir o bico se for obrigado",[12] declarou. No entanto, Johnson também já estava se decompondo debaixo da terra. Menos de um ano antes, morrera de repente — pelo que se dizia, tomara uma bebida envenenada.

Al Spencer, depois de morto em 5 de setembro de 1923.

A busca desesperada de uma testemunha levou White a Henry Grammer, astro de rodeios, contrabandista de bebidas e pistoleiro que a cada ano, mais ou menos, abatia um homem por causa de alguma disputa. ("Henry Grammer volta a atirar",[13] anunciou uma manchete de jornal.) Embora Grammer e Hale em geral atuassem em círculos diferentes, White soube que eles se conheciam havia anos, desde a virada para o século XX, época em que Hale aparecera pela primeira vez em território osage. Num concurso de rodeio, em 1909, os dois competiram na equipe dos Osage Cowboys contra os Cherokee Cowboys. "Cherokees perdem feio para laceiros osages",[14] noticiou o *Muskogee Times-Democrat*. Em 1925, Hale havia deixado de lado seu passado, mas restava uma fotografia desbotada do concurso, em que se viam Hale e Grammer orgulhosos em suas montarias, segurando rolos de cordas.

Pouco antes da explosão da bomba, Hale dissera a amigos que viajaria para assistir ao Fat Stock Show, uma exposição de gado e rodeio em Fort Worth, no Texas. Analisando esse álibi,

Hale (o quarto a partir da esq.) e Grammer (terceiro a partir da esq.) num torneio de laço em 1909.

White soube que Grammer o havia acompanhado. Uma testemunha entreouvira uma conversa entre Hale e Grammer antes dos assassinatos, na qual murmuravam alguma coisa sobre estar pronto "aquele trato dos índios".[15]

Como as outras possíveis testemunhas contra Hale, porém, Grammer estava morto. Em 14 de junho de 1923, três meses depois que a casa dos Smith havia ido pelos ares, Grammer morreu quando seu Cadillac rodou, descontrolado, e capotou. O lendário artista do gatilho sangrou até morrer numa estradinha rural deserta.[16]

Por fim, um arrombador de cofres deu a White e sua equipe o nome de outra testemunha do complô da bomba: Asa Kirby, o marginal de dente de ouro que tinha trabalhado com Grammer. O arrombador disse que Kirby foi o "dinamitador" — o perito em explosivos — que projetou a bomba. Mas Kirby também não podia falar. Algumas semanas depois do fatal acidente de Grammer, ele arrombou uma joalheria no meio da noite, a fim de roubar uns brilhantes, mas descobriu que o joalheiro fora avisado de antemão e estava de tocaia com uma escopeta calibre .12. Num abrir e fechar de olhos, Kirby foi despachado para o além. White não ficou nada surpreso ao saber que quem tinha dado o serviço ao dono da loja não fora outro senão William K. Hale.

Ao impedir o roubo, Hale reforçou sua reputação de defensor da lei e da ordem. Entretanto, outro marginal contou a White que, na verdade, Hale havia armado o roubo — falou a Kirby sobre os brilhantes e sugeriu a hora ideal para meter a mão neles. Era, evidentemente, uma trama dentro de outra trama, e isso levou White a desconfiar daquela fieira de testemunhas mortas. Começou a fazer perguntas sobre o acidente de Grammer, e conhecidos dele lhe disseram que provavelmente alguém havia mexido no volante e nos freios do Cadillac. Por outro lado, a viúva de Curley Johnson estava convencida de que seu marido tinha sido assassinado — envenenado intencionalmente por Hale e seus comparsas. White logo soube da existência de uma possível testemunha do assassinato de Roan, e descobriu que ela fora morta a golpes de cassetete. Ao que tudo indicava, as pessoas capazes de incriminar Hale eram eliminadas uma a uma. O arrombador de cofres disse que Hale estava "cuidando de gente demais",[17] e acrescentou: "Pode acabar cuidando de mim também".

Sem conseguir localizar testemunhas vivas, White sentia-se frustrado. Hale parecia saber que os agentes estavam de olho nele. "Hale sabe de tudo",[18] dissera Morrison, o informante, aos agentes, e havia sinais de que Morrison podia estar fazendo jogo duplo. Os agentes vieram a saber que ele dissera a um amigo que

William Hale.

tinha todas as informações sobre os assassinatos e que até aquele momento salvara "a bosta do pescoço" de Hale.[19]

O fazendeiro ampliou ainda mais sua rede de proteção a fim de firmar seu poder. O agente Wren escreveu num relatório que Hale estava "fazendo toda a propaganda que pode para se proteger, dando presentes, ternos, fornecendo letras"[20] — isto é, concedendo empréstimos — "a diversas pessoas". Ele até dava "pôneis a meninos".

Pouco a pouco, um dos agentes secretos, aquele que se fazia passar por pecuarista do Texas, foi ficando amigo de Hale. Ambos contavam histórias antigas um ao outro, dos tempos em que lidavam com boiadas, e o investigador acompanhava Hale quando este inspecionava seu rebanho. O agente informou que Hale parecia zombar dos detetives. Havia até mesmo se jactado: "Sou ensaboado e esperto demais para me resfriar".[21]

White via Hale nas ruas de Fairfax, com sua gravata-borboleta e seu nariz empinado — a encarnação do que White e seus irmãos, e o pai deles, passaram a vida querendo ser. Hale se portava "como se fosse o dono do mundo".[22]

Às vezes, à medida que a pressão sobre White se intensificava, quando cada pista promissora acabava num beco sem saída, ele pegava sua espingarda e sumia pelos campos. Ao avistar um pato ou outra ave voadora, fazia pontaria e disparava até o ar se encher de fumaça e o sangue encharcar a terra.

18. A situação do jogo

Sem mais nem menos, White conseguiu uma pista. No fim de outubro de 1925, ele teve uma reunião com o governador de Oklahoma, com quem discutiu discretamente a investigação. Terminado o encontro, um assessor do governador lhe disse: "Recebemos algumas informações de um recluso da penitenciária estadual McAlester, e ele afirma que sabe muita coisa sobre os assassinatos dos osages. O homem se chama Burt Lawson. Talvez seja bom falar com ele".[1]

Loucos por uma nova pista, White e o agente Frank Smith não perderam tempo e zarparam para a penitenciária. Não sabiam muita coisa sobre Lawson, além de ele ser do condado de Osage e ter vários problemas com a lei. Em 1922, acusado de matar um pescador, foi liberado por alegar que o outro o atacara primeiro com uma faca. Menos de três anos depois, foi condenado por invasão de domicílio com a intenção de roubar, recebendo uma sentença de sete anos.

White gostava de entrevistar uma pessoa num local com o qual ela não estivesse familiarizada, para que não se sentisse à vontade, de modo que fez com que Lawson fosse levado a um cômodo perto da sala do diretor da prisão. Estudou o homem que estava diante dele: baixo, corpulento e de meia-idade, com uma cabeleira branca, longa e fantasmagórica. Lawson sempre se referia a White e a Smith como "os federalões".[2]

"Informaram-nos no gabinete do governador que o senhor sabe alguma coisa sobre os assassinatos de osages",[3] disse White.

"É verdade", ele respondeu. "Eu gostaria de dizer tudo o que sei sobre isso."

Numa série de conversas, Lawson contou que, em 1918, tinha começado a trabalhar como peão, numa fazenda, para Bill Smith, e que veio a conhecer Hale e seus sobrinhos, Ernest e Bryan Burkhart. Numa declaração assinada, ele contou: "Em algum momento, por volta do começo de 1921,[4] descobri que minha mulher tinha um caso com... Smith, o que acabou pondo fim a meu casamento e fazendo com que eu largasse o emprego". Ernest sabia do ódio de Lawson contra Smith, e mais de um ano depois o visitou. Lawson lembrava-se de que Ernest "virou-se para mim e disse: 'Burt, eu quero lhe fazer uma proposta'. Eu perguntei: 'Do que se trata, Ernest?'. E ele respondeu: 'Quero que você mate Bill Smith e a mulher dele com uma bomba'".

Como Lawson não topasse, Hale foi vê-lo pessoalmente e lhe prometeu 5 mil dólares em dinheiro pelo serviço. Disse-lhe que poderia utilizar nitroglicerina, e que bastaria instalar um estopim debaixo da casa dos Smith. "Em seguida Hale tirou do bolso um pedaço de estopim branco", lembrou Lawson, "de mais ou menos um metro, e disse: 'Vou lhe mostrar como se usa isso'. Pegou um canivete, cortou um pedaço do estopim, mais ou menos quinze centímetros... Aí riscou um fósforo e acendeu a ponta."

Lawson continuou intransigente, mas, pouco depois de ser preso por matar o pescador, Hale — que, como vice-xerife da reserva, podia entrar e sair da prisão como bem entendesse — o visitou de novo, dizendo: "Burt, daqui a pouco você vai precisar de advogados. Eu sei que você não tem dinheiro para pagar o que eles cobram, e quero que aquele trabalho seja feito".

"Está certo, Bill, eu faço", ele disse.

Certa noite, não muito tempo depois, contou Lawson, outro vice-xerife abriu sua cela e o levou até Hale, que esperava num carro, fora da prisão. Hale o conduziu a um edifício em Fairfax, onde estava Ernest. O vice-xerife lhe pediu que buscasse "a caixa". Ernest trouxe um caixote que continha um jarro cheio de nitroglicerina, em cujo bico se prendia um longo rolo de estopim. Acomodaram cuidadosamente o caixote no carro e se dirigiram à casa dos Smith. "Desci do carro, peguei o caixote e o estopim, enquanto Hale e Ernest iam embora", contou Lawson.

> Caminhei então para os fundos da casa, entrei no porão dos Smith, pus o caixote no canto mais distante e ajeitei o estopim como Hale tinha me mostrado. [...] Em seguida, me sentei no escuro e esperei. Vi que as luzes da casa se acendiam. Imagino que eles tenham trocado de roupa e se deitado, pois logo depois as luzes se apagaram. Fiquei sentado ali por um bom tempo. Eu não tinha como saber que horas eram, mas tenho a impressão de que uns 45 minutos depois, quando supus que todos já estivessem dormindo, acendi um pedacinho do estopim. [...] Assim que a ponta começou a soltar fumaça, saí correndo o mais depressa que pude.

Lawson ouviu o barulho da casa indo pelos ares. Hale e Ernest o encontraram perto dali e o levaram para a penitenciária, onde o outro vice-xerife o conduziu a sua cela. Antes de ir embora, Hale avisou: "Se algum dia abrir o bico, morre".

White e o agente Smith se animaram. Ainda havia alguns pontos obscuros, e Lawson não falara do envolvimento de Kirby, o dinamitador. Mas Kirby poderia ter preparado a bomba sem interagir com Lawson. White teria de ligar essas pontas soltas, mas pelo menos surgira uma testemunha capaz de implicar Hale diretamente no crime.

Em 24 de outubro de 1925, três meses depois de ter assumido o caso, White enviou um telegrama a Hoover, no qual não conseguiu esconder uma sensação de triunfo: "Tenho confissão de Burt Lawson de que armou e acendeu a bomba que explodiu a casa de Bill Smith; que foi persuadido, municiado e ajudado por Ernest Burkhart e W. K. Hale".[5]

Hoover exultou. E rapidamente respondeu, também por telegrama: "Parabéns".[6]

Enquanto trabalhavam para corroborar os detalhes da confissão de Lawson, White e seus homens se deram conta de que era urgente tirar Hale e seus sobrinhos das ruas. O advogado e curador Comstock, sobre o qual já não pairavam dúvidas de que estivesse de fato ajudando os investigadores, persuadindo testemunhas a falar o que sabiam, vinha recebendo ameaças. Decidira passar as noites em seu escritório, no centro de Pawhuska, acompanhado do Bulldog inglês calibre .44. "Certa vez, ao abrir a janela, ele encontrou bananas de dinamite atrás da cortina",[7] lembrou um parente. Conseguiu se livrar delas. Entretanto, acrescentou o parente, "Hale e sua turma estavam resolvidos a matá-lo".

White também se preocupava com a sorte de Mollie Burckhart. Embora tivesse sido informado de que ela sofria de diabetes, estava desconfiado. Hale tinha providenciado com êxito, cadáver a cadáver, que Mollie herdasse a maior parte dos bens dos membros de sua família. No entanto, a trama parecia inacabada. Hale tinha acesso à fortuna de Mollie através de Ernest, mas seu sobrinho ainda não controlava diretamente aquela dinheirama, e só viria a fazê-lo se Mollie morresse e deixasse seus bens para ele. Uma criada de Mollie tinha contado a um agente que, certa noite, Ernest, bêbado, murmurara temer que alguma coisa acontecesse à mulher. Até ele parecia ter medo do desfecho inevitável do plano.

John Wren, o agente com sangue ute, conversara com o pastor da igreja de Mollie, que lhe contara que a índia deixara de ir aos cultos, o que não era de seu feitio. Além disso, o religioso ouvira dizer que familiares a impediam de frequentar a igreja. E mostrou-se apreensivo por ter violado a confidencialidade paroquial. Pouco tempo depois, porém, anunciou ter recebido uma mensagem secreta de Mollie: ela temia que alguém estivesse tentando envenená-la. Como uísque envenenado era um dos métodos prediletos dos assassinos, o pastor mandou-lhe um recado, recomendando-lhe que "não ingerisse nenhum tipo de bebida alcoólica, fosse o que fosse, em hipótese alguma".[8]

Entretanto, o diabetes parecia ter facilitado uma administração sorrateira do veneno. Alguns médicos da cidade, entre eles os irmãos Shoun, haviam lhe dado injeções, supostamente de insulina, mas, em vez de melhorar, Mollie piorava. Servidores dos Assuntos Indígenas achavam que ela podia estar sendo envenenada lentamente. Um funcionário do Departamento de Justiça havia observado que "a doença dela é muito suspeita, para dizer o mínimo".[9] Era urgente, ele disse ainda, "transferir essa paciente para algum hospital de boa reputação, a fim de que ela receba um diagnóstico e um tratamento sem a interferência do marido".

No fim de dezembro de 1925, White decidiu que não podia mais esperar, embora faltasse a confirmação de muitos detalhes da confissão de Lawson e restassem certas contradições. Além de não ter mencionado Kirby, o presidiário insistia que Hale estava em Fairfax no dia da explosão, e não em Fort Worth, com Grammer, como declararam algumas testemunhas. Mesmo assim, White apressou-se em obter mandados de prisão para Hale e Ernest Buckhart, pelos assassinatos de Bill e Rita Smith, e da criada do casal, Nettie Brookshire. Os mandados foram emitidos em 4 de janeiro de 1926. Como os agentes não podiam efetuar prisões, fizeram-se acompanhar de delegados federais e outros agentes da lei, entre eles o xerife Freas, que, depois de afastado do serviço, fora reeleito para a função.

Vários policiais rapidamente localizaram Ernest Burkhart no lugar que ele mais gostava de frequentar, um salão de sinuca em Fairfax, e o levaram para a cadeia em Guthrie, cerca de 130 quilômetros a sudoeste de Pawhuska. Hale, porém, não foi encontrado. O agente Wren soube que ele tinha encomendado um terno novo e dissera estar pensando em sair da cidade de um momento para outro. As autoridades já temiam que Hale tivesse sumido para sempre quando ele de repente entrou no escritório do xerife Freas. Parecia a caminho de uma festa formal: vestia um terno muito bem passado, sapatos reluzentes, chapéu de feltro e um sobretudo em cuja lapela havia um broche da loja maçônica cravejado de brilhantes. "Entendo que estou sendo procurado",[10] disse, explicando que estava ali para se entregar — não havia necessidade de dar trabalho aos policiais.

Quando era conduzido à cadeia de Guthrie, Hale foi confrontado por um repórter local. Seus olhos fundos faiscavam, e ele se movia, nas palavras do repórter, "como um animal preso num laço".[11]

"O senhor tem alguma declaração a fazer?", perguntou o repórter.

"Quem é você?", indagou Hale, não habituado a ser questionado.

"Um jornalista."

"Não vou me defender nos jornais, e sim nos tribunais deste condado."

Com a esperança de que Hale ao menos falasse sobre si mesmo, o repórter lhe perguntou: "Que idade o senhor tem?".

Hale diante da prisão de Guthrie.

"Tenho 51 anos."
"Há quanto tempo mora em Oklahoma?"
"Mais ou menos 25 anos."
"O senhor é bastante conhecido, não é?"
"Creio que sim."
"Tem muitos amigos?"
"Espero que sim."
"Eles não gostariam de ouvir uma declaração sua, nem que o senhor diga apenas 'Eu sou inocente'?"
"Eu vou me defender nos tribunais, não nos jornais. A noite está fria, não?"
"Está. Como vai a pecuária este ano?"
"Tem ido bem."

"A viagem de Pawhuska para cá é longa, não é?"

"É, mas viemos num carro com cortinas."

"E o que o senhor diz daquela declaração?"

Hale recusou-se mais uma vez a fazer qualquer declaração e as autoridades o levaram dali. Se por um momento estivera intranquilo, quando White o interrogou ele já havia recuperado a confiança — mostrou-se até arrogante, convencido de que continuava intocável. Insistia que White cometera um erro. Era como se o federal tivesse sido detido, e não ele.

White suspeitava que Hale nunca admitiria seus crimes, decerto não a um agente da justiça, e talvez nem mesmo a Deus, que ele tanto invocava. Ernest Burkhart oferecia a única possibilidade de uma confissão. "Podíamos olhar para ele e ver uma pessoa assustada",[12] comentou o agente. Um promotor que trabalhava com White usou palavras mais fortes: "Todos nós achamos que Ernest Burkhart era a pessoa a ser dobrada".[13]

Burkhart foi levado a um cômodo no terceiro andar de um edifício federal em Guthrie que fazia as vezes de sala de interrogatório improvisada. Vestia a mesma roupa que usara ao ser preso, e, de acordo com White, parecia um "janota do interior, bem vestido à moda do Oeste, com botas caras de caubói, camisa berrante, gravata chamativa e um terno caro, feito sob medida".[14] Visivelmente nervoso, ele mordia os lábios.

White e o agente Frank Smith o interrogaram. "Queremos conversar sobre o assassinato da família de Bill Smith e o de Anna Brown",[15] disse White.

"Ah, não sei de nada a respeito disso", Burkhart disse.

White lhe explicou que os federais falaram, na penitenciária estadual, com um homem chamado Burt Lawson, que o contradizia. Segundo o detento, Ernest sabia muita coisa sobre aqueles assassinatos. A referência a Lawson não pareceu amedrontá-lo, e ele insistiu nunca haver tido algum contato com o prisioneiro.

"Ele disse que o senhor foi o intermediário na preparação da explosão da casa da família Smith", disse White.

"Mentira dele", respondeu Burkhart, enfático. Uma dúvida tomou conta de White, uma dúvida que talvez estivesse oculta dentro dele, mas fora reprimida: e se Lawson estivesse mentindo, usando informações colhidas de outros marginais presos que tivessem escutado histórias sobre o caso? Talvez Lawson mentisse com a esperança de que os promotores reduzissem sua pena, em troca da delação. Pior: e se a confissão tivesse sido orquestrada por Hale — mais uma de suas tramas dentro de uma trama? Mas se Lawson estivesse mentindo a respeito de alguma coisa, conseguir uma confissão de Burkhart era ainda mais crucial. Ou isso, ou o caso desmoronaria.

Durante horas, na salinha claustrofóbica, White e Smith repassaram os indícios que haviam reunido sobre cada um dos homicídios, tentando derrubar Ernst Burkhart. White julgou detectar uma ponta de remorso no suspeito, como se ele desejasse se livrar de um peso, proteger a mulher e os filhos. No entanto, sempre que White ou Smith mencionavam Hale, ele se retesava na cadeira, aparentemente com mais medo do tio que da justiça.

"O conselho que eu lhe dou é que conte tudo de uma vez", disse White, quase pedindo.

"Não há nada a ser contado", respondeu Burkhart.

Depois da meia-noite, White e Smith desistiram e mandaram o suspeito de volta para sua cela. No dia seguinte, a posição dos federais se tornou ainda mais difícil. Hale anunciou que podia provar, sem dar margem para qualquer dúvida, que estava no Texas no dia da explosão, pois recebera um telegrama lá e assinara o recibo. Se isso fosse verdade — e White se inclinava a acreditar que era —, então Lawson estivera mesmo mentindo o tempo todo. Em sua ânsia de pegar Hale, White incorrera no erro supremo que um investigador pode cometer: acreditar, apesar das evidentes contradições, naquilo em que queria acreditar. Ele sabia que só dispunha de algumas horas antes que os advogados de Hale exibissem o recibo daquele telegrama e tirassem o fazendeiro dali, junto com Burkhart — apenas umas poucas horas antes que se divulgasse que o Bureau fora humilhado, notícia que chegaria a Hoover. Como um dos assessores de Hoover disse sobre o diretor, "quando ele se aborrece com alguém, destrói essa pessoa".[16] Os advogados de Hale prontamente passaram a informação a um repórter, que escreveu matéria a respeito do álibi "perfeito" de Hale,[17] observando: "Ele não está com medo".

Em desespero, White recorreu ao homem que havia constrangido Hoover e se tornara um pária aos olhos dos investigadores: Blackie Thompson, o marginal meio cherokee que, por ocasião da investigação anterior, tinha sido libertado da prisão como informante, mas matara um policial. Estava na penitenciária estadual desde que fora apanhado. Para o Bureau, tratava-se de uma ovelha negra que, por felicidade, estava escondida na cadeia.

Entretanto, com base nos primeiros relatórios da agência sobre o caso, White suspeitava que Blackie pudesse ter informações importantes sobre os assassinatos, e, sem consultar Hoover, fez com que ele fosse levado a Guthrie. Se alguma coisa desse errado — por exemplo, se Blackie fugisse ou ferisse alguém —, seria o fim da carreira de White. E ele se certificou de que o encarregado da transferência de Blackie fosse Luther Bishop, o policial de Oklahoma que tinha matado Al Spencer. Ao chegar ao edifício federal, Blackie estava acorrentado e cercado por um pequeno exército. White alojara no alto de um edifício próximo um atirador que mantinha o prisioneiro em sua mira telescópica, atrás de uma janela.

Blackie ainda se portava de modo hostil, arrogante e rude, mas quando White lhe perguntou sobre o papel de Hale e de

Blackie Thompson.

Burkhart nos assassinatos dos osages, sua inflexibilidade pareceu ceder — sujeito intolerante, fanático, certa vez se queixara de que Hale e Burkhart eram "judeus demais: querem tudo em troca de nada".[18]

Como os agentes não podiam propor um acordo que reduzisse sua pena, no começo ele falou sobre os assassinatos com má vontade; aos poucos, porém, foi revelando cada vez mais detalhes. Disse que certa ocasião ele e seu velho amigo Curley Johnson haviam sido procurados por Burkhart e Hale para matar Bill e Rita Smith. Como parte do pagamento, propuseram que Blackie roubasse o carro de Burkhart. Uma noite em que ele e Mollie estavam em casa, Blackie retirou seu automóvel da garagem. Depois foi preso pelo roubo, mas não cometera nenhum dos assassinatos.

Não estava claro se Blackie concordaria em prestar testemunho no tribunal sobre essas questões, mas White esperava dispor de informações suficientes para salvar a investigação. Deixou o criminoso cercado por guardas e correu com o agente Smith para interrogar Burkhart de novo.

De volta à salinha de interrogatório, disse ao suspeito: "Não ficamos satisfeitos com o que você nos contou na noite passada. Achamos que há muitas coisas que você escondeu de nós".

"Eu só sei o que todo mundo sabe", respondeu Burkhart.

White e Smith jogaram uma última cartada: afirmaram ter outra testemunha que falaria sobre seu envolvimento no plano para matar Bill e Rita Smith. Sabendo que os federais haviam blefado antes, Burkhart disse que não acreditava neles.

"Bem, posso ir buscá-lo, se você acha que estamos mentindo", disse Smith.

"Traga esse cara aqui", disse Burkhart.

White e Smith saíram, pegaram Blackie e o levaram para a salinha. Enquanto o atirador mantinha Blackie em sua mira telescópica atrás da janela, o bandido sentou diante de Burkhart, que parecia atordoado.

O agente Smith virou-se para Blackie: "Você me disse a verdade em relação às propostas que Ernest Burkhart lhe fez?".[19]

"Sim, senhor", respondeu Blackie.

"Sobre matar Bill Smith?", acrescentou o agente Smith.

"Sim, senhor."

"Você disse a verdade quando me contou que Ernest lhe deu um automóvel como parte do pagamento por aquele trabalho?"

"Sim, senhor."

Blackie, evidentemente divertido, olhou com firmeza para Burkhart e declarou: "Eu contei tudo a eles".

Burkhart pareceu derrotado. Depois que Blackie saiu, White pensou que o marido de Mollie estaria pronto para confessar e entregar Hale, mas, sempre que parecia prestes a fazer isso, ele se calava. Por volta da meia-noite, White o deixou entregue aos outros agentes e voltou para o hotel. Não havia mais cartas a jogar. Exausto e desanimado, caiu na cama e adormeceu.

Não demorou muito e o telefone o despertou. Esperando ouvir que alguma coisa tinha saído mal — por exemplo, que Blackie Thompson fugira —, ele pegou o fone e escutou a voz ansiosa de um de seus agentes: "Burkhart está disposto a contar sua história. Mas não para nós. Ele disse que tem de ser para o senhor".

Ao entrar na salinha, White deu com Burkhart afundado na cadeira, cansado e resignado. Não matara aquelas pessoas, ele disse, mas sabia quem o fizera. "Eu quero falar tudo."

White lembrou-o de seus direitos, e Burkhart assinou o seguinte documento: "Após ter sido assim advertido, e sem que me fosse feita nenhuma promessa de imunidade quanto à instauração de processo, e por minha livre e espontânea vontade, faço agora a seguinte declaração".[20]

Então começou a falar sobre William Hale — como o admirara quando menino, como fazia todo tipo de trabalho para ele e como sempre havia obedecido a suas ordens. "Eu confiava no julgamento do tio Bill",[21] disse. Hale era um maquinador, afirmou, e, embora não tomasse conhecimento de toda a mecânica dos planos, o tio lhe confiara os detalhes de um projeto homicida: matar Bill e Rita Smith. Burkhart disse ter protestado quando ele lhe informou sua intenção de explodir a casa e todos os que estivessem dentro dela, até seus parentes. E o censurara: "Por que você está reclamando? Sua mulher vai ficar com o dinheiro".

Burkhart acabou concordando, como sempre fazia. Hale procurou dois marginais, Blackie Thompson e Curley Johnson, para que se encarregassem da matança. (Numa declaração posterior, ele recordou: "Hale tinha me dito que procurasse Curley Johnson e verificasse até que ponto ele era durão, e se queria ganhar algum dinheiro, e que eu dissesse a Johnson que o trabalho consistia em acabar com um branco casado com uma índia",[22] referindo-se a Bill Smith.) Como nem Johnson nem Blackie encarassem a tarefa, Hale procurou Al Spencer, que também a rejeitou. O fazendeiro então conversou com Henry Grammer, contrabandista de bebidas e astro dos rodeios, que prometeu indicar alguém. "Poucos dias antes da explosão, Grammer disse que Acie" — Asa Kirby — "faria a coisa", contou Burkhart. "Isso foi o que Hale me disse."[23]

Lawson não tivera nada a ver com a explosão, ele explicou: "O senhor pegou pelo rabo o porco errado".[24] (Mais tarde, Lawson admitiria: "Toda aquela história que eu lhe contei foi uma mentira. Tudo o que sei sobre aquela explosão foi o que ouvi na cadeia [...]. Eu agi mal e menti para o senhor".[25]) Na verdade, disse Burkhart, seu tio fora com Grammer a Fort Worth, para que tivessem um álibi. Antes de sair, ele pediu ao sobrinho que desse um recado a John Ramsey, o ladrão de gado e contrabandista que trabalhava para Henry Grammer. Ramsey deveria dizer a Kirby que tinha chegado a hora "do trabalho". Burkhart deu o recado e estava em casa com Mollie na noite da explosão. "Quando a coisa aconteceu, eu estava deitado com minha mulher", relatou. "Vi uma luz no lado norte. Minha mulher foi à janela e olhou para fora."[26] Comentou que havia uma casa pegando fogo. "Assim que ela disse aquilo eu entendi o que era."

Burkhart também deu detalhes cruciais sobre como Hale havia planejado o assassinato de Roan para receber o dinheiro do seguro. "Eu sei quem foi que matou Henry Roan",[27] disse, e identificou Ramsey — o ladrão de gado — como o pistoleiro.

O caso estava totalmente esclarecido. White deu um telefonema para o agente Wren, que trabalhava no campo. "Há um suspeito aí chamado John Ramsey", disse-lhe. "Prenda-o imediatamente."[28]

Ramsey foi detido e levado à salinha de interrogatório. Alto e magro, vestia um macacão. Seu cabelo preto era sebento, e ele mancava um pouco. Um repórter comentou que "parecia um homem com os nervos à flor da pele e, talvez, perigoso".[29]

De acordo com os relatos de White e de outros agentes, ele os fitava com cautela, insistindo que não sabia de nada. White lhe mostrou a declaração assinada por Burkhart e Ramsey ficou olhando para o papel como se tentasse avaliar sua autenticidade. Da mesma forma como haviam feito uma acareação entre Blackie e Burkhart, White e Smith trataram de pôr este último frente a frente com Ramsey, para que confirmasse sua declaração. Foi aí que o pistoleiro levantou as mãos e disse: "Acho que agora meu pescoço está ferrado. Peguem seus lápis".[30]

De acordo com sua declaração sob juramento e outros testemunhos, em algum momento, no começo de 1923, Grammer disse a Ramsey que Hale tinha "um trabalhinho a ser feito". Ele perguntou do que se tratava, e Grammer respondeu que Hale queria dar cabo de um índio. O pistoleiro, que se referia ao plano como "a situação do jogo", acabou por aceitar, e atraiu Roan para o cânion, prometendo-lhe uísque. "Nós nos sentamos no estribo do carro dele e bebemos", contou. "Depois o índio entrou no carro para ir embora, e foi aí que atirei em sua nuca. Acho que eu estava a mais ou menos meio metro dele quando atirei. Então voltei para meu carro e fui para Fairfax."[31]

White notou que Ramsey só dizia "o índio", e nunca o nome de Roan. Como que para justificar seu crime, ele comentou que, àquela altura, "os brancos de Oklahoma não davam mais importância [...] a matar um índio do que em 1724".[32]

* * *

White ainda tinha perguntas sobre o assassinato da irmã de Mollie, Anna Brown. Ernest Buckhart se mantinha calado a respeito das atividades de seu irmão, Bryan, e era evidente que não queria implicá-lo. Entretanto, revelou a identidade do misterioso terceiro homem que fora visto com Anna pouco antes de sua morte. Era alguém que os agentes conheciam muito bem: Kelsie Morrison, o informante secreto deles, que estaria atuando ao lado dos agentes para identificar o terceiro homem. Morrison não fora somente um agente duplo que passara informações a Hale e a seus comparsas: fora ele, disse Ernest, que disparara o tiro fatal na cabeça de Anna Brown.

Quando as autoridades saíram para prender Morrison, também providenciaram um médico para examinar Mollie Burkhart. Ela parecia à beira da morte e, com base em seus sintomas, as autoridades se convenceram de que alguém a vinha envenenando devagar, para não levantar suspeitas. Num relatório posterior, um agente observou: "O fato provado é que, quando ela foi afastada do controle de Burkhart e Hale, recobrou imediatamente a saúde".[33]

Burkhart nunca admitiu que soubesse que Mollie estava sendo envenenada. Talvez esse fosse o único pecado que ele não suportava admitir. Ou talvez Hale desconfiasse que ele não conseguiria matar a própria mulher.

Os irmãos Shoun foram interrogados com relação ao tratamento que vinham ministrando a Mollie. Um dos promotores, o que trabalhava com White, perguntou a James: "Vocês não estavam dando insulina a ela?".[34]

"Eu talvez tenha dado", ele respondeu.

O promotor se impacientou. "Ela não foi afastada de seus

cuidados e internada no hospital de Pawhuska? O senhor por acaso não estava ministrando insulina a ela?"

Shoun disse que talvez tivesse se expressado mal. "Não quero me atrapalhar, nem ficar em má situação."

O promotor perguntou de novo se ele havia ministrado injeções a Mollie. "Dei algumas", foi a resposta.

"Para qual doença?"

"Para diabetes melito."

"E ela piorou?"

"Não sei."

"E ela ficou tão mal que foi afastada de seus cuidados e internada num hospital em Pawhuska, e imediatamente melhorou com o tratamento feito por outro médico?"

Os irmãos Shoun negaram ter havido erro médico, e White não pôde provar quem fora o responsável pelo envenenamento. Quando Mollie passou a se sentir melhor, as autoridades a interrogaram. Ela não era uma pessoa que gostasse de ser vista como vítima, mas dessa vez admitiu que estava com medo e perplexa. Às vezes dependia de um intérprete para ajudá-la com o inglês — uma língua que agora parecia transmitir segredos além de qualquer capacidade de compreensão. Um advogado, assistente de acusação, lhe explicou: "Todos somos seus amigos e estamos trabalhando a seu favor". Disse que o marido dela, Ernest, havia confessado saber alguma coisa a respeito daqueles casos de homicídio e que aparentemente fora Hale quem os planejara, inclusive a explosão da casa da irmã dela, Rita.

"Bill Hale e seu marido são parentes, não são?", ele acrescentou.

"São sim, senhor", ela respondeu.

Em dado momento, o advogado lhe perguntou se Hale estava na casa dela na hora da explosão.

"Não, ele não estava lá. Só estavam lá em casa meu marido e meus filhos."

"Ninguém foi lá naquela noite?"

"Não."

"Seu marido esteve lá a noite toda?"

"Esteve, a noite toda."

Ele perguntou a Mollie se algum dia Ernest lhe dissera alguma coisa sobre o plano de Hale. "Ele nunca me disse nada sobre isso", ela respondeu. Tudo o que queria, disse, era que os homens que tinham feito aquilo contra sua família fossem punidos.

"Não faz diferença quem sejam eles?", perguntou o advogado.

"Não", ela insistiu, obstinada. Não podia, *não queria*, acreditar que Ernest estivesse envolvido naquela trama. Mais tarde, um jornalista escreveu que Mollie comentara: "Meu marido é um homem bom, um homem gentil. Ele nunca faria nada disso. Ele nunca machucaria outra pessoa, ele nunca *me* machucaria".[35]

O advogado então perguntou: "A senhora ama seu marido?".

Passado um momento, ela respondeu: "Amo".

Depois de ouvirem as declarações de Ernest Burkhart e Ramsey, White e Smith confrontaram Hale. White sentou-se diante daquele homem de ar senhorial, que, ele estava convencido, matara quase todos os membros da família de Mollie, além de testemunhas e cúmplices. White descobrira um fato ainda mais chocante: de acordo com várias pessoas próximas a Anna Brown, Hale tivera um caso com ela e era o pai de seu bebê. Se isso fosse verdade, significava que Hale teria matado o filho ainda por nascer.

White tentou controlar as emoções violentas que o invadiam enquanto Hale cumprimentava a ele e ao agente Smith com a mesma cortesia que demonstrara ao ser preso. Burkhart certa vez descrevera Hale como o "melhor homem que existia até conhecê-lo melhor",[36] acrescentando: "Quando uma pessoa o conhecia, podia admirá-lo e gostar muito dele. Com as mulheres, era a mesma coisa. Mas se você o via de perto durante muito tempo, ele começava a incomodar, e você logo via quem ele era".

White não perdeu tempo. Como contou mais tarde, disse a Hale: "Temos declarações assinadas e irrefutáveis que implicam o senhor como o responsável principal pelos assassinatos de Henry Roan e da família Smith. As provas que temos são suficientes para condená-lo".[37]

Mesmo depois de White ter detalhado as evidências acachapantes contra ele, Hale se manteve irredutível, como se ainda estivesse em posição de vantagem. Kelsie Morrison dissera antes aos agentes que Hale estava convencido de que "o dinheiro haveria de comprar a proteção ou a absolvição de qualquer homem em relação a qualquer crime no condado de Osage".[38]

White não podia prever a batalha jurídica, feroz e espetacular, que viria a seguir, uma batalha travada na Suprema Corte dos Estados Unidos e que quase destruiria sua carreira. Contudo, com a esperança de amarrar o processo da forma mais perfeita e rápida possível, fez uma última tentativa para persuadir Hale a confessar. "Achamos que o senhor não há de querer expor [sua família] a um longo julgamento e a todos os depoimentos desagradáveis, além da vergonha e do constrangimento",[39] ele disse.

Hale fitou White com uma expressão gaiata. "Vou brigar",[40] ele disse.

19. Traidor do próprio sangue

A revelação das prisões e o horror dos crimes dominaram o país. A imprensa escreveu sobre "uma quadrilha evidentemente bem organizada,[1] diabólica em sua brutalidade, dedicada a destruir com balas, venenos e bombas os herdeiros das áreas petrolíferas dos osages; sobre crimes que "gelavam o sangue ainda mais que os da antiga conquista do Oeste";[2] e sobre o esforço do governo federal para levar à justiça o suposto "Rei dos Assassinos".[3]

White tinha se dedicado aos casos que envolviam Roan e a família de Mollie Burkhart, e ele e seus homens ainda não haviam conseguido ligar Hale a todos os 24 assassinatos de osages ou à morte do advogado Vaughan e do empresário McBride. No entanto, a equipe conseguira demonstrar que Hale se beneficiara de ao menos dois desses assassinatos. O primeiro caso foi o da suspeita de envenenamento de George Bigheart, o índio osage que, antes de morrer, passara informações a Vaughan. Testemunhas contaram que o fazendeiro fora visto com Bigheart pouco antes que este fosse levado para o hospital, e que depois de sua morte Hale requereu que lhe fosse paga a quantia de 6 mil dólares, tirados do espólio de Bigheart, apresentando uma nota promissória forjada. Ernest Burkhart revelou que o tio, antes de preencher a nota, havia treinado a letra para que se assemelhasse à caligrafia de Bigheart. Hale também estava implicado no evidente envenenamento de Joe Bates, um índio osage, em 1921. Depois da morte súbita de Bates, que era casado e tinha seis filhos, Hale apresentara um documento duvidoso que lhe dava direito à terra do índio. Posteriormente, a viúva enviou uma carta ao Escritório de Assuntos Indígenas, dizendo:

> Hale manteve meu marido embriagado durante mais de um ano. Ele vinha à nossa casa e pedia que lhe vendêssemos os terrenos que Joe tinha herdado. Joe sempre se recusou a fazer isso, por mais bêbado que estivesse. Eu nunca acreditei que ele tivesse vendido a terra, ele me disse sempre que não faria isso até poucos dias antes de sua morte [...]. Bem, Hale conseguiu a terra.[4]

Apesar da brutalidade dos crimes, muitos brancos não escondiam certa admiração pela história escabrosa. "Incrível conspiração para assassinar índios osages",[5] estampou o *Reno Evening Gazette*. Um serviço noticioso divulgou um boletim nacional intitulado "O Velho Oeste selvagem ainda vive na terra dos assassinatos de osages",[6] em que a história,

> por mais deprimente que seja, mesmo assim traz para os dias de hoje um toque do Oeste selvagem, romântico e inconsequente que já se imaginava enterrado. E a história é verdadeiramente impressionante. Tanto assim que de início o leitor se pergunta se é mesmo possível que ela tenha ocorrido na América moderna, do século xx.

Um documentário sobre os assassinatos, *A tragédia das colinas Osage*,[7] foi exibido nos cinemas. "A história real da mais desconcertante série de assassinatos nos anais do crime", proclamava um folheto publicitário do curta-metragem. "Uma história de amor, ódio e cobiça por dinheiro. Baseado em fatos reais, divulgados pela espantosa confissão de Burkhart."

Em meio ao sensacionalismo, os osages estavam empenhados em garantir que Hale e seus conspiradores não achassem um meio de se livrar da punição, como muitos temiam que acontecesse. A viúva de Bates declarou: "Nós, índios, não temos como afirmar nossos direitos nesses tribunais, e eu não tenho a menor possibilidade de garantir essa terra para meus filhos".[8] Em 15 de janeiro de 1926, a Sociedade dos Índios de Oklahoma divulgou uma resolução que dizia:

> Membros da tribo indígena dos osages foram assassinados barbaramente para ser privados de seus direitos a terras [...]. Em vista disso, os autores desses crimes devem ser vigorosamente processados e, se condenados, punidos com todas as penas da lei [...].
>
> POR CONSEGUINTE, esta Sociedade torna público que elogiamos as autoridades federais e estaduais por seus esforços na tentativa de descobrir e processar os criminosos culpados desses crimes atrozes.[9]

Entretanto, Tom White sabia que as instituições judiciais americanas, da mesma forma que seus serviços policiais, estavam permeadas de corrupção. Muitos advogados e juízes recebiam subornos. As testemunhas eram coagidas, os júris eram influenciados. Até mesmo Clarence Darrow, o grande defensor dos oprimidos, fora acusado de tentar subornar possíveis jurados. Um editor do *Los Angeles Times* lembrava-se de Clarence ter lhe dito certa vez: "Quando você está enfrentando um bando de escroques, tem de jogar o jogo deles. Por que eu não faria isso?".[10] Hale exercia enorme influência sobre as frágeis instituições legais de Oklahoma, como observou um jornalista que visitou a região: "As pessoas, das mais humildes às mais bem situadas, baixam a voz ao falar dele. A influência de Hale e seus colaboradores é sentida em toda parte".[11]

Devido ao poder de Hale, um promotor federal advertiu que seria "não só inútil, como também, e sem dúvida, perigoso"[12] tentar julgá-lo no estado. No entanto, como ocorria no caso de muitos crimes contra índios americanos, ninguém sabia com segurança qual órgão do governo tinha jurisdição sobre os assassinatos de osages. O território deles, porém, tinha sido repartido, e grande parte da área onde ocorreram os assassinatos, incluindo o de Anna Brown, não estava mais sob o controle da tribo. Esses casos, concluíram as autoridades do Departamento de Justiça, só poderiam ser julgados pelo estado.

Entretanto, à medida que as autoridades estudavam os vários casos, julgaram ter encontrado uma brecha. Henry Roan tinha sido morto numa área dos osages que não fora vendida a brancos. Além disso, o proprietário dessa área estava sob curatela e era considerado um curatelado do poder federal. Os promotores que trabalhavam com Tom White decidiram avançar com esse caso, e Hale e Ramsey foram acusados num tribunal federal pelo assassinato de Roan. Estavam sujeitos à pena de morte.

A equipe reunida pela promotoria era de primeira linha. Incluía dois altos nomes do Departamento de Justiça, assim como um jovem e recém-nomeado promotor federal, Roy St. Lewis, e um advogado local chamado John Leahy, casado com uma osage e contratado pelo Conselho Tribal como assistente de acusação nos vários processos.

A defesa de Hale estava a cargo de seu próprio grupo de advogados — alguns dos "mais competentes talentos jurídicos de Oklahoma",[13] no dizer de um jornal. Entre eles estava Sargent Prentiss Freeling, que fora advogado-geral do estado de Oklahoma e era um ardoroso defensor dos direitos dos estados. Tinha viajado com frequência pela região, dando uma palestra intitulada "O julgamento de Jesus Cristo do ponto de vista de um advogado", em que advertia: "Quando um homem mesquinho[14] se entrega com todas as suas forças à vilania e chega até onde permite sua natureza desprezível, ele então contrata um advogado de má reputação para defendê-lo". Para defender John Ramsey, que teria atirado em Roan, Hale contratou um advogado chamado Jim Springer, conhecido como subornador. Instruído por Springer, Ramsey apressou-se a retirar sua confissão, insistindo: "Nunca matei ninguém".[15] Ernest Burkhart disse a White que Hale garantira a Ramsey que "não se preocupasse, que ele, Hale, era influente e tinha tudo resolvido, desde o fiscal de estradas até o governador".[16]

O promotor Roy St. Lewis revendo os volumosos arquivos dos crimes contra os osages.

No começo de janeiro, pouco depois do início dos trabalhos do grande júri, que decidiria se Ramsey seria submetido a julgamento, um dos amigos de Hale, um pastor protestante, foi acusado de perjúrio no banco das testemunhas. Mais adiante, outro amigo dele foi preso por tentar influenciar testemunhas. Ao aproximar-se o julgamento, detetives particulares desonestos começaram a perseguir testemunhas e até tentar fazer com que desaparecessem. O Bureau divulgou a descrição física[17] de um desses detetives particulares; agentes temiam que ele pudesse ter sido contratado como assassino: "Rosto comprido [...] terno cinzento e chapéu Fedora claro [...] vários dentes de ouro [...] tem a reputação de ser muito astuto e 'escorregadio'".[18]

Outro pistoleiro foi contratado para matar a ex-mulher de Kelsie Morrison, Katherine Cole, uma osage que concordara em ser testemunha de acusação. Esse pistoleiro mais tarde declarou que "Kelsie disse que queria fazer alguma coisa para se livrar de Katherine, sua mulher, porque ela sabia coisas demais sobre o assassinato de Anna Brown. Kelsie disse que me daria um bilhete para Bill Hale, e que Hale cuidaria das providências".[19] Hale pagou ao pistoleiro e lhe disse que "a deixasse bêbada e se livrasse dela".[20] No último minuto, porém, o pistoleiro não quis ir adiante e, depois de ser preso por uma acusação de roubo, contou às autoridades sobre o plano. Mesmo assim, os complôs continuaram.

White ordenara a seus homens que trabalhassem em duplas, por motivos de segurança, e foi avisado de que um ex-membro da quadrilha de Al Spencer estava em Pawhuska para matar agentes federais. Depois de dizerem ao agente Smith que "seria melhor a gente tratar disso",[21] eles, armados com automáticas calibre .45, confrontaram o homem na casa em que estava hospedado.

O fora da lei avaliou os agentes e disse: "Sou apenas um amigo de Bill Hale. Estou de passagem na cidade, só isso".

Depois do ocorrido, White informou a Hoover: "Antes que

pudesse começar a fazer qualquer coisa de seu trabalho 'sujo', esse homem foi embora, [...] uma vez que entendeu que outro lugar seria mais saudável para ele".[22]

White estava extremamente preocupado com Ernest Burkhart. Hale disse mais tarde a um de seus homens que o sobrinho era a única testemunha de quem tinha medo. "Não importa de que jeito, pegue Ernest",[23] disse-lhe Hale. "Do contrário", declarou, "estou ferrado."

Em 20 de janeiro de 1926, Ernst Burkhart — a quem o governo ainda não acusara, à espera de ver até onde chegava sua cooperação — comentou com White que tinha certeza de que iriam "acabar com ele".[24]

"Vou lhe dar toda a proteção de que o governo for capaz",[25] White prometeu. "Tudo o que for necessário."

White tomou providências para que o agente Wren e outro membro de sua equipe tirassem Burkhart do estado e o protegessem até o julgamento. Os agentes nunca o registravam em hotéis com seu nome verdadeiro e se referiam a ele como "E. J. Ernest". Passado algum tempo, White disse a Hoover: "Não achamos provável que tentem matar Burkhart. É claro que todas as precauções estão sendo tomadas para evitar isso, mas há muitos meios de fazê-lo, pois amigos de Hale e Ramsey poderiam provavelmente induzi-lo a ingerir algum veneno".[26]

Até então, Mollie ainda não acreditava que Ernest pudesse ser "intencionalmente culpado".[27] E como ele passasse vários dias sem voltar para casa, ela se desesperou. Sua família toda tinha sido dizimada, e agora, aparentemente, ela também perdera o marido. Um advogado, assistente da acusação, perguntou-lhe se gostaria que os agentes a levassem para ver Ernest.

"Isso é tudo o que eu quero",[28] ela respondeu.

Mais adiante, White e Mollie se encontraram. Ele garantiu que Ernest estaria de volta em breve. Até lá, prometeu, daria um jeito para que o casal trocasse cartas.

Depois de Mollie receber uma carta de Ernest dizendo estar bem e em segurança, ela respondeu: "Querido marido, recebi sua carta esta manhã e fiquei muito feliz por ter notícias suas. Estamos todos bem, e Elizabeth vai voltar para a escola".[29] Mollie contou que não estava mais tão doente. "Eu me sinto melhor agora", explicou. E concluiu, apegando-se à ilusão de seu casamento: "Bem, Ernest, preciso encerrar minha cartinha. Espero notícias suas em breve. Adeus, sua mulher, Mollie Burkhart".

Em 1º de março de 1926, White e a acusação receberam um golpe devastador. Ao concordar com uma moção da defesa, o juiz decidiu que, embora o assassinato de Roan tivesse ocorrido no terreno de um osage, esse terreno não equivalia a uma terra tribal, e por isso o processo só poderia correr num tribunal do estado de Oklahoma. Os promotores apelaram para que a decisão fosse tomada pela Suprema Corte dos Estados Unidos, mas, como tal decisão tardaria meses, Hale e Ramsey teriam de ser postos em liberdade. "A sensação era de que os advogados de Bill Hale, exatamente como seus amigos previam, haviam cortado direitinho as asas do governo",[30] comentou um jornalista.

Hale e Ramsey comemoravam no tribunal quando deles se aproximou o xerife Freas. Apertou a mão de Hale e disse: "Bill, tenho aqui um mandado de prisão para você".[31] White e alguns promotores haviam acertado com o procurador-geral de Oklahoma a prisão de Hale e Ramsey, e para isso haviam entrado no Judiciário estadual com acusações referentes aos homicídios decorrentes da explosão.

White e os promotores não tiveram alternativa senão abrir o processo em Pawhuska, sede do condado de Osage e reduto de Hale. "Pouquíssimas pessoas, se é que existem, acreditam que algum dia seremos capazes de formar um corpo de jurados no condado de Osage para julgar esses réus",[32] White disse a Hoover. "Os advogados deles recorrerão a toda sorte de trapaças e de fraudes."

Numa audiência preliminar, em 12 de março, homens e mulheres da tribo, muitos deles parentes das vítimas, comprimiram-se no tribunal. A mulher de Hale, sua filha de dezoito anos e muitos de seus amigos, turbulentos, apinharam-se atrás da mesa da defesa. Jornalistas abriam espaço a cotoveladas. "Raramente ou nunca uma multidão assim já se reuniu num tribunal",[33] escreveu um repórter do *Tulsa Tribune*:

> Temos aqui homens de negócios bem-vestidos disputando espaço com trabalhadores braçais. Mulheres da sociedade sentam-se ao lado de índias enroladas em mantas vistosas. Caubóis com chapelões e chefes osages com seus trajes enfeitados de contas bebem junto da entrada. Mocinhas de escola apuram os ouvidos em suas cadeiras para ouvir o que é dito. Toda a população cosmopolita do lugar mais rico do mundo — o Reino dos Osages — se aperta para nada perder do drama feito de sangue e ouro.

Um historiador local mais tarde se arriscou a dizer que o julgamento dos assassinatos dos osages tinha contado com maior cobertura da imprensa que o "julgamento do macaco", contra Scopes, no Tennessee, relativo à legalidade do ensino da teoria da evolução numa instituição custeada pelo estado.

Muitas pessoas na sala trocavam mexericos a respeito de uma mulher osage que estava sentada num banco, calada e sozinha. Era Mollie Burkhart, expulsa dos dois mundos onde sempre vivera: os brancos, leais a Hale, a evitavam, enquanto muitos osages a repudiavam por ter dado ensejo ao surgimento de assassinos entre eles e por permanecer leal a Ernest. Os repórteres a retratavam como uma "índia ignorante". A imprensa insistia em arrancar uma declaração dela, em vão. Mais tarde, um repórter a fotografou, e uma "nova e exclusiva imagem de Mollie Burkhart",[34] com uma expressão de desafio no rosto, rodou o mundo.

Hale e Ramsey foram levados ao tribunal. Ramsey parecia indiferente, mas Hale saudou a mulher, a filha e seus partidários. "Hale é um homem de personalidade magnética",[35] escreveu o repórter do *Tribune*. "Amigos se juntam ao redor dele em cada canto do tribunal, e homens e mulheres gritam saudações." Na cadeia, Hale escrevera um poema e recordava alguns de seus versos:

Não julgueis! As nuvens da culpa aparente podem turvar a fama de teu irmão,
Pois a fama talvez lance a sombra da suspeita sobre o mais brilhante nome.[36]

White sentou-se à mesa da acusação. Num instante, um dos advogados de Hale disse: "Meritíssimo, eu exijo que T. B. White, ali sentado, chefe do bureau federal de investigação em Oklahoma City, seja revistado em busca de armas de fogo e retirado deste tribunal".[37]

Os partidários de Hale apuparam e bateram os pés. White se levantou e abriu o paletó, mostrando que não estava armado. "Deixarei a sala se o tribunal assim ordenar", disse. O juiz declarou que isso não seria necessário. White voltou a sentar-se e a multidão se aquietou. A audiência se desenrolou tranquilamente até a tarde, quando entrou na sala um homem que não era visto no condado de Osage havia semanas: Ernest Burkhart. Mollie acompanhou o marido com o olhar enquanto ele percorria o longo corredor, com passos inseguros, até o banco das testemunhas. Hale fitou, furioso, o sobrinho, que um de seus advogados denunciara como "traidor do próprio sangue".[38] Pouco antes, Burkhart havia confidenciado a um dos promotores que, se testemunhasse, "eles me matarão", e, no momento em que sentou na cadeira das testemunhas, ficou evidente que toda a força que ele reunira para chegar até aquele ponto estava se esvaindo.

Um dos advogados de Hale pôs-se de pé e pediu para conversar em privado com Burkhart. "Esse homem é meu cliente!",[39] afirmou. O juiz perguntou a Burkhart se aquele sujeito era de fato seu advogado, e ele, com um olho no tio, respondeu: "Não, não é meu advogado... mas eu falo com ele".[40]

White e os promotores viram, estupefatos, Burkhart deixar o banco das testemunhas e caminhar com os advogados de Hale em direção à sala do juiz. Passaram-se cinco minutos, depois dez, depois vinte; por fim, o magistrado ordenou que o meirinho o trouxesse. Freeling, o advogado de Hale, apareceu na porta da sala do juiz e disse: "Meritíssimo, eu gostaria de solicitar ao tribunal que liberasse o sr. Burkhart até amanhã para que ele converse com a defesa". O juiz concordou, e por um momento o próprio Hale agarrou o sobrinho pela roupa no tribunal, com a trama se desenrolando bem diante de White. Leahy, o assistente de acusação contratado pelo Conselho Tribal Osage, considerou tudo aquilo "a conduta mais arbitrária e invulgar que já testemunhei por parte de advogados".[41] No momento em que Burkhart saiu do tribunal, White esforçou-se para chamar a sua atenção, mas ele foi levado dali por uma turba de partidários de Hale.

Na manhã seguinte, no tribunal, um dos promotores fez o anúncio que White e todos na sala esperavam: Ernest Burkhart se recusava a testemunhar em favor do estado. Num memorando a Hoover, White explicou que "a coragem de Burkhart o abandonara e, depois que ele tivera permissão para avistar-se com Hale e mais uma vez cair sob seu domínio, não havia mais esperança alguma de que ele testemunhasse".[42] Ernest Burkhart acabou ocupando o banco de testemunhas em favor da defesa. Um dos advogados de

Hale perguntou-lhe se alguma vez ele já conversara com o tio sobre o assassinato de Roan ou de qualquer outro índio osage.

"Nunca fiz isso",[43] Burkhart murmurou.

O advogado lhe perguntou se Hale algum dia pedira que ele contratasse alguém para matar Roan, e a resposta foi: "Ele nunca fez isso".

Passo a passo, com voz tranquila e monótona, Burkhart se retratou. Os promotores tentaram fazer acusações separadas contra ele, apontando-o como um dos conspiradores no atentado a bomba à casa dos Smith. Esperando melhorar sua posição contra Hale e Ramsey caso Burkhart fosse condenado, os promotores marcaram seu julgamento primeiro. Entretanto, os dois pilares mais importantes das provas contra Hale — as confissões de Burkhart e de Ramsey — haviam desmoronado. White se lembrou de que, no tribunal, "Hale e Ramsey nos dirigiam sorrisos triunfantes", acrescentando: "O Rei mandava de novo".[44]

Quando o julgamento de Burkhart começou, no fim de maio, White se viu no meio de uma crise ainda maior. Hale ocupou o banco das testemunhas e declarou, sob juramento, que, ao interrogá-lo, White e seus agentes, inclusive Smith, haviam tentado arrancar dele uma confissão, sob coerção e com violência. Disse ainda que os homens do Bureau revelaram ter meios de fazer uma pessoa falar. "Olhei para trás", prosseguiu Hale. "O que me fez olhar para trás foi o barulho de uma arma sendo engatilhada. No momento em que fiz isso, Smith atravessou a sala correndo e encostou um revólver enorme em minha cara."[45]

Hale disse que Smith havia ameaçado explodir seus miolos e que White lhe dissera: "Vamos ter de pôr você na cadeira". Em seguida, disse que os agentes o tinham levado à força para uma cadeira especial, haviam ligado fios em seu corpo, metido um capuz preto em sua cabeça e, no rosto, uma coisa que parecia uma máscara de apanhador de jogo de beisebol. "Não paravam de falar que me afogariam e me eletrocutariam e chegaram mesmo a me dar choques", declarou Hale.

Burkhart e Ramsey também afirmaram ter sido vítimas de maus-tratos semelhantes, e que por isso haviam confessado. Quando Hale falou, gesticulou muito, mostrando como as descargas elétricas tinham sacudido seu corpo. Um dos agentes, segundo ele, tinha farejado o ambiente, perguntando: "Estão sentindo o cheiro de carne humana queimando?".

Certa manhã do começo de junho, Hoover estava em Washington. Gostava de um ovo poché numa torrada pela manhã. Um parente seu dissera certa vez que ele era "bem tirânico em relação a comida"[46] e que se a gema vazasse, um pouquinho que fosse, o ovo era devolvido à cozinha. No entanto, aquela manhã não foi o ovo que o perturbou. Ele ficou atônito ao pegar o *Washington Post* e ver, sobre a dobra do jornal, a seguinte manchete: "Preso acusa agentes da justiça de lhe aplicarem choques elétricos". O olho da matéria dizia: "Réu revela tortura para obrigá-lo a confessar homicídios. Diz que agentes sentiram cheiro de carne queimada".[47]

Hoover não tinha apego especial aos requintes da lei, mas não acreditava que White fosse capaz de usar essas táticas. O que ele temia mesmo era o escândalo ou, para utilizar o termo que ele preferia, "os embaraços". Enviou a White um telegrama pedindo explicações. Embora o agente não quisesse levar a sério as alegações "ridículas",[48] ele respondeu de imediato, insistindo que as acusações não passavam de uma "invencionice do princípio ao fim, uma vez que os federais não tinham usado absolutamente nenhum método daquela natureza. Nunca usei essas táticas na minha vida".[49]

White e seus agentes refutaram sob juramento as alegações. Ainda assim, William B. Pine — senador por Oklahoma que era um rico empresário de petróleo e defensor do sistema de curatela dos índios — começou a fazer lobby junto a autoridades públicas para que White e seus homens fossem demitidos.

No julgamento de Ernest Burkhart, os ânimos não podiam mais ser contidos. Em certo momento, um advogado da defesa alegou que o governo usara de fraude, e um promotor bradou: "Quero que o homem que disse isso se encontre comigo lá fora, no pátio".[50] Os dois tiveram de ser separados.

Em vista das dificuldades enfrentadas pelo governo, os promotores por fim chamaram uma testemunha que, acreditavam, poderia virar os jurados a seu favor: Kelsie Morrison, o contrabandista de bebidas e ex-informante do Bureau. Os federais já tinham confrontado Morrison, depois de tomarem conhecimento de sua trapaça. O sujeito parecia se guiar por um único objetivo: seu interesse pessoal. Quando considerou que Hale era mais poderoso do que o governo dos Estados Unidos, passou a atuar como agente duplo para o Rei dos Osages; assim que foi apanhado e percebeu que o governo era senhor de seu destino, mudou de lado e admitiu seu papel na conspiração.

Enquanto chuvas e trovões fechavam o tempo do lado de fora do tribunal, Morrison testemunhou que Hale planejara eliminar todos os membros da família de Mollie. O fazendeiro lhe confessara o desejo de se livrar "de toda aquela turma maldita", assim "Ernest ficaria com tudo".[51]

Quanto a Anna Brown, Morrison declarou que Hale o contratara para "dar um fim naquela índia"[52] e que lhe dera a arma para o serviço — uma automática .380. Bryan Burkhart atuara como seu cúmplice. Depois de se certificar de que Anna estava bastante bêbada, eles foram de carro para o riacho Three Mile. A mulher de Morrison na época, Cole, estava junto e, a pedido do marido, permaneceu no veículo. A seguir, ele e Bryan agarraram Anna. Embriagada demais para caminhar, ela teve de descer o barranco carregada pelos dois homens.

Anna Brown.

Por fim, Bryan ajudou Anna a se sentar numa pedra à beira do regato. "Ele levantou a mulher",[53] disse Morrison. Um advogado de defesa perguntou: "Puxou-a para cima?".

"Sim, senhor."

O tribunal estava silencioso. Mollie Burkhart olhava para Morrison, atenta.

O advogado continuou: "Você lhe disse em que posição devia segurá-la para que lhe desse um tiro na cabeça?".

"Sim, senhor."

"Você ficou de pé e o instruiu como segurar a índia embriagada e indefesa no barranco, lá embaixo, enquanto se preparava para meter uma bala na cabeça dela?"

"Sim, senhor."

"E aí, depois que ele a posicionou do jeito que você queria que ela ficasse, você disparou um tiro com essa automática .380?"

"Sim, senhor."

"Você mexeu nela depois de atirar?"

"Não, senhor."

"O que aconteceu quando você atirou nela?"

"Ela se soltou e caiu de costas."

"Só caiu de costas?"

"Sim, senhor."

"Ela deu algum grito?"

"Não, senhor."

O advogado prosseguiu: "Você ficou de pé ali, e a viu morrer?".

"Não, senhor."

"Você teve certeza de que com o tiro dado na cabeça da mulher com aquela arma ela havia morrido, não foi?"

"Sim, senhor."

Em dado momento o advogado lhe perguntou o que ele tinha feito depois do tiro, e ele respondeu: "Fui para casa e jantei".

A ex-mulher de Morrison, Cole — que declarou não o ter denunciado depois do assassinato porque ele ameaçara "me dar fim" —, confirmou as declarações. Ela disse: "Fiquei no carro sozinha uns 25 minutos ou meia hora, até eles voltarem. Anna Brown não estava com eles, e eu nunca mais a vi viva".[54]

No dia 3 de junho, no meio do julgamento, Mollie teve de se ausentar do tribunal. Sua filha mais nova, Anna, entregue aos cuidados de uma parente desde que a mãe adoecera gravemente, morrera. A menina tinha quatro anos. A pequena Anna, como a chamavam, não vinha passando bem, e os médicos haviam atribuído sua morte a alguma doença, porque não havia nenhum indício de crime. Para os osages, entretanto, qualquer morte, qualquer evidente morte natural, era posta em dúvida.

Mollie compareceu ao enterro. Havia entregado a filha a outra família para que ela não corresse perigo. Agora via Anna ser sepultada em seu caixãozinho simples. Havia cada vez menos osages que conheciam as velhas orações pelos mortos. Quem as entoaria por ela a cada alvorecer?

Terminado o enterro, Mollie voltou para o tribunal. O frio prédio de pedra parecia guardar os segredos de sua tristeza e seu sofrimento. Sentou-se sozinha na sala, sem pronunciar uma palavra, apenas escutando.

Em 7 de junho, vários dias após a morte da filha, Ernest Burkhart foi conduzido do tribunal para a cadeia do condado. Num momento em que ninguém estava olhando, passou um bilhete para o vice-xerife. "Não abra esse bilhete agora",[55] sussurrou.

Mais tarde, quando o vice-xerife o abriu, viu que era endereçado a John Leahy, o assistente de acusação. Dizia apenas: "Procure-me esta noite na cadeia. Ernest Burkhart".

O homem passou o bilhete a Leahy, que ao chegar à cadeia deu com Burkhart caminhando de um lado para outro em sua cela. Tinha olheiras, como se não dormisse havia dias. "Estou cansado de mentir",[56] ele disse, num jorro de palavras. "Não quero mais continuar com esse julgamento."

"Como atuo na acusação, não estou em condições de aconselhá-lo", disse Leahy. "Por que não conversa com seus advogados?"

"Não posso falar sobre isso com eles."

Leahy fitou Burkhart, se perguntando se a confissão iminente não seria mais um estratagema. Mas o sujeito parecia sincero. A morte da filha, o rosto pesaroso da mulher a cada dia no tribunal, a percepção de que as provas contra ele aumentavam — era demais suportar tudo isso. "Estou absolutamente acabado", disse Burkhart, suplicando a Leahy que pedisse a Flint Moss, um advogado que ele conhecia, que fosse vê-lo.

Leahy concordou, e em 9 de junho Burkhart voltou ao tribunal, depois de ter falado com Moss. Dessa vez, não se sentou à mesa da defesa, com a equipe de advogados de Hale. Caminhou até o juiz e lhe sussurrou alguma coisa. Em seguida voltou, respirando ruidosamente, e disse: "Quero dispensar os advogados de defesa. De agora em diante o sr. Moss vai me representar".[57]

Ouviram-se protestos na defesa, mas o juiz concordou com o pedido. Moss se postou ao lado de Ernest e declarou: "O sr. Burkhart deseja retirar sua alegação de inocência e declarar-se culpado".

Ouviram-se murmúrios de surpresa na sala. "É esse o seu desejo, sr. Burkhart?", o juiz perguntou.

"Sim."

"Autoridades estaduais ou federais lhe ofereceram imunidade ou clemência se o senhor mudasse sua declaração?"

"Não, senhor."

Ele havia decidido pôr-se à mercê do tribunal, e dissera a Moss: "Estou nauseado e cansado de tudo isso... Quero declarar exatamente o que fiz".[58]

Em seguida, leu uma declaração em que admitia ter sido o portador de uma mensagem de Hale a Ramsey, na qual o tio pedia que se informasse a Kirby ter chegado a hora de explodir a casa de Smith. "Sinto, no fundo de minha alma, que tenha procedido assim porque Hale, que é meu tio, pediu que eu fizesse isso",[59] disse. "Eu já contei a muitas pessoas a verdade do que fiz, e considero que a atitude honesta e honrosa que devo assumir consiste em interromper o julgamento e reconhecer a verdade."

O juiz declarou que, antes de aceitar essa alegação, precisava fazer uma pergunta: teriam agentes federais obrigado Burkhart a assinar uma confissão, sob ameaça de uma arma ou de eletrocussão? Ele respondeu que, afora mantê-lo acordado até tarde, os homens do Bureau o haviam tratado muito bem. (Mais tarde,

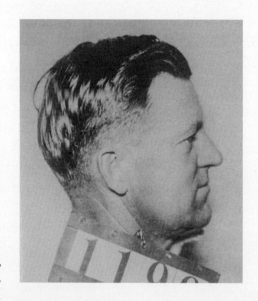

Foto de Ernest Burkhart, em seu prontuário.

Burkhart declarou que alguns dos advogados de Hale o haviam instruído a mentir no banco das testemunhas.)

O juiz prosseguiu: "Nesse caso, sua declaração de culpa será aceita".[60]

O tribunal entrou em polvorosa. O *New York Times* deu na primeira página: "Burkhart admite atentado em Oklahoma: confessa ter contratado o homem que dinamitou a casa de Smith [...] diz que o tio liderou o complô".[61]

White enviou uma mensagem a Hoover: Segundo ele, Burkhart "estava bastante emocionado[62] e, com lágrimas nos olhos, disse-me que tinha mentido e que a partir de agora diria a verdade [...] e que afirmaria a verdade em qualquer tribunal dos Estados Unidos".

Depois da confissão de Burkhart, a campanha para a demissão de White e de seus homens foi encerrada. O procurador-geral de Oklahoma declarou: "Não há como exagerar o crédito a ser dado a esses senhores".[63]

No entanto, apenas uma parcela do processo terminara. White e as autoridades ainda precisavam condenar os outros integrantes da quadrilha, entre eles Bryan Burkhart e Ramsey. E, sobretudo, ainda deviam processar e condenar Hale. Depois de assistir às manobras no julgamento de Ernest, White já não tinha tanta certeza de que Hale pudesse ser condenado, porém ao menos uma notícia encorajadora chegou a ele: a Suprema Corte dos Estados Unidos decidira que o local onde Roan fora assassinado ficava realmente em terras indígenas. "Isso nos levava de volta a tribunais federais",[64] observou o agente.

Em 21 de junho de 1926, Burkhart ouviu sua sentença: prisão perpétua com trabalhos forçados. Ainda assim, as pessoas que o rodeavam no tribunal detectaram uma expressão de alívio em seu rosto. Um promotor declarou que naquele momento ele era um homem "cujo espírito está descansado, pois tirou de sua alma torturada um segredo terrível e agora busca arrependimento e perdão".[65] Antes de ser levado para a penitenciária federal, ele se virou e sorriu, com ar triste, para Mollie, que se manteve impassível — fria, até.

20. E que Deus os ajude!

Na última semana de julho de 1926, quando as temperaturas do verão chegavam a níveis infernais, no imponente tribunal de Guthrie teve início o julgamento de Hale e Ramsey pelo assassinato de Henry Roan. "O palco acha-se preparado: o pano sobe, mostrando a terrível tragédia dos osages — o tão esperado julgamento federal de dois caubóis do passado", declarou o *Tulsa Tribune*.[1] "O julgamento de Ernest Burkhart, embora terminasse com um floreio melodramático, com sua confissão relativa à conspiração para o assassinato dos Smith, implicando Hale, não passou de um prólogo para a tragédia de vida e morte que começa hoje."

White escalou guardas extras na cadeia, depois de tentativas de dar fuga aos marginais que testemunhariam contra Hale. Mais tarde, o fazendeiro, mesmo mantido bem longe da cela de Blackie Thompson, deu um jeito de enviar a ele um bilhete, usando uma abertura pela qual a tubulação de ar passava de um pavimento para outro. Blackie admitiu a agentes que Hale lhe perguntara o que queria para "não testemunhar contra ele".[2] E acrescentou:

"Escrevi um bilhete dizendo que não testemunharia contra ele se ele desse um jeito de me livrar dessa". Hale escreveu de volta, prometendo conseguir sua fuga em troca de mais uma coisa: que Blackie sequestrasse Ernest Burkhart e o fizesse desaparecer antes que ele pudesse testemunhar. "Ele queria que eu levasse Ernest Burkhart para o México", disse Blackie, acrescentando que Hale não "queria que Burkhart fosse morto neste país, onde seria encontrado". Em vista da abundância de provas contra Hale e Ramsey, White acreditava que o veredito só seria favorável a eles se tanto as testemunhas quanto os jurados fossem subornados. No julgamento de Ernest Burkhart, o primeiro grupo de jurados tinha sido rejeitado depois de surgirem indícios claros de que Hale havia tentado comprá-los. Agora, antes de definirem o corpo de jurados, os promotores avaliaram os candidatos, para ter certeza de que ninguém se aproximara deles. Feito isso, o juiz pediu aos

Hale (segundo a partir da esq.) e Ramsey (terceiro a partir da esq.) entre dois oficiais de justiça.

doze escolhidos que jurassem chegar a um veredito de acordo com a lei e as evidências. "E que Deus os ajude!"

Houve uma pergunta, uma única, que o juiz, os promotores e a defesa nunca fizeram aos jurados, mas que era fundamental para o processo judicial. Um corpo de jurados formado por doze brancos seria capaz de punir outro branco por matar um índio? Um repórter cético comentou: "A atitude de um criador de gado do interior do país em relação ao índio puro [...] é bem conhecida".[3] Um membro importante da tribo osage pôs a questão em termos mais francos: "Fico debatendo na cabeça se esse júri está julgando um processo de homicídio ou não. Para eles a questão consiste em decidir se o fato de um branco matar um osage é assassinato... ou apenas crueldade com animais".[4]

Em 29 de julho, quando deveriam começar os testemunhos, um grande número de espectadores chegou cedo para conseguir lugar. A temperatura do lado de fora do tribunal passava de 32 graus, e era difícil respirar dentro da sala. John Leahy, o assistente de acusação, levantou-se para fazer as alegações iniciais. "Senhores membros do júri", disse, "William K. Hale está sendo acusado de planejar o assassinato de Henry Roan e dele participar, e John Ramsey é acusado de cometer o homicídio."[5] Leahy expôs sem emoção os fatos referentes ao crime, que envolviam um seguro de vida da vítima. Um observador disse que "o veterano de batalhas jurídicas não recorre a pirotecnias de histrionismo, mas sublinha com discrição e serenidade os pontos que deseja ressaltar".[6] Atento ao que dizia Leahy, Hale tinha no rosto um ligeiro sorriso, ao passo que Ramsey, recostado na cadeira e abanando-se por causa do calor, trazia um palito entre os dentes.

Em 30 de julho, a acusação chamou Ernest Burkhart ao banco das testemunhas. Havia quem imaginasse que ele poderia mudar de lado de novo e voltar para o redil de Hale, mas dessa vez ele respondeu às perguntas abertamente e com clareza. Contou que em certa ocasião seu tio e Henry Grammer haviam debatido a melhor forma de eliminar Roan. O plano original não previa que Ramsey atirasse em Roan, declarou Burkhart. Em vez disso, Hale pretendia utilizar um de seus métodos prediletos — um lote de uísque falsificado e envenenado. O depoimento por fim tornou público aquilo que os osages sabiam havia muito: membros da tribo tinham sido mortos sistematicamente com bebidas alcoólicas contaminadas de propósito. No caso de Roan, disse Burkhart, Hale tinha enfim decidido que ele seria morto a tiro, e ficou furioso quando soube que Ramsey, ao contrário de suas instruções, disparara o projétil contra a testa da vítima e não deixara a arma no local do crime. "Hale me disse que se Ramsey tivesse seguido as instruções que ele lhe tinha dado, todo mundo acreditaria que Roan tinha se suicidado",[7] lembrou-se Burkhart.

Em 7 de agosto, a acusação encerrou sua parte e a defesa chamou Hale ao banco de testemunhas. Dirigindo-se aos jurados como "cavalheiros", ele repetiu: "Jamais arquitetei um plano para matar Roan. Tampouco desejei sua morte".[8] Embora ele se mostrasse convincente, White estava certo de que o governo comprovara as acusações que fazia. Além do testemunho de Burkhart, White havia corroborado o testemunho de Ramsey, e testemunhas tinham explicado a aquisição fraudulenta, por Hale, da apólice de seguro de vida. O promotor Roy St. Lewis referiu-se a Hale como "o implacável contrabandista da morte".[9] Outro promotor declarou:

> A mais rica tribo indígena do globo tornou-se presa ilegítima dos brancos. O índio está sendo espoliado. Esta causa envolve um princípio de máxima importância. A população dos Estados Unidos nos acompanha pela imprensa. Cavalheiros, chegou a hora de fazerem a parte que lhes cabe.[10]

Em 20 de agosto, sexta-feira, o júri deu início a suas deliberações. Passaram-se horas. No dia seguinte, o impasse se manteve. O *Tulsa Tribune* afirmou que, conquanto a posição do governo fosse forte, as apostas na área de Guthrie eram de "cinco a um em favor de um júri sem condições de chegar a um veredito devido a sua divisão".[11] Após cinco dias de deliberações, o juiz chamou os jurados à sala do tribunal e lhes perguntou: "Há alguma possibilidade de um acordo quanto a um veredito?".[12]

O porta-voz do júri levantou-se e disse: "Nenhuma".

O juiz perguntou se a promotoria tinha alguma observação a fazer, e St. Lewis se pôs de pé. Com o rosto vermelho e voz trêmula, disse: "Há no júri bons homens e outros que não são bons". Acrescentou que fora informado de que pelo menos um membro do júri, se não também outros, tinha sido subornado.

O juiz levou em conta o comentário, e em seguida determinou que se dispensasse o corpo de jurados e que os réus aguardassem, presos, outro julgamento.

White ficou perplexo. Mais de um ano de trabalho dele, mais de três anos de trabalho do Bureau haviam chegado a um impasse. O júri também se dividiu quando Bryan Burkhart foi julgado pelo assassinato de Anna Brown. Parecia impossível encontrar doze brancos capazes de condenar um dos seus por matar índios americanos. Os osages estavam indignados, e alguns falavam em fazer justiça com as próprias mãos. De um momento para outro, White designou agentes para proteger Hale, o homem a quem ele desejava tanto impor uma condenação.

O governo começou a se preparar para levar Hale e Ramsey a um novo julgamento pelo assassinato de Roan. Como parte dessa operação, o Departamento de Justiça pediu a White que investigasse atos de corrupção durante o primeiro julgamento de Hale. Ele logo descobriu uma conspiração para obstrução da justiça, incluindo subornos e perjúrio. De acordo com uma testemu-

Hale saindo do tribunal.

nha, um dos advogados da defesa, Jim Springer, lhe oferecera dinheiro para mentir no tribunal e, como ele se recusasse, Springer apontou em sua direção o que parecia ser uma arma em seu bolso, dizendo: "Eu vou matar você".[13] Nos primeiros dias de outubro, um grande júri recomendou que fossem feitas acusações contra Springer e várias testemunhas por aquilo que classificou como tentativas flagrantes de obstrução da justiça. O júri fez uma declaração pública: "Essas práticas não devem ser toleradas, pois de outra forma nossos tribunais se transformarão numa impostura, e a justiça deixará de existir".[14] Várias testemunhas foram indiciadas e condenadas, mas os promotores decidiram não acusar Springer, pois ele exigiria que o segundo julgamento de Hale e Ramsey fosse postergado até seu próprio caso ser resolvido.

Antes que começasse, em fins de outubro, o segundo julgamento pelo assassinato de Roan, uma autoridade do Departamento de Justiça comunicou a St. Lewis, o promotor, que "toda essa defesa é uma trama de mentiras, e compete a nós expor os fatos reais".[15] E acrescentou: "Não poderemos culpar ninguém, a não ser nós mesmos, se eles conseguirem manipular esse júri". Os homens de White receberam a incumbência de proteger os jurados.

A promotoria seguiu, em essência, a mesma linha, ainda que mais abreviada. Para surpresa do tribunal, Freeling, o advogado de Hale, chamou Mollie brevemente ao banco das testemunhas.

"Por favor, diga seu nome",[16] ele pediu.

"Mollie Burkhart."

"A senhora é a atual mulher de Ernest Burkhart?"

"Sou sim, senhor."

Em seguida, Freeling expôs o segredo que durante muito tempo ela ocultara a Ernest, perguntando: "Henry Roan foi seu marido no passado?".

"Sim, senhor", respondeu Mollie.

A promotoria protestou, alegando que a pergunta era irrelevante, e o juiz concordou. Na verdade, aquela série de perguntas não parecia ter outra função a não ser infligir mais sofrimento a Mollie. Depois que ela identificou uma fotografia de Roan, deixou o banco de testemunhas e voltou ao seu lugar. Quando Ernest Burkhart ocupou o banco das testemunhas, o assistente de acusação Leahy lhe fez perguntas sobre seu casamento com Mollie. "Sua mulher é uma índia osage?",[17] indagou.

"É, sim", respondeu Ernest. Anteriormente, quando lhe perguntaram qual era a sua profissão, ele respondera: "Eu não trabalho. Eu me casei com uma osage".[18]

Um dos advogados de Hale perguntou se ele se considerava culpado do assassinato da irmã de sua mulher ao explodir a casa em que ela vivia e onde se encontrava no momento da explosão.

"Sim, senhor", ele disse.

Com a esperança de lançar a culpa pelos homicídios em Ernest, o advogado de Hale listou, um a um, os nomes dos membros da família de Mollie que haviam sido assassinados. "Sua mulher tem atualmente algum parente vivo, além das duas crianças que ela teve com o senhor?"

"Não."

Caiu um silêncio sobre o tribunal, e não era mais possível evitar os olhos fixos de Mollie. Depois de apenas oito dias de testemunhos, os dois lados se calaram. Um dos promotores disse em sua declaração final: "Chegou o momento de os senhores se porem ao lado da lei, da ordem e da decência, a hora de destronar esse Rei. Os senhores dirão, com seu veredito, como homens corajosos e decentes, que eles serão pendurados pelo pescoço até que morram".[19] O juiz comunicou aos jurados que deveriam pôr de lado simpatias ou preconceitos contra os acusados, e advertiu: "Nunca existiu no mundo um país que tenha fracassado sem antes ter chegado ao ponto em que [...] os cidadãos pudessem afirmar: 'Não temos como obter justiça em nossos tribunais'".[20] Na noite de 28 de outubro, o júri começou a deliberar. Na manhã seguinte, correu a notícia de que os jurados haviam chegado a uma decisão, e parentes dos réus encheram o tribunal.

O juiz perguntou ao porta-voz dos jurados se eles tinham realmente chegado a um veredito. "Chegamos, sim, senhor", ele respondeu, passando-lhe uma folha de papel. O juiz a examinou por um momento e a entregou ao oficial de justiça. O silêncio no tribunal era tamanho que se ouvia o tique-taque de um relógio na parede. Um jornalista escreveu depois: "O rosto de Hale exprimia ansiedade reprimida; o de Ramsey era uma máscara".[21] De pé, diante da sala silenciosa, o oficial de justiça leu em voz alta que os jurados haviam considerado John Ramsey e William K. Hale culpados de homicídio doloso.

Hale e Ramsey pareceram chocados. O juiz lhes disse:

> Sr. Hale e sr. Ramsey, os jurados consideraram os senhores culpados do homicídio qualificado de um índio osage, e é meu dever

dar a sentença. De acordo com a lei, o júri pode considerá-los culpados, o que significa a pena de morte para o crime de homicídio qualificado. Mas este júri recomendou a pena de prisão perpétua.[22]

Os jurados desejavam punir os dois réus pela morte de um índio americano, mas não queriam que fossem enforcados. O juiz ordenou que os condenados ficassem em pé. Hale obedeceu de imediato, mas Ramsey o fez com hesitação. O magistrado então declarou que os sentenciava a prisão pelo "período que durar suas vidas naturais". Em seguida, perguntou: "Tem alguma coisa a dizer, sr. Hale?".

Com o olhar perdido, Hale respondeu: "Não, senhor".

"E o senhor, sr. Ramsey?"

Ramsey simplesmente balançou a cabeça.

Os repórteres saíram correndo do tribunal para escrever suas matérias, que anunciavam, como estampou o *New York Times*, "Justiça condena o 'Rei das colinas Osage' por homicídio".[23] O assistente de acusação Leahy classificou o resultado como "uma das maiores expressões da justiça que já houve neste país".[24] Mollie aplaudiu o veredito, mas, como White sabia, havia algumas coisas que nenhuma investigação bem-sucedida e nenhum sistema de justiça podiam reparar.

Um ano depois, quando ocorreu o julgamento pelo assassinato de Anna Brown, Mollie compareceu ao tribunal. Àquela altura, Morrison havia retirado sua confissão, mudando mais uma vez de lado, na esperança de obter compensação por parte de Hale. Havia chegado às autoridades um bilhete que ele enviara a Hale na prisão, no qual prometia "queimar" as autoridades "se eu tiver oportunidade".[25] Os promotores concederam imunidade a Bryan Burkhart, julgando que essa atitude seria necessária para obter a condenação de Morrison. Durante o julgamento, Mollie ouviu novamente os detalhes tenebrosos sobre como seu cunhado Bryan tinha embebedado Anna e, a seguir, segurado seu corpo na posição mais conveniente para que Morrison lhe desse um tiro por trás na cabeça — ou, como Bryan se expressara, a "apagasse".[26]

Bryan contou que uma semana depois voltou ao local do crime, com Mollie e a família, para identificar o corpo em decomposição. Mollie não se esquecera do fato, mas só agora conseguia compreender a cena inteiramente: Bryan ficou de pé perto dela, fitando sua vítima e fingindo pesar.

"O senhor foi lá para ver esse corpo?",[27] perguntou um advogado a Bryan.

"Foi para isso que todos fomos lá", ele respondeu.

O advogado lhe perguntou, chocado: "O senhor sabia que era o cadáver de Anna Brown que estava ali, não sabia?".

"Sabia, sim, senhor."

Morrison e Ernest consolaram Mollie, mesmo sabendo que os dois assassinos de Anna estavam a poucos passos deles. Da mesma forma, desde o momento em que ouviu o estrondo da casa de Rita e Bill Smith, Ernest sabia quem era o responsável por aquilo; conhecia também a verdade quando, mais tarde, naquela mesma noite, fora se deitar com Mollie, e sabia, durante todo o tempo, que ela vinha procurando os assassinos desesperadamente. Quando Morrison foi condenado pelo assassinato de Anna, Mollie não conseguia mais olhar para Ernest. Logo depois se divorciou dele, e se encolhia horrorizada a cada vez que ouvia menção a seu nome.

Para Hoover, o inquérito dos assassinatos dos osages e a condenação dos culpados tornaram-se instrumentos de propaganda do moderno Bureau of Investigation. Tal como ele esperava, o caso demonstrou para muita gente, em todo o país, a necessidade de uma força nacional mais profissional e com qualificações científicas. Falando dos assassinatos, o *St. Louis Post-Dispatch* declarou: "Xerifes investigaram e nada fizeram. Procuradores estaduais investigaram e nada fizeram. O procurador-geral investigou e nada fez. Foi somente quando o governo enviou agentes do Departamento de Justiça ao território dos osages que a lei veio a se afirmar".[28]

Hoover teve o cuidado de não revelar os erros e malfeitos anteriores do Bureau. Não contou que Blackie Thompson tinha fugido e matara um policial quando estava sendo vigiado pelos federais, ou que, por causa de tantos alarmes falsos no começo da investigação, muitos outros assassinatos haviam ocorrido. Nada disso: criou uma história impecável, uma mitologia de fundação em que a agência, sob sua direção, emergira da anarquia para se impor onde a lei e a ordem ainda não reinavam no país. Percebendo que os novos métodos de relações públicas poderiam expandir seu poder na burocracia e instilar um culto de personalidade, Hoover pediu a White que lhe enviasse informações de interesse da imprensa: "Existe, naturalmente, como o senhor poderá constatar, uma diferença entre os aspectos jurídicos e os de interesse humano. E são esses aspectos de interesse humano que interessam aos representantes da imprensa, de modo que eu gostaria que o senhor desse ênfase a esse ângulo".[29]

Hoover passou a história aos jornalistas que lhe eram simpáticos — os chamados amigos da agência de investigação. Uma reportagem sobre o caso, distribuída para vários órgãos da imprensa pela empresa de William Randolph Hearst, trombeteou:

> Pela primeira vez na imprensa! Como o governo, usando o mais gigantesco sistema de impressões digitais do mundo, combate o crime com novíssimos requintes científicos; a revelação de como

detetives competentes acabaram com o reinado do terror e de assassinatos nas montanhas solitárias do território indígena dos osages e, a seguir, capturaram a mais perigosa quadrilha do país.[30]

Em 1932, o Bureau of Investigation passou a patrocinar o programa de rádio *The Lucky Strike Hour*, que teatralizava seus casos mais famosos. Um dos primeiros episódios se baseou nos assassinatos dos índios osages. A pedido de Hoover, o agente Burger havia escrito algumas cenas ficcionais, que foram passadas aos produtores do programa. Numa delas, Ramsey mostra a Ernest Burkhart o revólver que pretende usar para matar Roan, dizendo: "Olhe só para ele, não é uma belezura?".[31] A radionovela terminava assim: "Chega ao fim mais uma história, e a moral é a mesma de todos os outros episódios desta série... [O criminoso] não estava à altura dos agentes federais de Washington numa guerra de inteligência".[32]

Em privado, Hoover elogiou White e seus homens pela captura de Hale e sua quadrilha, e deu aos agentes um modesto aumento de vencimentos — "uma pequena forma de reconhecer a eficiência e a dedicação dessas pessoas ao dever"[33] —, sem jamais os nomear em público. Eles não estavam à altura do perfil dos funcionários com nível superior que se tornaram parte da mitologia de Hoover. Além disso, ele nunca quis que seus subordinados lhe fizessem sombra.

O Conselho Tribal dos Osages foi o único órgão oficial a mencionar e elogiar publicamente White e sua equipe, inclusive os agentes secretos. Numa resolução que citou cada um deles pelo nome, o conselho declarou: "Manifestamos nossa sincera gratidão pelo esplêndido trabalho realizado em relação à investigação e à condenação dos acusados".[34] Além disso, os osages tomaram suas próprias medidas para se proteger de outros complôs no futuro, convencendo o Congresso a aprovar uma nova lei que impedia que os direitos a terras pertencentes a um membro da tribo fossem herdados por alguém que não tivesse ao menos metade de ascendência osage.

Pouco tempo depois da condenação de Hale e Ramsey, White se viu diante de uma decisão difícil. O procurador-geral assistente dos Estados Unidos, encarregado do sistema prisional federal, o havia consultado para saber se ele poderia assumir o cargo de diretor da prisão de Leavenworth, no Kansas. Esse presídio, a mais antiga penitenciária federal, na época era visto como um dos locais mais temíveis do país. Já houvera acusações de corrupção ali, e o procurador-geral assistente dissera a Hoover que White era o nome ideal para a função: "Odeio abrir mão da possibilidade de conseguir um diretor tão bom como o sr. White".[35]

Hoover não queria que seu agente deixasse o Bureau. Comunicou ao procurador-geral assistente que isso representaria uma enorme perda para a agência. Entretanto, disse: "Sinto que seria injusto [para com White] eu me opor à promoção. Como o senhor sabe, tenho o mais alto apreço por ele, em nível pessoal e oficial".[36]

Depois de muito pensar, White decidiu deixar o Bureau. O cargo lhe renderia melhores vencimentos e faria com que sua mulher e os filhos pequenos não precisassem se mudar constantemente. Também lhe dava a chance de dirigir uma prisão, exatamente como fizera seu pai, embora numa escala bem maior.

Em 17 de novembro de 1926, quando ele ainda tomava pé no novo emprego, delegados federais conduziram dois homens à entrada da prisão. Os dois presidiários avaliaram seu soturno destino: Leavenworth era uma fortaleza de 34 mil metros quadrados, que, como um prisioneiro um dia a descrevera, se erguia entre os milharais circundantes como "um gigantesco mausoléu a flutuar ao léu num mar de inanidade".³⁷ Quando os dois novos hóspedes da penitenciária chegaram perto da entrada, algemados, White caminhou na direção deles. Estavam pálidos, devido à falta de sol, mas o ex-agente os reconheceu: Hale e Ramsey.

"Que surpresa! Olá, Tom",³⁸ disse Hale.

"Olá, Bill", foi a resposta.

Ramsey limitou-se a falar: "Como vai?".

White apertou a mão de cada um deles, que foram levados a suas celas.

21. A Estufa

Era como errar pelas catacumbas da memória. Avançando pelas fileiras de celas, White avistava figuras de seu passado, que o fitavam por trás das grades, com os corpos reluzentes de suor. Via Hale e Ramsey. Dava com integrantes da velha gangue de Al Spencer e com o ex-diretor do Escritório dos Veteranos, condenado por suborno durante o escandaloso governo Harding. E chegava aonde estavam os dois desertores que haviam matado Dudley, seu irmão mais velho, embora nunca tocasse no assunto, por não querer lhes causar constrangimento.

White morava com a família no terreno da penitenciária. No começo, sua mulher não conseguia dormir, pensando: "Como é possível criar dois meninos pequenos num ambiente como este?".[1] Eram assustadores os problemas de administrar a prisão, que, projetada para receber 1200 presidiários, recebia três vezes mais esse contingente. No verão, a temperatura interna chegava a 46°C, razão por que os presos chamavam Leavenworth de "Estufa". Em agosto de 1929, num dia em que o calor foi tão absurdo que azedou o leite na cozinha da prisão, ocorreu um motim no refeitório. Um famigerado arrombador de cofres, Rudensky "Vermelho", mais tarde contou que ali reinava um ódio "feio, perigoso e assassino"[2] e que White se apressou a sufocar a rebelião: "O diretor White mostrou coragem, e chegou a poucos passos de mim, ainda que eu estivesse bem perto de cutelos de açougueiros e de garrafas quebradas".[3]

White tentou melhorar as condições na prisão.[4] Um carcereiro que trabalhou com ele disse mais tarde: "O diretor era rigoroso com os reclusos, mas jamais admitiu que fossem submetidos a maus-tratos ou desrespeito".[5] Numa ocasião, White enviou a Rudensky um bilhete em que dizia: "É preciso muita coragem para mudar o rumo que o senhor vem seguindo há muitos e muitos anos — talvez mais ainda do que imagino. Mas se o senhor tem essa coragem, agora é a hora de mostrá-la". Por causa do apoio de White, lembrou Rudensky, "vi um raio de esperança".[6]

White incentivava os esforços de reabilitação, mas tinha poucas ilusões quanto a muitos dos homens encarcerados na Estufa. Em 1929, Carl Panzram, um assassino em série que confessara ter matado 21 pessoas e repetia não ter "consciência alguma",[7] espancou um funcionário da prisão até matá-lo. Foi sentenciado a enforcamento na própria penitenciária, e White, embora se opusesse à pena capital, foi incumbido da penosa tarefa de supervisionar a execução, tal como seu pai fizera no Texas. Em 5 de setembro de 1930, enquanto o sol subia sobre a cúpula da prisão, ele se dirigiu à cela de Panzram para conduzi-lo ao patíbulo recém-construído. Certificou-se de que seus dois filhos não estivessem presentes quando o laço foi passado em seu pescoço. O condenado gritou para os carrascos que se apressassem: "Eu seria capaz de enforcar uma dúzia de homens enquanto vocês ficam zanzando por aí".[8] Às 6h03 o alçapão se abriu e Panzram mergulhou para a morte. Era a primeira vez que White ajudava a pôr fim a uma vida humana.

* * *

Ao chegar a Leavenworth, Hale recebeu a incumbência de servir na ala dos tuberculosos. Mais tarde, trabalhou na fazenda da prisão, onde cuidava de porcos e outros animais, como fizera na mocidade. Segundo um relatório prisional, "ele presta um serviço de alto padrão como cuidador dos porcos, e é capaz de realizar operações como abrir abscessos e castrar animais".[9]

Em novembro de 1926, um repórter escreveu ao presídio pedindo informações sobre Hale, mas White se recusou a fornecê-las, declarando que o ex-fazendeiro seria "tratado tal como os demais prisioneiros".[10] Ele se esforçou para que a mulher e a filha de Hale nunca se sentissem diminuídas por autoridades prisionais. Certa vez, a mulher lhe enviou uma carta em que dizia: "Seria pretensão minha lhe pedir permissão para me avistar com meu marido na segunda-feira próxima? Faz quase três semanas desde minha última visita, e é claro que estou informada de que o regulamento só nos permite uma visita mensal, mas... Se o senhor puder me conceder esse favor, eu ficaria sumamente agradecida".[11] White respondeu que ela seria bem-vinda.

Mesmo depois de anos, Hale jamais admitiu ter ordenado os assassinatos: fosse a morte de Roan, pela qual foi condenado, fossem os inúmeros outros homicídios que, segundo os indícios, ele havia orquestrado, mas pelos quais não fora julgado depois de sentenciado à prisão perpétua. Apesar da recusa em se declarar responsável pelas mortes, ele havia feito, durante o julgamento, uma declaração serena a respeito de sua tentativa de obter um direito a terras mediante burla — uma declaração que parecia revelar seu caráter moral: "Para mim, aquilo não passava de uma operação comercial".[12]

Se no passado White havia recorrido a eclesiásticos para tentar compreender essa postura obscurantista, agora ele também procurava explicações científicas. Hale passou por um exame psicológico e neurológico. O examinador concluiu que o ex-fazendeiro não mostrava sinais claros de "repressão ou de franca psicose",[13] mas tinha "componentes extremamente cruéis em sua constituição". Ocultando sua selvageria sob o manto da civilização, Hale se descrevia como um pioneiro americano que ajudara a transformar o sertão ermo em nação. O avaliador declarou: "Seu precário discernimento fica mais evidente em sua contínua negação de culpas óbvias. Seu nível da função mental de afeto não é adequado [...] e ele procura esquecer ou ignorar qualquer sensação de vergonha ou arrependimento que possa ter tido". White leu o perfil psicológico que o avaliador escreveu sobre Hale, mas havia ainda algum mal que parecia fora do âmbito da ciência. Embora cumprisse os regulamentos da prisão, Hale continuava a arquitetar um plano para obter sua soltura. Corria o boato de que teria tomado medidas para subornar um tribunal de apelação,[14] e quando esse plano não conseguiu valer sua libertação, ele passou a se gabar, como observou o avaliador, de "sua provável soltura mediante a influência de amigos".

Pela primeira vez em muito tempo, a vida no condado de Osage seguia sem a presença perturbadora de Hale. Mollie Burkhart voltou a ser sociável e a frequentar a igreja, e acabou se apaixonando por um homem chamado John Cobb, que era em parte branco, em parte creek. Segundo parentes, o amor de ambos era genuíno, e eles se casaram em 1928.

Houve outra mudança importante na vida de Mollie. Ela e os osages haviam lutado para pôr fim ao corrupto sistema de curadorias, e em 21 de abril de 1931 um tribunal decidiu que Mollie não era mais uma curatelada do estado: "O tribunal decide, ordena e decreta ainda que a supradita Mollie Burkhart, cotista osage nº 285, [...] é por meio deste instrumento restaurada à capacidade legal, e a ordem que até agora a declarava incapaz é,

Mollie Burkhart.

por meio deste, revogada".[15] Aos 44 anos, Mollie podia finalmente gastar seu dinheiro como lhe aprouvesse, e foi reconhecida como cidadã americana com plenos direitos.

Em 11 de dezembro de 1931,[16] White estava em sua sala na penitenciária quando ouviu um ruído. Levantou-se, foi até a porta e se viu diante do cano de uma arma. Sete dos presos mais perigosos — entre os quais dois membros do bando de Al Spencer e um bandido apelidado Boxcar [vagão de carga] por causa de seu tamanho descomunal — empreendiam uma fuga. O grupo estava armado com uma carabina Winchester, uma escopeta e seis bananas de dinamite, contrabandeadas para dentro da prisão. Os reclusos tomaram White e oito funcionários como reféns, usando-os como escudos enquanto avançavam em direção ao portão de saída. Do lado de fora, os presos liberaram os oito funcionários e se dirigiram para a estrada com White, a quem se referiam como sua apólice de seguro. Depois de se apoderarem de um veículo que passava, os presos forçaram o diretor a entrar nele e se afastaram dali em alta velocidade.

Os fugitivos lembraram-lhe que, se alguma coisa saísse errada, não restaria nada dele a ser enterrado. Entretanto, tudo estava dando errado. O veículo derrapou na estrada lamacenta e atolou, obrigando os prisioneiros a fugir a pé. Soldados do Forte Leavenworth juntaram-se à caçada humana. Aviões sobrevoavam a região. Os presos invadiram uma fazenda e se apoderaram de uma moça de dezoito anos e de um irmão dela, mais novo. White intercedeu junto dos prisioneiros, dizendo: "Sei que vocês vão me matar. Mas não matem esses dois — eles não têm nada com isso".[17]

Boxcar e outro preso saíram para procurar um segundo veículo, levando White. Em dado instante, o diretor percebeu que a moça tinha fugido e estava correndo. O bando parecia pronto para começar a matança. White agarrou o cano da arma de um de seus captores, que gritou para Boxcar: "Atire nele! Ele agarrou minha arma!".[18] No momento em que Boxcar apontou a escopeta para o peito de White, a poucos centímetros de distância, ele levantou o braço esquerdo para se proteger. Nesse momento ouviu o estampido e sentiu as esferas de chumbo atravessarem seu braço, passando por carne, sangue e ossos, e algumas entrando em seu peito. Apesar de tudo, mantinha-se de pé. Aquilo parecia um milagre. White tinha levado um tiro mortal, porém continuava a respirar no ar frio de dezembro, e foi então que sentiu a coronha da carabina batendo com força em seu rosto. Desabou, com todos os seus 102 quilos, e caiu numa vala, sangrando, e ali foi deixado para morrer.

Quase uma década depois, em dezembro de 1939, o famoso repórter Ernie Pyle foi à prisão de La Tuna, perto de El Paso, no Texas. Pediu para falar com o diretor e foi levado a Tom White, então com quase sessenta anos. "White me convidou a ficar para almoçar",[19] escreveu Pyle. "Aceitei e, enquanto conversávamos, ele enfim me contou a história pela qual eu estava esperando o tempo todo. A história sobre seu braço esquerdo."

White contou que, depois de ser baleado, encontraram-no na vala e levaram-no às pressas para o hospital. Durante vários dias, ninguém ousou afirmar se ele sobreviveria, e os médicos pensaram em amputar seu braço. Ele não só sobreviveu como conservou o braço, que continuou com fragmentos de chumbo e pendia inútil junto de seu corpo. White, porém, não contou um pormenor a Pyle: a moça que fora tomada como refém havia declarado que ela e o irmão só escaparam vivos graças ao diretor.

"Tenho certeza de que eles pretendiam matar todos nós, e foi só a coragem de White que nos salvou",[20] ela disse.

Nenhum dos presos conseguiu fugir. Eles achavam que se um fugitivo tocasse numa autoridade carcerária, principalmente um diretor de prisão, era melhor, como disse um deles, nunca "voltar para a cadeia, porque quem fizer isso vai ter de enfrentar um osso duro de roer".[21] Por isso, quando as autoridades localizaram Boxcar e os demais fugitivos, ele baleou dois companheiros e, em seguida, meteu uma bala na própria cabeça. Os outros iam se suicidar detonando a dinamite, mas foram recapturados antes que pudessem acender o estopim. Um deles comentou: "O engraçado é que, quando fomos levados de volta para a prisão, eles não encostaram a mão em nós. O diretor White era um homem incrível. Tinha dado ordens rigorosas: 'Nada de castigos para esses homens, deixem-nos em paz. Eles devem ser tratados como os demais'".[22] E acrescentou: "De outro modo, estaremos nos comportando como eles".

White soube que Rudensky fora chamado para ajudar na fuga, mas se recusara a fazê-lo. "Ele começara a adquirir senso de responsabilidade",[23] comentou a outro jornalista. "Compreendia que eu tinha sido justo com ele e que me empenhava sinceramente em ajudá-lo a se tornar um membro da sociedade 'legítima'." Em 1944, Rudensky foi posto em liberdade condicional e teve uma bem-sucedida carreira como escritor e empresário.

Quando White se recuperou, assumiu o cargo de diretor de La Tuna, que lhe exigia menos esforço físico. A respeito do tiroteio, Pyle escreveu: "A experiência afetou o diretor White, como afetaria qualquer pessoa. Não fez dele um sujeito medroso, mas o deixou inquieto e com uma contínua sensação de tensão".[24] E prosseguiu: "Não vejo como, depois de uma experiência como aquela, alguém olhar para um presidiário com outra emoção que não fosse ódio. Mas o diretor White não é assim. Ele é absolutamente profissional em relação a seu trabalho. É um homem sério e agradável, e aprendeu a controlar suas emoções".

Se J. Edgar Hoover utilizou a investigação dos assassinatos dos osages como vitrine das realizações do Bureau, uma série de crimes sensacionais na década de 1930 reacendeu os temores do público e permitiu que ele transformasse a instituição na força poderosa como ela é vista hoje. Entre esses crimes estavam o sequestro do filho de Charles Lindbergh, que ainda não completara dois anos, e o massacre de Kansas City, no qual vários policiais foram mortos num tiroteio quando transportavam Frank "Jelly" Nash, membro da quadrilha de Al Spencer. O agente Frank Smith, antigo colega de White, fazia parte da escolta, mas sobreviveu. (O jornalista Robert Unger mais tarde comprovou que Smith e outro agente, que originalmente haviam alegado não ter sido capazes de identificar os atiradores, lembraram-se vividamente deles quando Hoover os pressionou para solucionar o caso.) Como resultado desses incidentes, o Congresso aprovou uma série de reformas no bojo do New Deal que deram ao governo federal seu primeiro código penal abrangente, e atribuiu ao Bureau of Investigation uma missão de grande envergadura. Permitiu-se então aos agentes efetuar prisões e portar armas, e pouco depois a instituição ganhou seu nome atual — Federal Bureau of Investigation (FBI). "O tempo da agência pequena tinha chegado ao fim",[25] observou o biógrafo de Hoover, Curt Gentry. "Também ficou para trás o tempo em que os agentes especiais não passavam de investigadores." Doc, o irmão de White, esteve envolvido em muitos dos maiores casos do FBI durante esse período — de caçadas a "inimigos públicos", como John Dillinger, à morte de Ma Barker e de seu filho Fred.* Um dos filhos de Tom White também trabalhou no FBI, e com isso três gerações da família foram agentes da lei.

Hoover fez com que a identidade da agência não pudesse ser separada da sua. E enquanto presidentes chegavam e passavam, aquele burocrata, agora barrigudo e com uma papada que o fazia parecer um buldogue, continuava em seu posto. "Levantei o olhar e lá estava J. Edgar Hoover em sua sacada, poderoso, distante e sereno, vigilante com seu reino brumoso às costas, passando de um presidente a outro e de uma década a outra",[26] escreveu um repórter da revista *Life*. A profusão de detalhes sobre os abusos de poder cometidos por Hoover só viria a público depois de sua morte, em 1972. White, apesar de seu bom discernimento, era cego à megalomania do chefe, ao fato de ele ter politizado o Bureau e a suas tramas paranoides contra uma lista sempre crescente de supostos inimigos, entre eles ativistas indígenas americanos.

Ao longo dos anos, White escreveu periodicamente a Hoover. Certa vez, convidou-o para passar uns dias na fazenda de um parente: "Não ficaremos privados de conforto na fazenda, pois ela tem todas as conveniências modernas, menos ar-condicionado, mas o senhor não vai precisar disso".[27] Hoover declinou do convite educadamente. Andava muito ocupado nos últimos tempos e foi preciso que alguém lhe desse um toque para ele dedicar alguma atenção a seu antigo agente, o mais famoso de todos. Em 1951, quando White, aos setenta anos, passou a outra pessoa o cargo de diretor do presídio de La Tuna, Hoover só lhe enviou um cartão depois que lhe lembraram que White "gostaria de receber uma comunicação pessoal do diretor do FBI por ocasião de sua aposentadoria".[28]

---

* John Dillinger (1903-34) foi um notório ladrão de bancos; Ma Barker (1873-1935) criou sozinha seus quatro filhos, que formaram a quadrilha Barker-Karpis, autora de inúmeros crimes. (N. E.)

J. Edgar Hoover.

No fim da década de 1950, White soube que Hollywood rodaria um filme com James Stewart no papel de um agente que combate o crime — *The FBI Story* [no Brasil, *A história do FBI*]. Como o filme teria um segmento sobre os assassinatos dos osages, White enviou uma carta a Hoover, perguntando se os produtores não topariam conversar com ele sobre o caso. "Eu gostaria de proporcionar as informações, pois conheço a história do início ao fim",[29] escreveu. Hoover respondeu que "terei o senhor em mente",[30] porém nunca deu continuidade à promessa. Hoover fez uma aparição breve nesse filme, lançado em 1959, o que o glorificou ainda mais na imaginação popular.

No entanto, embora o filme tenha feito sucesso, o episódio dos osages vinha sendo eclipsado por outros, mais recentes. Logo a maioria dos americanos o esqueceu. No fim da década de 1950, White pensou em escrever um livro que documentasse o caso. Queria registrar os crimes e garantir que os homens que haviam trabalhado com ele não fossem apagados da memória histórica. Todos haviam morrido na obscuridade e alguns até na miséria. Quando um dos agentes secretos estava à beira da morte, sua mulher manifestou o desejo de que ele tivesse um fundo de aposentadoria; um agente que conhecia o moribundo comunicou a Hoover que a família se achava "diante de uma situação extremamente sombria".[31]

Muitos anos depois da investigação dos assassinatos de osages, Wren, o agente de ascendência ute, foi novamente forçado a deixar a agência, e dessa vez para sempre. Ao sair, disse impropérios e atirou longe objetos que estavam sobre sua mesa. O tratamento que recebera, escreveu mais tarde a Hoover, fora "injusto, desleal e injustificável".[32] Por fim, sua cólera passou, e antes de morrer, em 1939, Wren mandou a Hoover uma carta em que dizia: "Com frequência, quando leio coisas sobre o senhor e seus homens, sou tomado de muito prazer e orgulho, e começo a me lembrar do passado distante. Tenho muito orgulho do senhor e ainda o chamo de meu velho chefe".[33] E prosseguia: "Muitos de meus velhos amigos já partiram para o paraíso das caçadas felizes. Muitas das velhas árvores altas foram destruídas, muitas foram abatidas pelo homem branco. O peru silvestre, o veado, o cavalo selvagem e o gado selvagem desapareceram, e já não são mais vistos entre as belas colinas".

Além de documentar o papel exercido por outros agentes, White sem dúvida pretendia garantir para si um lugarzinho na história, embora nunca tivesse dito isso com todas as letras. Escreveu algumas páginas isoladas, das quais o texto a seguir é um exemplo:

Depois que o diretor, sr. J. Edgar Hoover, me pôs a par da importância do caso, ele me deu instruções para que eu voltasse a Houston, resolvesse meus assuntos e partisse, assim que possível, para assumir a direção do escritório de Oklahoma City. Disse que eu deveria escolher meus investigadores, necessários para esse caso, entre homens que eu julgasse mais adequados para esse tipo de trabalho. [...]. Quando chegamos a campo, percebemos mais do que nunca a importância de que os homens atuassem em segredo e vimos o medo que tomava conta dos índios.[34]

White se deu conta de que escrever não era uma das coisas que sabia fazer bem, e em 1958 passou a trabalhar com Fred Grove, autor de romances sobre o Oeste, que tinha sangue osage e, em menino, morara em Fairfax quando ocorreu a explosão da casa dos Smith, um episódio que o marcou por toda a vida. Enquanto Grove trabalhava no livro, White lhe perguntou, numa carta, se a narrativa poderia ser feita na terceira pessoa. "Eu gostaria de evitar ao máximo o uso do 'eu', porque não quero passar a ideia de que sou o protagonista da narrativa",[35] explicou. "Se não fossem os bons agentes que trabalhavam comigo, nada teríamos feito. E será preciso incluir na história nosso chefe, J. Edgar Hoover, o diretor do FBI."

Numa carta a Hoover, White perguntou se a agência poderia liberar alguns arquivos antigos ligados ao caso, a fim de ajudá-lo a preparar o livro. Queria saber também se Hoover escreveria uma breve introdução. "Espero que isso não signifique pedir demais ao senhor",[36] escreveu. "Creio que seria da maior importância para todos nós, que estávamos na época e ainda estamos hoje vitalmente interessados em nossa esplêndida organização, o FBI. O senhor e eu somos talvez os únicos dos pioneiros ainda restantes." Num memorando interno, Clyde Tolson, diretor adjunto da agência, que se tornara companheiro de longa da-

Tom White.

ta de Hoover, o que gerava boatos de que eles teriam uma ligação homossexual, disse: "Devemos fornecer apenas material limitado, rotineiro, se tanto".[37]

O corpo de White começava a traí-lo. Ele sofria de artrite. Um dia, tropeçou quando fazia uma caminhada (caminhada!) e contundiu-se. Em setembro de 1959, sua mulher escreveu a Grove: "Qualquer doença lhe pesa demais e o transtorna por demais. Esperamos que ele melhore para ir a Dallas, no fim de outubro, para participar da Convenção Nacional dos ex-Agentes do FBI".[38] Apesar de seu estado de saúde, White ajudou Grove a preparar o livro, como se estivesse consumido por um caso ainda sem solução, até a conclusão da obra. Numa carta ao escritor, comentou: "Espero que toda a boa sorte deste mundo nos ajude com uma boa editora",[39] e disse que iria torcer para dar certo. Contudo, as editoras não julgaram a narrativa digna de interesse. E embora Grove acabasse lançando uma versão ficcional intitulada *The Years of Fear* [Os anos do medo], a versão histórica original nunca foi publicada. "Lamento sinceramente que esta carta não lhe dê notícias melhores",[40] escreveu um editor.

Em 11 de fevereiro de 1969, Doc, que morava na fazenda onde ele e os irmãos haviam sido criados, morreu, aos 84 anos. White deu a notícia a Hoover numa carta, observando que ele e seus quatro irmãos haviam "nascido nesta terra".[41] E declarou, melancólico: "Agora só fiquei eu".

Em outubro de 1971, um acidente vascular cerebral derrubou White. Estava com noventa anos, e para ele já não havia alguma escapatória. Em 21 de dezembro, nas primeiras horas da madrugada, parou de respirar. Um amigo disse: "Tom morreu como tinha vivido, sereno e com dignidade".[42] Um agente recomendou a Hoover que enviasse condolências à viúva, ressaltando que nada havia nos arquivos de White que "desabonasse esse ato".[43] Hoover enviou um buquê de flores, depositado sobre o ataúde que desceu à cova.

Por um momento, antes que ele sumisse da história, White foi elogiado como um homem de bem que solucionara os assassinatos dos osages. Anos depois, o FBI liberou vários arquivos sobre o caso, a fim de preservá-lo na memória nacional. No entanto, havia um aspecto fundamental que não estava incluído nesses nem em outros registros históricos, uma coisa que escapara ao próprio White. O caso tinha mais uma camada — uma conspiração mais profunda, mais tenebrosa e mais aterradora, que a agência jamais desvendara.

CRÔNICA TERCEIRA
O repórter

Conhecemos algumas velhas histórias que passaram de boca em boca; exumamos cartas de velhos baús, de velhas caixas e gavetas, sem cumprimentos nem assinatura, nas quais homens e mulheres que um dia estiveram vivos são agora apenas iniciais ou diminutivos saídos de algum afeto agora incompreensível que nos soa como sânscrito ou chocktaw; vemos vagamente pessoas, as pessoas em cujo sangue vivo e em cuja semente viva nós próprios estivemos latentes e à espera, elas nessa espectral tenuidade do tempo tomando agora proporções heroicas, cumprindo os seus atos de paixão simples e de simples violência, intocadas pelo tempo e inexplicáveis.

William Faulkner, *Absalão, Absalão!*

22. Terras fantasmas

Muita coisa acabou. Acabaram-se as grandes empresas de petróleo e o horizonte pontilhado de torres de exploração, à medida que os vastos campos se esgotavam. Acabou-se o Olmo do Milhão de Dólares, os leilões sob sua copa. Acabaram-se as estradas de ferro, inclusive aquela em que Al Spencer e sua gangue executaram o último assalto a um trem, em 1923. Acabaram-se também os fora da lei, muitos dos quais tiveram morte tão espetacular quanto a vida. E acabaram praticamente todas as ricas cidades osages, que ardiam da manhã à noite. Pouco resta delas além de edifícios cobertos de tapumes, habitados por morcegos, ratos, pombos e aranhas; em Whizbang só há ruínas de pedras submersas num mar de capim. Muitos anos depois, um antigo morador de uma dessas cidades lamentava: "As lojas acabaram, a agência de correio acabou, o trem acabou, a escola acabou, o petróleo acabou, meninos e meninas acabaram — só não acabou o cemitério, que ficou maior".[1]

Pawhuska tem seu bom quinhão de construções abandonadas, mas é uma das poucas cidades que restam. Sua população é

Um bar atualmente coberto de tapumes em Ralston — a cidade a que Bryan Burkhart levou Anna Brown para beber na noite em que ela foi assassinada.

de 3,6 mil pessoas. Tem escolas, Tribunal de Justiça (o mesmo onde Ernest Burkhart foi julgado) e diversos restaurantes, inclusive um McDonald's. E ainda é capital da vibrante Nação Osage, que em 2006 ratificou uma nova Constituição. A nação, com 20 mil membros, elege seu próprio governo. A maior parte se espalha em outras partes do estado e do país, mas cerca de 4 mil residem no condado de Osage, sobre a reserva subterrânea. O historiador osage Louis F. Burns observou que, depois de "restarem só ruínas e frangalhos"[2] de seu povo, ele havia renascido "das cinzas de seu passado".

Num dia de verão, em 2012, saí de Nova York, onde moro e trabalho como repórter, e fui conhecer Pawhuska, esperando encontrar alguma informação sobre os assassinatos que, então, já tinham quase cem anos. Como muitos americanos, nunca havia lido na escola sobre esses crimes, era como se tivessem sido extirpados da história. Então, quando topei com uma referência a eles, comecei a examinar o assunto. Desde então venho trabalhando exaustivamente para tentar resolver questões pendentes, preenchendo as lacunas da investigação do FBI.

Em Pawhuska, visitei o Museu da Nação Osage — havia marcado um encontro com sua diretora de muitos anos, Kathryn Red Corn. Mulher de seus setenta anos, rosto largo e cabelo curto, grisalho, a diretora tinha maneiras gentis e acadêmicas que dissimulavam sua intensidade interior. Mostrou-me uma exposição de fotos de muitos dos 2229 membros da tribo, entre os quais diversos parentes dela, que tinham recebido concessões em 1906. Numa das vitrines avistei uma foto de Mollie Burkhart sentada, feliz, com suas irmãs. Em outra, a mãe delas, Lizzie. Para onde quer que eu olhasse, reconhecia uma vítima do Reinado do Terror. Aqui, um jovem e atraente George Bigheart com chapéu de caubói. Ali, Henry Roan com suas longas tranças. Mais além, um elegante Charles Whitehorn de terno e gravata-borboleta.

A foto mais dramática ocupava toda uma parede da sala do museu. Feita numa cerimônia em 1924, era uma vista panorâmica de membros da tribo com empresários e líderes brancos. Ao examinar a foto, observei que faltava um pedaço dela, como se alguém tivesse passado uma tesoura. Perguntei o que tinha acontecido com aquela parte. "É doloroso demais para mostrar", me disse Red Corn.

Perguntei por qual motivo e ela apontou para o espaço em branco, dizendo: "O diabo estava bem aqui".

Desapareceu por um momento e voltou com uma pequena imagem impressa levemente borrada: era a figura ausente da foto, um William K. Hale que encarava friamente a câmera. Os osages haviam removido a imagem dele não para esquecer os assassinatos, como fizeram muitos americanos, mas porque não podem esquecer.

A parte faltante da foto mostra Hale (extrema esq.) de terno, gorro e óculos. Ver a panorâmica completa — com Hale na extrema esquerda — nas páginas 8-9.

Poucos anos antes, Red Corn me contou, ela estava numa festa em Bartlesville e um homem se aproximou. "Ele disse que estava de posse do crânio de Anna Brown." Era evidentemente a parte do crânio de Brown que ficara com o agente funerário, em 1921, e fora entregue aos agentes do Bureau para análise. Indignada, Red Corn disse ao homem: "Isso deve ser sepultado aqui". Ligou para o chefe dos osages, o crânio de Anna foi recuperado e, numa cerimônia silenciosa, enterrado com o resto do corpo.

Red Corn me passou os nomes de diversos osages que, na

opinião dela, podiam ter informações sobre os crimes, e prometeu que mais tarde me contaria uma história de seu avô que tinha a ver com esse episódio. "É difícil falar do que aconteceu durante o Reinado do Terror", explicou. "Muitos osages perderam a mãe, o pai, uma irmã, um irmão, um primo. Essa dor nunca desaparece."

Todos os anos, no mês de junho,[3] os osages executam suas danças cerimoniais, as *I'n-Lon-Schka*. Essas danças — que acontecem em dias diferentes em Hominy, Pawhuska e Gray Horse, três áreas onde os osages se radicaram assim que chegaram à reserva, na década de 1870 — ajudam a preservar tradições que se dissipam e mantêm unida a comunidade. Os osages chegam de toda parte para participar das danças, o que lhes dá uma oportunidade de rever velhos parentes e amigos, cozinhar ao ar livre e recordar. O historiador Burns certa vez escreveu:

> Acreditar que os osages passaram incólumes por sua provação é uma ilusão. O que foi possível salvar foi salvo, e nossos corações se alegram com isso. O que acabou é valorizado porque é o que fomos um dia. Reunimos o passado e o presente nas profundezas de nosso ser e enfrentamos o amanhã. Ainda somos osages. Vivemos e envelhecemos por nossos ancestrais.[4]

Numa visita posterior à região, fui assistir às danças em Gray Horse e me encontrar com uma das pessoas sugeridas por Red Corn — alguém que fora profundamente afetado pelos assassinatos. Quase nada restava do assentamento original, além de colunas podres e tijolos sepultados no mato, que o vento agitava em ritmos fantasmagóricos.

Para executar e assistir às danças, os osages haviam erigido um pavilhão, no meio do mato, com teto metálico em forma de cogumelo e um piso de terra batida com filas concêntricas de bancos de madeira. Cheguei numa tarde de sábado, e o pavilhão estava lotado. Reunidos no centro, em torno de um tambor sagrado usado para a comunicação com Wah'Kon-Tah, postavam-se diversos músicos e cantores. Em volta deles havia um anel de "moças cantoras", que é como são chamadas, e, num círculo mais afastado, estavam dezenas de homens dançarinos, jovens e velhos, usando perneiras, camisas coloridas com franjas e fitas de guizos abaixo dos joelhos. Cada dançarino tinha um adereço de cabeça — em geral feito de penas de águia, ferrões de porco-espinho e cauda de rena —, espetado como o de um moicano.

Ao som do tambor e do canto, os homens se deslocavam em círculo no sentido anti-horário para comemorar a rotação da Terra, batendo os pés de leve na terra solta, os guizos retinindo. O som do tambor e o coro se intensificavam, e eles ficavam mais próximos e se moviam mais depressa, em perfeita harmonia. Um homem balançava a cabeça enquanto outro sacudia os braços como uma águia. Outros faziam gestos como se estivessem explorando a mata ou caçando.

Antigamente as mulheres não podiam dançar nesses eventos, mas agora elas também participam. Vestindo blusas, saias de popelina e cintos trançados à mão, elas formavam um círculo solene de movimentos mais lentos em torno dos dançarinos, mantendo a cabeça e o torso eretos, balançando de um lado para outro a cada passo.

Muitos osages assistiam sentados nos bancos, abanando-se por causa do calor. Alguns lançavam olhares furtivos a seus telefones celulares, mas a maior parte observava com respeito. Cada banco levava o nome de uma família osage, e quando dei uma volta pelo lado sul do pavilhão encontrei o nome que procurava: "Burkhart".

Não demorou muito e uma mulher osage veio em minha

direção. De cinquenta e poucos anos, usava um vestido azul-claro, óculos elegantes e trazia o cabelo preto, longo e brilhante, preso num rabo de cavalo. Seu rosto expressivo me pareceu vagamente familiar. "Olá, eu sou Margie Burkhart", ela disse, estendendo a mão. Margie é neta de Mollie Burkhart. Trabalha num conselho que dirige serviços de saúde para os osages, e viera para as danças de carro com o marido, Andrew Lowe, um creek seminole, com quem vivia em Tahlequah, cem quilômetros a sudeste de Tulsa.

Nós nos sentamos, os três, no banco de madeira e, enquanto assistíamos aos dançarinos, falamos sobre a família de Margie. Seu pai, agora já morto, era James "Cowboy" Burkhart — o filho de Mollie e Ernest Burkhart. Cowboy e a irmã, Elizabeth, também morta, haviam assistido ao Reinado do Terror de dentro do castelo de segredos de seu pai. Margie disse que Ernest "tomou tudo de meu pai — suas tias, seus primos, sua confiança". James, atormentado pelo que o pai havia feito, adorava Mollie, sua mãe. "Sempre falava dela com carinho", lembra Margie. "Quando era pequeno, tinha dores de cabeça fortíssimas e contava que ela assoprava em seus ouvidos até a dor passar."

Depois de se divorciar de Ernest, Mollie continuou morando na reserva com seu novo marido, John Cobb. Segundo disseram a Margie, fora um bom casamento, um período de felicidade para sua avó. Em 16 de junho de 1937, Mollie morreu. Sua morte, por não ser considerada suspeita, teve pouca atenção da imprensa. O *Fairfax Chief* publicou um breve obituário: "Sra. Mollie Cobb, cinquenta anos [...], faleceu às onze horas da noite de quarta-feira em sua casa. Estava doente havia algum tempo. Era uma osage de sangue puro".[5]

Naquele mesmo ano, Ernest Burkhart ganhou liberdade condicional. O Conselho Tribal Osage divulgou uma declaração de protesto: "Uma pessoa condenada por crimes tão violentos e

Margie Burkhart, neta de Mollie e Ernest.

bárbaros não devia ser posta em liberdade para voltar à cena desses crimes".[6] O *Kansas City Times*, em editorial, disse que

> a libertação condicional de Ernest Burkhart da penitenciária do estado de Oklahoma relembra o que talvez tenha sido o mais horrendo caso de assassinato da história do Sudeste — o massacre de vários índios osages por causa de seus direitos de exploração de petróleo [...]. A libertação de uma figura de destaque nessa trama de tanto sangue-frio, depois de cumprir pouco mais de dez anos de uma sentença perpétua, revela uma das grandes fraquezas do sistema de liberdade condicional.[7]

Margie disse que, uma vez posto em liberdade, Ernest roubou a casa de um osage e voltou à prisão. Em 1947, quando ele ainda estava preso, Hale foi libertado depois de vinte anos em Leavenworth. As autoridades que aprovaram a liberdade condicional alegaram que haviam considerado a idade avançada de Hale — 72 anos — e seu bom comportamento como prisioneiro. Um líder osage disse que ele "deveria ter sido enforcado por seus crimes, e que havia membros da tribo convencidos de que a decisão favorável a ele ainda era um último vestígio de sua influência política".[8] Hale foi proibido de pôr os pés em Oklahoma, mas, segundo parentes, certa vez os visitou e disse: "Se aquele maldito Ernest tivesse ficado de boca fechada, hoje estaríamos ricos".

Margie nunca se encontrou com Hale, que morreu em 1962, num lar de idosos no Arizona. Mas viu Ernest depois que este saiu da prisão novamente, em 1959. Proibido de retornar a Oklahoma, ele foi trabalhar numa fazenda de criação de ovelhas no Novo México, ganhando 75 dólares por mês. Na época, um repórter observou que "as coisas estão longe de ser como eram nos tempos de vacas gordas, como marido de uma osage enriquecida pelo petróleo".[9] Em 1966, esperando voltar a Oklahoma, Ernest apresentou um pedido de perdão. Os registros já não existem, mas seu apelo, analisado por uma comissão de 25 membros em Oklahoma, fundamentava-se pelo menos em parte em sua cooperação com a investigação dos crimes pelo FBI. (White sempre atribuiu à confissão de Burkhart papel decisivo na solução do caso.) Apesar dos veementes protestos dos osages, a comissão decidiu a favor do perdão, que foi então concedido pelo governador. "Assassino das concessões ganha voto de perdão",[10] deu o *Oklahoman,* acrescentando: "Osages aterrorizados".

Encurvado e com o cabelo rareando, Ernest voltou ao condado de Osage, onde de início ficou com o irmão Bryan. "Quando conheci Ernest, eu estava no início da adolescência", lembra Margie. "Fiquei muito surpresa com sua aparência de vovô. Era muito frágil, o cabelo branqueava e seus olhos eram bondosos. Não estava endurecido nem mesmo depois de tantos anos de prisão. E eu não podia acreditar que aquele homem tinha feito tudo o que diziam [...]." A voz de Margie foi se apagando sob a insistente batida do tambor. Depois de um instante, ela prosseguiu: "Foi muito duro para meu pai. Ele e tia Liz foram estigmatizados pela tribo, e isso dói muito. Eles precisavam da família e de apoio, e não tiveram".

A experiência fez do pai dela um homem amargurado — amargurado com o mundo. Andrew, o marido de Margie, lembrou que Elizabeth também foi muito afetada. "Ela ficou meio paranoica", disse. Margie assentiu. "Tia Liz não conseguia permanecer no mesmo lugar, estava sempre mudando de endereço e telefone."

Elizabeth demonstrou pouco interesse em ver Ernest, que foi morar num trailer infestado de camundongos nas proximidades do condado de Osage. Cowboy de vez em quando o visitava. "Acho que uma parte dele ansiava por um pai", disse Margie. "Mas ele sabia o que o pai tinha feito. Chamava-o de Velho Dinamite."

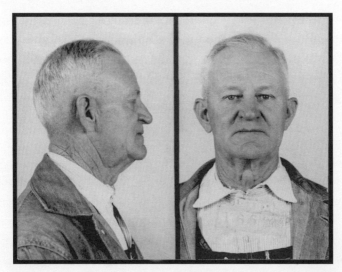

Ernest Burkhart.

Cowboy e Elizabeth com o pai, Ernest, cujo rosto foi rasgado da foto anos depois.

Quando Ernest morreu, em 1986, seu corpo foi cremado; as cinzas foram encaminhadas a Cowboy numa caixa. Ernest havia recomendado ao filho que espalhasse suas cinzas pelas colinas Osage. "As cinzas ficaram em casa vários dias, esquecidas", lembra Margie. "Finalmente, uma noite meu pai ficou de fato perturbado, pegou a caixa e jogou-a de uma ponte."

Num intervalo da dança, quando o sol começava a se pôr, Margie me convidou para conhecer Gray Horse. Nós três subimos no carro e ela pegou uma estrada estreita e poeirenta. Não muito longe do pavilhão, quase escondida entre os carvalhos, estava uma das poucas casas ainda de pé. "Fui criada aqui", ela disse. Para minha surpresa, era uma casa de madeira pequena e modesta, menos que uma mansão, uma cabana. A Grande Depressão reduzira a pó a fortuna de muitos osages, já bastante subtraída por curadores e ladrões. Margie disse que a de Mollie não foi exceção. O preço de um barril de óleo cru, que chegara a mais de três dólares durante os anos de expansão, despencou para 65 centavos em 1931, e os direitos pagos anualmente por uma concessão caíram a menos de oitocentos dólares. No ano seguinte, o *Literary Digest* publicou matéria intitulada "A riqueza osage do petróleo se esfuma".[11] Dizia: "Esses índios se acostumaram a uma vida nababesca. Mas agora [...] a renda do petróleo está desaparecendo muito rápido, e isso era praticamente tudo o que eles tinham". Para complicar a situação, os campos de petróleo se esgotavam. Em 1929, mesmo antes do *crash* da Bolsa, um jornal de circulação nacional disse que "em cinco anos, se o mapa do petróleo continuar mudando, a tribo talvez tenha de voltar ao trabalho".[12]

No decurso das décadas seguintes, a maior parte das prósperas cidades osages, entre elas Gray Horse, começou a morrer. "Quando eu era pequena, ouvia o bombeamento dos poços de petróleo", lembrou Margie. "Um dia eles silenciaram." Hoje restam mais de 10 mil poços espalhados pela reserva, mas são o que os barões do petróleo chamam de poços "marginais", pois cada um produz menos de quinze barris por dia. Em 2012, num leilão de lotes dos osages em Tulsa, três foram cedidos por menos de 15 mil dólares no total. Margie, que herdou pouco mais de meia parcela de seu pai, ainda recebe um cheque trimestral por seu quinhão no patrimônio mineral da tribo. A quantia varia segundo o preço do petróleo, mas nos últimos anos não tem passado de alguns milhares de dólares. "Com certeza ajuda, mas não podemos viver disso", ela disse.

Os osages encontraram novas fontes de renda, inclusive a exploração de sete cassinos construídos em seu território. (Antigamente, eram chamados Cassinos do Olmo do Milhão de Dólares.) Eles geram dezenas de milhões de dólares para os osages, ajudam a financiar seu governo, seus programas educacionais e de saúde. Os osages também conseguiram recuperar pelo menos parte dos recursos advindos do petróleo e que foram mal administrados durante décadas pelo governo americano. Em 2011, depois de uma batalha legal de onze anos, o governo concordou em encerrar uma pendência de 380 milhões de dólares reclamados pelos osages.

Passeando por Gray Horse, chegamos a uma clareira, onde havia um velho cemitério. Margie se deteve diante de uma lápide com o nome de Mollie Burkhart. O epitáfio dizia: "Foi esposa boa e afetuosa, mãe dedicada e amiga de todos". Perto dela estavam as sepulturas de suas irmãs assassinadas; do cunhado, Bill Smith, assassinado; da mãe, Lizzie, assassinada; e do primeiro marido, Henry Roan, assassinado. Margie correu os olhos pelas sepulturas e perguntou: "Que tipo de pessoa pôde fazer isso?".

Ela já havia levado flores para os túmulos, e inclinou-se para ajeitar uma delas. "Sempre tento manter as lápides enfeitadas", disse.

Sepulturas de Mollie e de pessoas de sua família que foram assassinadas.

Retomamos o caminho e pegamos uma estrada poeirenta em meio à pradaria. Uma grama viçosa se estendia até onde a vista podia alcançar, uma vasta extensão verde e ondulada só interrompida por poucas bombas de óleo enferrujadas e pelo gado que pastava aqui e ali. Antes, no caminho de ida, eu me surpreendera com os bisões perambulando pelas planícies, com a cabeça curvada e o corpanzil lanudo sustentado pelas pernas finas. No século XIX, eles haviam sido extintos da planície, mas em anos recentes foram reintroduzidos por preservacionistas. O magnata da imprensa Ted Turner andou criando bisões numa fazenda de 16 mil hectares entre Fairfax e Pawhuska. Em 2016, a Nação Osage comprou a fazenda.

Enquanto Margie, o marido e eu seguíamos pela pradaria, o

sol pairava à beira da terra — uma esfera alaranjada perfeita, que em pouco tempo se tornou meio sol, depois um quarto, até desaparecer numa explosão de luz. Margie comentou: "Gosto quando o céu fica rosado assim".

Parecia que estávamos rodando sem rumo, subindo e descendo as ondulações do terreno, qual um navio entre as ondas. De repente, num ponto mais alto, Margie parou. A certa distância havia uma ravina e, no fundo, corria um riacho. "Foi ali que atiraram em Anna", ela disse. "Meu pai me trouxe aqui a cavalo e me mostrou o lugar. Eu era jovem e só tínhamos nossos cavalos. Fiquei meio assustada."

Em 2009, uma osage chamada Elise Paschen publicou um poema chamado "Wi'-gi-e", que significa "prece". Narrado do ponto de vista de Mollie Burkhart, o poema fala do assassinato de Anna Brown:

> *Porque ela morreu onde a ravina encontra a água.*
> *Porque arrastaram seu corpo para o córrego.*
> *Na morte, ela usava sua saia azul de popelina.*
> *A geada embranquecia a grama, mas refrescava os pés na fonte.*
> *Porque virei o tronco com o pé.*
> *Suas sandálias flutuavam na correnteza rumo à represa.*
> *Porque, depois do degelo, os caçadores descobriram seu corpo.*

O poema acaba com os seguintes versos:

> *Durante o Xtha-cka Zhi-ga Tze-the, o Assassino da Lua das Flores.*
> *Vou vadear o rio dos peixes, da lontra, do castor.*
> *Vou subir a margem, onde o salgueiro nunca morre.*[13]

Quando Margie retomou o volante, a pradaria estava envolta na escuridão. Só a luz dos faróis iluminava a estrada de terra. Ela contou que era criança quando seus pais lhe falaram sobre Ernest e Hale. "Eu ficava preocupada cada vez que fazia alguma coisa errada: 'E se eu for a semente ruim?'." Comentou que de vez em quando a televisão local transmitia *A história do FBI*, e ela e a família assistiam e choravam.

Enquanto Margie falava, eu me dei conta de que o Reinado do Terror havia devastado — e ainda devastava — gerações. Um bisneto de Henry Roan certa vez falou sobre o legado dos assassinatos: "Acho que há alguma coisa num canto recôndito de nossa mente. Podemos não perceber, mas está lá, sobretudo se um membro da família foi assassinado. Isso está no fundo de nossa mente, tanto é que não confiamos em ninguém".[14]

Saímos da pradaria e nos dirigimos ao centro de Fairfax. Embora ainda fosse oficialmente uma cidade, parecia à beira do esquecimento. Ano após ano, a população vinha diminuindo; agora tinha menos de 1,4 mil habitantes. Na rua principal enfileiravam-se os edifícios, no estilo característico do Oeste, erguidos na época do boom, mas estavam abandonados. Paramos diante de uma loja maior, com a janela escurecida de sujeira e teias de aranha. "Aqui ficava a Big Hill Trading Company", disse Margie. "Quando eu era pequena ela ainda funcionava. Era grande e tinha esses balaústres de madeira, lindos, e um velho piso de tábuas. Tudo tinha cheiro de madeira." Olhei para a rua, tentando reconstituir o que Mollie Burkhart e Tom White haviam visto — os carros Pierce-Arrow, os cafés, os magnatas do petróleo e os aristocráticos osages, a fúria selvagem que outrora ardera ali. Agora, mesmo num sábado à noite, era uma "cidade fantasma", como disse Margie.

Ela dobrou uma esquina da rua principal e entrou numa pequena área residencial. Umas poucas mansões antigas ainda existiam, mas desertas e decadentes; algumas totalmente aprisionadas por cipós. Em certo ponto, Margie reduziu a velocidade, como se buscasse alguma coisa.

"O que você está procurando?", o marido perguntou.

"O lugar em que a casa explodiu."

"Não fica mais para trás?", ele disse.

"Não, ela... Ah, ali está", disse, estacionando junto ao terreno, onde outra casa fora construída.

Margie então mencionou uma coisa que não estava em nenhum dos documentos do FBI. Seu pai lhe contou que, na noite da explosão, ele, sua irmã e Mollie iam passar a noite na casa dos Smith. Mas Cowboy teve uma forte dor de ouvido, e eles ficaram em casa. "Foi por isso que eles escaparam", disse Margie. "Foi o destino." Não entendi de imediato o significado do que ela me dizia. "Meu pai teve de viver sabendo que o pai dele havia tentado matá-lo", ela acrescentou.

Por um momento ficamos sentados no carro, no escuro, tentando entender o que não podia ser entendido, mesmo depois de tantos anos. Por fim, Margie engrenou a primeira marcha e disse: "Bem, vamos voltar às danças?".

23. Um caso em aberto

A história é um juiz impiedoso. Põe a nu nossos erros trágicos e nossos tropeços ridículos, expõe os segredos mais íntimos, manipula o poder da experiência como um detetive arrogante que parece saber o fim de um mistério desde o começo. Enquanto eu esquadrinhava os registros históricos, conseguia ver o que Mollie não podia ver a respeito de seu marido. (Um osage me disse: "Quem poderia acreditar que uma pessoa se casaria com você e mataria sua família por causa de seu dinheiro?".) Pude ver White incapaz de reconhecer a confissão falsa de Lawson, ou os sinistros motivos de Hoover. E, quanto mais fundo eu investigava os assassinatos de osages — na obscuridade das autópsias, nos depoimentos das testemunhas, nos documentos de espólios —, mais surgiam alguns buracos na investigação do Bureau.

As autoridades afirmavam que, como Hale e seus comparsas foram condenados, os culpados haviam sido encontrados. E depois que White se tornou diretor de Leavenworth, os casos foram encerrados, em grande triunfo, embora a agência ainda não tivesse relacionado Hale a todos os 24 assassinatos. O ex-fazendeiro seria responsável por todos eles? Quem, por exemplo, teria sequestrado McBride, o magnata do petróleo, em Washington, DC, ou atirado W. W. Vaughan do trem em alta velocidade?

Hale se valia de outras pessoas para fazer o serviço sujo, mas não há indícios de que seu habitual séquito de capangas — entre eles Bryan Burkhart, Asa Kirby, John Ramsey e Kelsie Morrison — tenha seguido McBride à capital federal ou estivesse com Vaughan no trem. Seja lá quem tenha sido o assassino desses homens, ao que parece saiu impune. Não consegui encontrar nenhuma pista nova no caso de McBride, mas um dia, quando fazia pesquisas em Oklahoma City, liguei para Martha Vaughan, neta de W. W. Vaughan. Ela era assistente social e morava em Sallisaw, Oklahoma, a cem quilômetros da capital do estado. Estava ansiosa para falar sobre o avô, e ofereceu-se para me encontrar. "Vamos nos ver no Skirvin Hotel", ela disse. "Isso vai lhe dar uma ideia de parte da riqueza que o petróleo trouxe a Oklahoma."

Ao chegar ao hotel, entendi o que ela queria dizer. Construído em 1910 pelo magnata do petróleo W. B. Skirvin, já tinha sido considerado o melhor hotel do Sudoeste, com um salão de baile com capacidade para quinhentas pessoas, candelabros austríacos e pilastras encimadas por bustos de Dioniso, deus grego do vinho. O advogado de Hale, Sargent Prentiss Freeling, morreu — aparentemente de hemorragia cerebral — num dos quartos do hotel, enquanto jogava paciência. Em 1988, durante uma devastadora crise do petróleo, o hotel fechou e assim permaneceu durante anos. Mas passadas cerca de duas décadas, depois de uma reforma de 55 milhões de dólares, o hotel reabriu, integrando a cadeia Hilton.

Esperei Martha no saguão, que ainda tinha o pórtico de madeira em arco e os rostos de Dioniso espiando do teto. Ela chegou acompanhada do primo Melville Vaughan, professor de biologia na Universidade Central de Oklahoma. "Ele sabe muita coisa sobre o avô Vaughan", ela me disse.

Melville trazia duas pastas bem fornidas, que me entregou assim que nos sentamos no bar. Nelas estava o produto das pesquisas incansáveis que a família fez durante décadas sobre o assassinato de W. W. Vaughan. Recortes de jornais meio desbotados ("Encontrado corpo nu de homem de Pawhuska"[1]), o atestado de óbito e a declaração de um informante ao FBI de que Vaughan, pouco antes de ser morto, disse que tinha reunido "provas suficientes para mandar Bill Hale para a cadeira elétrica".[2]

Martha e Melville disseram que a viúva de Vaughan, Rosa, ficou com dez filhos para criar e nenhuma renda. Tiveram de mudar da casa de dois andares para a garagem de um armazém. "Não tinham nem para comer", disse Martha. "Os osages se cotizaram para ajudar a alimentar a família." Alguns dos filhos de Vaughan, entre eles o pai de Martha, foram morar com famílias osages, criaram-se falando osage e aprenderam as danças tradicionais. "Meu pai se sentia seguro entre os osages", ela contou.

Martha explicou que muitos membros de sua família acreditavam que Hale quisera silenciar Vaughan, mas suspeitavam que houvesse algo mais nesse crime. Eles se perguntavam quem teria sido o assassino e como o crime havia sido perpetrado: Vaughan teria sido morto antes de ser atirado do trem, ou foi o impacto da queda que o matou? Uma pessoa influente tinha se certificado de que o inquérito fora uma farsa, e que a causa da morte foi dada como "desconhecida".

Durante algum tempo, discutimos elementos do caso. Melville esclareceu que Vaughan era grande e forte, ou seja, o assassino teria de ter força física ou contar com a ajuda de cúmplices. Vaughan, lembrei, tinha dito à mulher que havia provas sobre os assassinatos — assim como dinheiro para a família — num esconderijo secreto. Perguntei a Melville e Martha como é que o assassino soubera onde ficava o esconderijo. Martha disse que havia apenas duas possibilidades: ou o assassino obrigou Vaughan a revelar o lugar antes de atirá-lo do trem, ou era uma pessoa em quem Vaughan confiava a ponto de lhe dar a informação.

Melville declarou que, depois da prisão de Hale, um parente tentou dar sequência à investigação, mas recebeu uma ameaça anônima dizendo que, se ele e sua família prosseguissem, terminariam todos como W. W. Vaughan. E eles não investigaram mais. Martha disse: "Lembro-me de ter falado disso com meu tio mais velho quando minha irmã e eu o visitamos antes de sua morte. Perguntamos: 'Quem fez isso com vovô Vaughan?'. Ele mencionou a ameaça que a família recebeu e disse que não ia comentar. Ainda estava assustado".

Perguntei se Rosa ou qualquer outra pessoa da família havia mencionado possíveis suspeitos além de Hale. Martha negou. Mas havia um homem que roubara dinheiro da propriedade do avô Vaughan, depois da morte dele, e fora processado por Rosa. Perguntei o nome do homem, e Martha respondeu: "Qualquer coisa Burt".

"Sim, H. G. Burt", disse Melville. "Era presidente de um banco."

Anotei o nome e quando levantei os olhos pude ver a ansiedade no olhar deles. De repente, temi suscitar esperanças vãs. "Faz muito tempo", eu disse. "Mas vou ver o que posso encontrar."

A seção sudoeste dos Arquivos Nacionais consiste num armazém em Fort Worth, Texas, maior do que o hangar de muitos aeroportos, que abriga, em pilhas de quatro metros de altura num ambiente de umidade controlada, cerca de 3 mil metros cúbicos de documentos. Entre eles, transcrições de sessões dos tribunais federais de primeira instância de Oklahoma (1907-69), registros do mortífero furacão Galveston, de 1900, materiais sobre o assassinato de John F. Kennedy, documentos sobre a escravidão e a

Reconstrução,* relatórios das muitas sedes executivas do Bureau de Assuntos Indígenas. O arquivo reflete a necessidade humana de documentar cada fato ou diretiva, lançar um véu de ordem administrativa sobre a desordem da fome, das pragas, das catástrofes naturais, dos crimes e das guerras. Em meio a esses volumosos arquivos, eu esperava encontrar uma pista sobre o assassinato de W. W. Vaughan.

Eu já revisara atas do processo que Rosa Vaughan havia aberto contra H. G. Burt. À primeira vista, a disputa, que começou em 1923, parecia banal. Vaughan e Burt — então presidente de um banco em Pawhuska — eram tidos como grandes amigos, e o primeiro atuara durante longo tempo como um dos advogados do segundo. Segundo Rosa, Burt devia a seu falecido marido a soma de 10 mil dólares, que ela estava tentando recuperar.

Contudo, como se diz, o mal se esconde nos detalhes. Procurando mais a fundo, descobri que o dinheiro em questão estava relacionado a outra vítima do Reinado do Terror, George Bigheart. Vaughan também advogara para Bigheart. Antes de dar a Vaughan informações importantes sobre os crimes — e antes de ser envenenado no hospital de Oklahoma City —, Bigheart solicitara um "certificado de competência" das autoridades. Com esse documento, ele já não seria considerado alguém sob custódia do governo, e poderia gastar os proventos por sua concessão como lhe aprouvesse. Vaughan ajudou-o com sucesso nessa reivindicação, e por esse e outros serviços Bigheart pretendia lhe pagar nada menos que 10 mil dólares — cerca de 140 mil dólares, hoje. Porém, de alguma forma, Burt tinha posto as mãos no dinheiro. Poucos dias depois, tanto Bigheart quanto Vaughan estavam mortos.

---

* Referência à Reconstrução dos Estados Unidos, período de doze anos iniciado logo depois do final da Guerra da Secessão, em 1865, com a gradual reintegração à União dos estados que haviam formado os Estados Confederados da América. (N. E.)

De início, no tribunal estadual, Rosa Vaughan perdeu a ação movida contra Burt, que foi representado por um dos advogados de Hale no julgamento por assassinato. Martha me disse que a família tinha certeza de que o júri fora manipulado, e uma apelação apreciada pela Suprema Corte de Oklahoma acabou revertendo a decisão e ordenou que Burt devolvesse a Rosa Vaughan 5 mil dólares, mais juros. "Que tipo de pessoa tenta roubar uma viúva paupérrima com dez filhos?", Martha me perguntara.

Ao rever documentos dos Arquivos Nacionais e informações de outras fontes, comecei a traçar um retrato mais claro de Burt. Nascido no Missouri em 1874, era filho de agricultor. Dados censitários revelam que em 1910 ele se mudou para Pawhuska, tendo sido, aparentemente, um dos integrantes das legiões de colonos gananciosos, sonhadores e sem eira nem beira. Abriu uma casa comercial e chegou a presidente de um banco. Numa foto de 1926, ele aparece vestido ao estilo de Hale, de terno e chapéu — o filho de um agricultor itinerante transformado em respeitável homem de negócios.

Grande parte de sua riqueza, no entanto, provinha dos altamente corruptos "negócios indígenas" — trapaças contra osages milionários. Atas das sessões de um processo judicial mostram que Burt dirigira uma financeira cujo alvo eram os osages. Durante uma sessão de 1915 ante uma comissão conjunta do Congresso que investigava casos referentes a indígenas americanos, um advogado da tribo disse que Burt levantava dinheiro junto a outros brancos e o emprestava aos osages a juros astronômicos. "O sr. Burt é um dos homens de quem digo, e acredito, que esteja envolvido nos casos de Pawhuska",[3] declarou o advogado. "Ele me disse que pagava apenas 6% pelo dinheiro emprestado e podia fazer grandes negócios emprestando aos índios." E continuou: "Ele está tomando o dinheiro a 6% e provavelmente conseguirá — tenho medo de arriscar quanto — algo entre 10% e 50%".

Burt empregava estranhos métodos contábeis para dissimular suas mutretas contra os osages. Numa audiência de inventário depois da morte de George Bigheart, um promotor manifestou surpresa ao saber que empréstimos supostamente concedidos pelo banco de Burt haviam sido feitos por meio de cheques emitidos contra a conta pessoal dele. Burt insistia que "nunca tinha feito nenhum negócio que precisasse esconder".

"Não há nisso nada de pessoal, sr. Burt, só que é pouco comum."

"É o modo como habitualmente procedemos."

No arquivo de Fort Worth, encontrei documentos da Procuradoria Nacional para o Distrito Oeste de Oklahoma referentes aos assassinatos de osages. Entre eles, uma papelada sobre a qual eu jamais havia posto os olhos: os depoimentos secretos para o grande júri que investigou os assassinatos dos osages em 1926. Entre as testemunhas que depuseram constavam muitas das principais figuras do caso, como Ernest Burkhart e Dick Gregg. Não há menção a depoimento de Burt. No entanto, o agente da companhia de seguros que emitiu a apólice em nome de Henry Roan, cujo beneficiário era Hale, declarou que Burt indicara outro indígena para um esquema envolvendo apólice de seguro.

Mais tarde, entre milhares de páginas de documentos sobre os assassinatos arquivados pelo Bureau of Investigation, encontrei outras duas referências a Burt. A primeira era o relatório de um agente sobre uma conversa que tivera com um informante de confiança, segundo o qual Burt e Hale eram "muito chegados".[4] Mais ainda: o informante disse que Burt e Hale haviam "dividido o butim"[5] — o dinheiro obtido com Bigheart. Não ficava claro o montante da quantia, mas a agência observou que, depois da morte de Bigheart, Hale ganhou uma reivindicação da propriedade deste no valor de 6 mil dólares, apresentando uma nota de crédito falsificada. Talvez "o butim" incluísse também os 10 mil dólares que Burt tentara roubar.

Contudo, ao contrário das valiosíssimas concessões que foram a causa do assassinato dos parentes de Mollie — ou dos 25 mil dólares da apólice de seguro de Henry Roan —, nenhum desses montantes, sobretudo se repartidos, justificaria um assassinato. Isso pode explicar por que o Departamento de Justiça nunca indiciou Hale pelo assassinato de Bigheart nem avançou nas acusações contra Burt. Mesmo assim, era evidente que White e seus agentes nutriam profundas suspeitas sobre Burt. Num segundo relatório que encontrei nos arquivos do Bureau, os investigadores referem-se a ele como "assassino".[6]

Voltei ao arquivo ao longo de vários dias, na tentativa de encontrar uma justificativa financeira para o assassinato de Bigheart. Procurei entre os testamentos algo que me dissesse quem se beneficiaria com a morte dele. Martha me enviou um e-mail: "Como sempre dizia meu velho, 'Siga o dinheiro'". Não havia indícios de que Hale, Burt ou outro branco tivessem herdado a fortuna de Bigheart, que ficou com sua mulher e a filha. Mas a filha tinha um curador, que controlava seu dinheiro. Pesquisei os documentos do espólio até encontrar o nome dele: H. G. Burt.

Meu coração começou a bater mais rápido enquanto eu repassava os fatos. Já sabia que Burt fora muito próximo de Hale e que se envolvera na exploração sistemática dos osages. Sabia que Burt tivera acesso à fortuna de Bigheart tornando-se curador da filha dele. Sabia também, pela consulta a documentos oficiais, que Burt fora o curador de diversos osages, entre os quais um índio que já estava morto. Sabia também que Burt estivera com Bigheart mais ou menos na época em que ele sucumbiu ao suposto envenenamento — um agente local da lei notara que Burt e Hale visitaram Bigheart pouco antes de sua morte. E já sabia que o Bureau considerava Burt um assassino.

Havia outros indícios que implicavam Burt nos crimes. Autos judiciais mostravam, por exemplo, que ele, embora apregoasse ser amigo íntimo de Vaughan, lhe roubara o dinheiro que deveria receber de Bigheart. Talvez Vaughan, cego para as maquinações do amigo, tivesse mencionado a investigação que fazia e revelara onde estavam escondidos o dinheiro e as provas. E, ao visitar Bigheart em seu leito de morte, talvez tivesse sabido que, além de Hale, Burt participava da conspiração criminosa.

A teoria do envolvimento de Burt no assassinato de Bigheart e de Vaughan, no entanto, ainda se baseava em provas circunstanciais. Eu não sabia quem estava com Vaughan quando ele foi jogado do trem. Foi então que, pesquisando em antigos jornais, encontrei uma matéria no *Pawhuska Daily Capital* sobre o funeral de Vaughan. A certa altura do relato, a matéria menciona que Burt também tinha embarcado em Oklahoma City e estava no trem quando Vaughan desapareceu de sua cabine. Segundo outra matéria do jornal, foi Burt quem anunciou o desaparecimento de Vaughan.

Antes de deixar os Arquivos Nacionais de Fort Worth, encontrei uma pasta com o relato de uma entrevista com um informante do Bureau. O homem fora próximo de Hale e apresentara provas decisivas contra ele nos outros casos de assassinato. Perguntaram-lhe se tinha alguma informação a respeito da morte de Vaughan.

"Sim, tenho. Acho que foi Herb Burt."[7]

Eu estava bem consciente da injustiça que é acusar um homem de crimes abomináveis quando ele não pode se defender. E quando liguei para Martha Vaughan e falei do que tinha encontrado, destaquei as limitações daquilo que podíamos dar como certo. Entrei nos detalhes dos dados que reunira. Cheguei a mencionar que numa biblioteca do Novo México eu havia encontrado anotações de uma entrevista inédita com o oficial de justiça de Fairfax que investigava os crimes contra osages. Ele dizia que Burt estava envolvido no assassinato de Vaughan e que o prefeito de uma das cidades osages — um valentão local — o ajudara a jogar Vaughan para fora do trem. O oficial de justiça disse também que durante a investigação sobre os assassinatos dos osages, em 1925, Burt ficou tão assustado que pensou em fugir. Com efeito, ele se mudou para o Kansas no mesmo ano. Quando terminei meu relato, Martha fez silêncio. Depois soluçou baixinho.

"Desculpe", eu disse.

"Não, é um alívio. Isso foi um peso para minha família durante tempo demais."

Enquanto pesquisava os crimes, muitas vezes senti que perseguia a história e que ela me escapava. Não muito tempo depois de conversar com Martha, soube que ela morreu devido a problemas cardíacos. Tinha apenas 65 anos. Melville, inconsolável, disse-me: "Perdemos mais um elo com o passado".

24. Em dois mundos

Numa noite de maio de 2013, o Constantine Theater, em Pawhuska, exibiu o vídeo de uma apresentação do balé *Wahzhazhe*. Os osages eram muito ligados ao mundo da dança clássica, e dentre eles saíram duas grandes bailarinas, as irmãs Maria e Marjorie Tallchief. Maria, considerada a precursora das maiores primeiras-bailarinas dos Estados Unidos, nasceu em Fairfax em 1925. Em sua autobiografia, ela lembra a riqueza do petróleo e como lhe parecia que seu pai era o dono da cidade: "Ele tinha propriedades por toda parte. O teatro local, na Main Street, e o salão de bilhar em frente eram dele. Nossa casa de dez cômodos, de tijolos de terracota, ficava numa colina debruçada sobre toda a reserva".[1] Lembra também que "uma bomba tinha explodido numa casa próxima e que todos os que estavam lá foram mortos por causa de suas concessões".[2]

Wahzhazhe narra a história completa dos osages, inclusive o período do Reinado do Terror. "Wahzhazhe" é uma grafia alternativa de "osage". Eu estava ansioso para assistir ao balé, ainda que em vídeo. Depois de comprar o ingresso, eu me encaminhei para o teatro de Pawhuska, onde um dia Mollie e Ernest Burkhart ocuparam poltronas de veludo e onde os barões do petróleo se reuniam para os leilões quando o tempo estava ruim. No começo da década de 1980, o teatro quase foi demolido, mas um grupo de cidadãos se prontificou a restaurá-lo, eliminando as teias de aranha e as pragas, polindo as placas de bronze da entrada e removendo as camadas de sujeira do piso do saguão, onde a limpeza revelou um mosaico em forma de estrela.

A plateia estava lotada. Procurei meu assento quando a luz já diminuía. O filme começou e, em sua abertura, uma declaração dizia:

> Nos primeiros diários de missionários, os osages eram muitas vezes referidos como "o povo mais feliz do mundo" […]. Eles tinham uma sensação de liberdade porque nada lhes pertencia e eles não pertenciam a nada. Mas a Nação Osage estava no meio do caminho dos propósitos econômicos dos europeus […] e a vida tal como eles outrora a conheceram nunca mais seria a mesma.

E continuava:

> Hoje, nosso coração está dividido entre dois mundos. Somos fortes e corajosos, aprendendo a andar nesses dois mundos, apegados aos laços de nossa cultura e nossas tradições, mesmo vivendo numa sociedade predominantemente não índia. Nossa história, nossa cultura, nosso coração e nosso lar sempre estarão nos levando para as planícies, cantando à luz da manhã e movendo os pés ao som do tambor que bate sem parar, como um coração. Vivemos em dois mundos.

O balé evocava com muita força o choque entre esses dois mundos. Mostrava os osages no tempo em que vagavam pelas planí-

O tribunal onde Ernest Burkhart foi julgado, em Pawhuska.

cies, o primeiro encontro com exploradores e missionários europeus, e a corrida do ouro negro. Em certo momento, as bailarinas apareciam vestidas de melindrosas, girando loucamente ao som do jazz. De repente, eram interrompidas pelo barulho de uma explosão. A música e a dança tornavam-se lúgubres e uma sucessão de danças funéreas evocava o Reinado do Terror. Um dos dançarinos, representando Hale, usava uma máscara para esconder o rosto perverso.

Uma cena posterior evocava a contribuição dos osages para o esforço militar dos Estados Unidos: Clarence Leonard Tinker, membro da tribo, foi o primeiro americano nativo a conquistar a

patente de general. Seu avião desapareceu no mar durante a Segunda Guerra Mundial. Para minha surpresa, apareceu na tela uma pessoa conhecida. Era Margie Burkhart, que desempenhou um breve papel não dançante no balé como mãe de um dos soldados que partiam para a guerra. Ela se deslocava com graça pelo palco, com um xale em torno dos ombros, lembrando a maneira como Mollie costumava portar sua manta indígena.

No final do espetáculo, as pessoas saíam vagarosamente. Não vi Margie, porém mais tarde ela me diria que, durante a sequência do Reinado do Terror, sentiu "um soco no estômago". "Não esperava que aquilo me afetasse tanto", ela disse, "mas aconteceu. Foi muita emoção." Na plateia, encontrei a diretora do museu, Kathryn Red Corn. Ela perguntou sobre minha pesquisa. Mencionei o provável envolvimento de H. G. Burt — uma pessoa que nunca tinha sido ligada publicamente aos assassinatos — e ela não se mostrou surpresa. Disse-me para procurá-la no museu na manhã seguinte.

Ao chegar à sala de Red Corn, encontrei-a sentada à escrivaninha. "Espia isto", ela disse, me entregando a cópia de uma carta amarelada, com data de 27 de novembro de 1931. A escrita era caprichada. "Veja a assinatura", disse. O nome era "W. K. Hale".

Ela contou que Hale enviara a carta da prisão para um membro da tribo, e um descendente seu doara o documento ao museu havia pouco tempo. Ao ler, chocou-me o tom animado do texto. Hale dizia: "Estou com saúde perfeita, pesando 85 quilos. Não tenho cabelos brancos".[3] Quando saísse da cadeia, dizia, esperava voltar à reserva. "Prefiro Gray Horse a qualquer lugar do mundo." E confirmava: "Serei sempre o amigo leal dos osages".

Red Corn balançou a cabeça. "Você consegue acreditar nisso?"

Supus que ela tivesse me convidado para ir ao museu com o propósito de me mostrar a carta, mas logo descobri que havia outro motivo. "Acho que é uma boa hora para lhe contar a história de meu avô." Explicou que, depois de se divorciar de sua avó, ele se casou com uma branca e, em 1931, começou a desconfiar que estava sendo envenenado — pela segunda mulher. Quando recebeu a visita de parentes, parecia assustado. Disse a eles: "Não comam nem bebam nada nesta casa". Não muito tempo depois, o homem caiu morto. Tinha 46 anos. "Até aquele momento, ele estava com boa saúde. Não havia nada de errado com ele. Sua mulher ficou com grande parte do dinheiro." A família estava convencida de que ele fora envenenado, mas nenhuma investigação foi feita. "Naquela época, todo mundo acobertava essas coisas. Os agentes funerários. Os médicos. A polícia."

Red Corn não sabia nada além desses detalhes fragmentários, confiados a ela por parentes, e esperava que eu pudesse investigar a morte de seu avô. Depois de uma longa pausa, ela disse: "Houve muito mais crimes durante o Reinado do Terror do que aqueles que as pessoas conhecem. *Muitos* mais".

Durante os anos que pesquisei os assassinatos de osages, transformei meu pequeno escritório em Nova York num depósito lúgubre. O piso e as prateleiras tinham pilhas de documentos do FBI, relatórios de autópsias, testamentos, fotos de cenas de crime, transcrições de julgamentos, análises de documentos falsos, impressões digitais, análises balísticas e de explosivos, documentos bancários, declarações de testemunhas, confissões, anotações interceptadas em prisões, depoimentos de jurados de instrução, anotações de detetives particulares, fotos de prontuários policiais. Sempre que conseguia um novo documento, como a cópia da carta de Hale, etiquetava-o e o depositava sobre uma das pilhas (minha lamentável versão do sistema de arquivo de Hoover). Apesar do caráter sombrio do material, cada descoberta me dava esperança de preencher as lacunas da crônica histórica — os espaços em que aparentemente não existiam testemunhos ou vozes registradas, mas somente o silêncio da sepultura.

O caso do avô de Red Corn era um desses vazios. Como não houve investigação e todos os principais personagens estavam mortos, não consegui achar nenhuma pista. Era como se praticamente todos os vestígios da vida e da morte de seu avô — paixões, turbulências e, talvez, violência brutal — tivessem sido apagados.

A conversa com Red Corn, no entanto, me levou a fazer sondagens mais profundas sobre aquele que talvez seja o mais enigmático dos casos de assassinato de osages — o de Charles

Foto da cena do crime que vitimou Blackie Thompson, morto a tiros em 1934 depois de fugir da prisão.

Whitehorn. O crime, que tinha todas as marcas de um fato orquestrado por Hale, ocorreu em maio de 1921— mesmo mês do assassinato de Anna Brown, período que foi considerado o princípio dos quatro anos do Reinado do Terror. Contudo, nenhuma prova apareceu que implicasse Hale ou seus comparsas no assassinato de Whitehorn.

Embora nunca tenha sido resolvido, de início o crime foi alvo da atenção dos investigadores, e ao retornar a Nova York consegui reunir material relacionado a ele. Numa das minhas pilhas instáveis, encontrei os diários dos detetives contratados pelos administradores da propriedade de Whitehorn. Os relatórios parecem extraídos de um romance policial barato, com trechos como: "Essa dica vem de fonte confiável".[4]

Ao ler os documentos, anotei alguns detalhes essenciais:

Whitehorn foi visto vivo pela última vez em Pawhuska, em 14 de maio de 1921. Testemunha viu-o por volta das oito da noite diante do Constantine Theater.

Corpo descoberto duas semanas depois — numa montanha a 1,5 quilômetro do centro de Pawhuska.

Segundo o agente funerário, "a posição do corpo indica que ele caiu naquela posição e não foi levado para lá".

Arma: um revólver calibre .32. Dois tiros entre os olhos. Uma execução profissional?

Os relatórios mostravam que o advogado Vaughan estava ansioso para ajudar os detetives particulares. "Vaughan, que é bem relacionado com os índios, declarou que seu real interesse no caso era [...] ter a parte culpada indiciada",[5] escreveu um deles. Nem os detetives nem Vaughan dão algum indício de que ele próprio acabaria se tornando um alvo — que em dois anos ele também seria assassinado —, e eu mesmo me peguei instigando-os a enxergar o que eles não podiam ver.

Comstock — o advogado e curador que, a despeito das suspeitas iniciais de Hoover, se mostrou digno de confiança — também tinha tentado ajudar na investigação dos crimes. "O sr. Comstock recebeu alguma informação",[6] escreveu um detetive particular, observando que o advogado soubera que em 14 de maio um homem não identificado fora visto assuntando a colina onde o corpo de Whitehorn seria encontrado.

Como esse caso foi dado oficialmente como não resolvido, eu esperava que todas as pistas estivessem desaparecidas no pântano de informações. Na verdade, os documentos mostravam tudo. Baseados em pistas dadas por informantes e em indícios circunstanciais, os detetives particulares começaram a montar uma teoria cristalina do crime. Depois da morte de Whitehorn, sua viúva, Hattie, meio branca, meio cheyenne, casou com um branco inescrupuloso chamado LeRoy Smitherman. O casamento fora arranjado por Minnie Savage — dona de uma pensão em Pawhuska, mulher "astuta, imoral, competente",[7] no dizer de um investigador. Os detetives desconfiavam que ela e Smitherman, além de outros conspiradores, tivessem armado o assassinato de Whitehorn para roubar sua concessão e sua fortuna. Com o tempo, muitos dos investigadores passaram a crer que Hattie Whitehorn, que gastou parte do dinheiro do marido logo após a morte dele, também era cúmplice. Segundo um informante, não havia dúvida de que a viúva tinha sido uma "destacada articuladora do assassinato de Charley Whitehorn".[8]

Um agente secreto se hospedou na pensão de Savage. "Ele podia ouvir o que se dizia ao telefone",[9] escreveu outro detetive, acrescentando que "o homem [o agente disfarçado] vai agir certo, acho, mas precisará de alguma orientação". A essa altura, a irmã de Savage havia se tornado uma rica fonte de informação para os investigadores. Ela contou ter visto o que poderia ser a arma do crime: "Minnie estava fazendo a cama, a arma estava debaixo do travesseiro e Minnie a pegou […]. Era uma arma grande de cor escura".[10] Apesar de tudo, os detetives particulares não conseguiram indícios suficientes para incriminar nenhum dos suspeitos. Ou talvez tivessem sido subornados.

Quando os primeiros agentes federais começaram a estudar o caso, em 1923, também concluíram que Savage, Smitherman e Hattie eram responsáveis pelo crime. "Pelos indícios reunidos até agora", escreveu um agente, "Hattie Whitehorn fez com que ele fosse assassinado para tomar posse de sua propriedade."[11] A viúva negou envolvimento com o crime, mas disse a um agente: "Sou tão esperta quanto você. Fui advertida a seu respeito".[12] E acrescentou: "Você está tentando ganhar minha confiança, e, se eu lhe contar, você me manda para a cadeira elétrica".

O caso tinha dado voltas intrigantes. O novo marido de Hattie, Smitherman, fugiu para o México levando o carro dela e um naco de sua fortuna. Depois disso, um sujeito chamado J. J. Faulkner — que, segundo um agente, era "um facínora hipócrita e sem princípios"[13] — insinuou-se na vida de Hattie, evidentemente chantageando-a com informações que ela mesma dera sobre seu papel no assassinato. (Uma das irmãs de Hattie gritou com Faulkner, dizendo que ele era um safado e devia parar de extorquir Hattie; Faulkner revidou dizendo que sabia tudo sobre Hattie e o crime, e que seria melhor ter cuidado com o modo como falavam com ele.) Num de seus relatórios, o agente Burger e um colega afirmam: "Somos levados a crer que Faulkner obteve algum tipo de confissão de Hattie, e usa isso para obrigá-la a fazer o que lhe convém, ameaçando-a de ser descoberta e denunciada, e que seu objetivo é ter controle sobre sua [...] propriedade quando ela morrer e tirar dinheiro dela enquanto viver".[14]

Pouco tempo depois, Hattie contraiu uma doença incurável. Os agentes perceberam que ela "podia morrer a qualquer momento".[15] É notável que nenhum deles tivesse manifestado suspeitas sobre a natureza da doença, mesmo depois do envenenamento de tantas vítimas. Faulkner tinha uma mulher, e ela contou aos agentes que ele "se recusava a permitir que Hattie fosse mandada a um hospital[16] [...] para mantê-la sob sua influência".[17] Segundo as irmãs de Hattie, Faulkner começou a roubar dinheiro de Hattie quando ela estava "sob o efeito de narcóticos".

As irmãs acabaram conseguindo internar Hattie num hospital. Os agentes, acreditando que ela estivesse à beira da morte, tentaram convencê-la a confessar. Num relatório, afirmam que ela admitira diante de Comstock que "efetivamente sabe dos fatos[18] e nunca tinha revelado o que sabe" e que "eles" — supostamente Minnie Savage e outros conspiradores — a tinham despachado na época em que Whitehorn foi assassinado. E nunca revelou mais nada. Compreensivelmente, ela se recuperou da doença misteriosa depois de ser afastada das garras de Faulkner.

    Na ocasião em que Tom White apareceu para iniciar sua investigação, em 1925, o Bureau tinha praticamente abandonado o caso Whitehorn. O agente Burger escreveu, com pouco-caso, que se tratava de "um crime isolado",[19] sem ligação com os assassinatos sistemáticos. O episódio não se encaixava na dramática teoria dos federais sobre os assassinatos: que um único cérebro era responsável por todos os crimes e, com a captura de Hale e seus comparsas, o caso dos osages estava encerrado. Contudo, em retrospecto, o fato de Hale não ter relação aparente com o assassinato de Whitehorn era exatamente o motivo pelo qual o crime se tornava tão importante. Da mesma forma como sucedera com a morte suspeita do avô de Red Corn, a conspiração contra Whitehorn — e o complô fracassado contra a viúva — deixava à mostra a história secreta do Reinado do Terror: a maldade de Hale não era uma anomalia.

25. O manuscrito perdido

"Você precisa ir lá e ver o que está acontecendo", alertou Kathryn Red Corn quando visitei novamente a Nação Osage, em junho de 2015. Assim, seguindo as instruções dela, fui a Pawhuska e dali para o oeste, atravessando a pradaria, passando pelo mato alto, até avistar o que ela descrevera com vivacidade: dezenas de torres apontando para o céu. Cada uma tinha 130 metros de altura, o equivalente a um edifício de quarenta andares, e três pás que zumbiam. Uma única pá era longa como a asa de um avião de carreira. As torres faziam parte de um parque eólico que ocupava mais de 3 mil hectares e chegaria a produzir eletricidade para 45 mil casas em Oklahoma.

Mais de cem anos depois da descoberta de petróleo em território osage, uma nova fonte revolucionária de energia estava transformando a região. Os osages a viam como uma ameaça a sua reserva subterrânea. "Você viu?", perguntou Red Corn sobre as turbinas, quando voltei. "Essa empresa chegou e ergueu as torres sem nossa permissão." O governo federal, em nome da Nação Osage, abriu um processo contra a Enel, conglomerado italiano de energia e dono do parque eólico. Citando os termos da Lei de Loteamento de 1906, o processo alegava que, como a empresa tinha escavado calcário e outros minerais ao construir as fundações para as turbinas, precisava da aprovação dos osages para dar prosseguimento à operação. Caso contrário, estaria violando a soberania dos indígenas sobre a reserva subterrânea. A Enel insistiu que não se tratava de mineração, e portanto não precisava da cessão dos osages. "Não alteramos a propriedade mineral",[1] declarou à imprensa um representante do projeto.

Em 10 de julho de 2015, ao amanhecer, um chefe e duas dezenas de membros da Nação Osage reuniram-se sob as torres eólicas para cultuar Wah'Kon-Tah. Quando o primeiro raio de sol surgiu dentre a névoa fina azulada e fez reluzir as pás, um líder pregava que os osages eram "um povo humilde, pedindo sua ajuda".

Não muito tempo depois, um tribunal deu ganho de causa à Enel, dizendo que, embora a interpretação dada pelo governo à Lei de Loteamento sem dúvida beneficiasse os osages, os "réus

O parque eólico construído sobre a reserva subterrânea dos osages.

não comercializaram[2] nem venderam minérios, nem se envolveram de algum modo em exploração mineral. Assim, não é obrigatória a concessão de licença". Já estava sendo projetado um segundo parque eólico no condado.

A nova regulamentação ambiental oficial quanto à perfuração de poços de petróleo teve consequências ainda mais profundas sobre a reserva subterrânea dos osages. O cumprimento desses novos regulamentos, em vigência desde 2014, implicava altos custos e, portanto, os empresários do petróleo praticamente não abriram novos poços, que só produziriam lucros marginais. Um produtor disse a um repórter que "pela primeira vez em cem anos[3] não há perfurações no condado de Osage".

Continuei investigando os assassinatos, mas os arquivos escasseavam. Então, um dia, na biblioteca pública de Pawhuska, vi, enfiado entre vários volumes sobre a história dos osages, um manuscrito impresso de um computador e encadernado em espiral, intitulado "O assassinato de Mary DeNoya-Bellieu-Lewis". Segundo uma nota introdutória, datada de janeiro de 1998, o manuscrito fora compilado por Anna Marie Jefferson, sobrinha-trineta de Mary Lewis. "Foi minha bisavó quem me contou a história de Mary", dizia a autora. "Ouvi-a pela primeira vez por volta de 1975." Ela começou a reunir informações junto a parentes, pesquisou recortes de jornais e outros documentos — uma tarefa que se estendeu por duas décadas. Deve ter deixado uma cópia na biblioteca, decidida a fazer com que o caso não caísse no abismo da história.

Comecei a ler. Mary Lewis, da tribo dos osages, nascida em 1861, fora contemplada com um lote. "Com o dinheiro ela podia desfrutar de uma vida próspera", escreveu Jefferson. Lewis casou e se divorciou duas vezes, e em 1918, já entrada nos cinquenta anos, adotou uma menina de dez anos. Naquele verão, Mary Lewis viajou com a filha para Liberty, Texas, uma cidadezinha a cerca de sessenta quilômetros de Houston, à margem do rio Trinity. Estava acompanhada de dois homens brancos: Thomas Middleton, seu amigo, e um companheiro dele. Com o dinheiro de Lewis, compraram uma casa flutuante e se alojaram no rio. Então, em 18 de agosto, ela desapareceu. Depois que as investigações das autoridades deram em nada — "Eles nunca fizeram coisa alguma", disse um dos parentes de Lewis —, sua família contratou um detetive particular. O sujeito descobriu que, depois do desaparecimento de Lewis, Middleton tentou passar por seu filho adotivo para sacar diversos cheques assinados por ela. Em janeiro de 1919, a polícia deteve a ele e a seu companheiro, e o detetive os interrogou. Disse a Middleton que seria "cem vezes melhor encontrar a velha senhora viva e não morta", acrescentando: "Se puder dar alguma informação que ajude a localizá-la, vai ser melhor para você".

Middleton insistiu que não sabia do paradeiro dela. "Não tenho nem um pouco de medo", afirmou.

Ele e o amigo nada disseram. Mas duas testemunhas revelaram que, no dia em que Mary Lewis desapareceu, elas haviam visto, a poucos quilômetros da casa flutuante, um carro seguindo na direção de um pântano infestado de cobras. Em 18 de janeiro de 1919, investigadores com as calças arregaçadas começaram a esquadrinhar a densa vegetação. Um repórter disse que um dos agentes da lei tinha "acabado de entrar na água do brejo[4] quando sentiu que seus pés estavam presos. Remexeu o fundo para soltá-los e retirou um grosso chumaço de cabelo de mulher". Ossos das pernas foram dragados a seguir. Depois saiu um tronco e um crânio, que parecia ter sido golpeado com um objeto metálico pesado. "Achado macabro encerra a procura de Mary Lewis",[5] dizia a manchete de um jornal local.

O companheiro de Middleton confessou ter golpeado a cabeça de Lewis com um martelo. A trama foi concebida por Middleton: depois que a mulher foi morta, o plano era usar uma comparsa do sexo feminino para se passar por ela e receber os pagamentos pela concessão. (Essa estratégia não era rara — falsos herdeiros eram um problema comum. Depois da morte de Bill Smith na explosão de sua casa, o governo chegou a desconfiar que um parente que alegava ser seu herdeiro fosse um impostor.)

Em 1919, Middleton foi condenado por assassinato e sentenciado à morte. "Era consenso para a família de Mary que eles estavam livres daquela provação", escreveu Anna Marie Jefferson. "No entanto, o sentimento de satisfação seria seguido de desânimo e raiva." A sentença de Middleton foi comutada em prisão perpétua. Então, depois de cumprir apenas seis anos e meio, ele foi perdoado pelo governador do Texas. Middleton tinha uma namorada, e a família acreditava que ela subornara as autoridades. "O assassino recebeu apenas um tapa na mão", escreveu Jefferson.

Depois de ler o manuscrito sobre o assassinato, eu só pensava num detalhe: Mary Lewis havia sido morta por causa de sua concessão em 1918. Segundo a maior parte dos relatos históricos, o Reinado do Terror se estendeu da primavera de 1921, quando Hale mandou matar Anna Brown, a janeiro de 1926, quando ele foi preso. Assim, o assassinato de Mary Lewis mostrava que as mortes por causa das concessões haviam começado pelo menos três anos antes do que se admitia, e, se o avô de Red Corn foi envenenado em 1931, os assassinatos continuaram até bem depois da prisão de Hale. Esses casos evidenciam que os assassinatos de osages por causa de suas concessões não resultaram de uma única conspiração orquestrada por Hale. Ele pode ter comandado a maior e mais sangrenta série de mortes, mas houve inúmeros outros assassinatos — que não foram incluídos nas estatísticas oficiais e, ao contrário dos casos de Mary Lewis ou dos parentes de Mollie Burkhart, nunca foram investigados ou classificados como homicídios.

26. A voz do sangue

Voltei aos arquivos de Fort Worth e retomei a pesquisa das infindáveis caixas e arquivos empoeirados. O arquivista me entregava um lote de caixas num carrinho para a pequena sala de leitura e levava embora o lote anterior. Eu tinha a esperança ilusória de encontrar alguma pedra da Roseta que revelasse segredos do passado. O conteúdo, em sua maior parte, era seco e objetivo — despesas, documentos censitários, arrendamento de lotes com petróleo.

Numa das caixas havia um livro de registros em frangalhos, com capa de pano, do Escritório de Assuntos Indígenas, no qual estavam relacionados os nomes dos curadores de osages durante o Reinado do Terror. Escrito à mão, o livro incluía o nome de cada curador e, logo abaixo, uma lista de seus curatelados osages. Quando um índio morria sob curatela, uma única palavra era rabiscada junto a seu nome: "Morto".

Procurei o nome de H. G. Burt, suspeito do assassinato de W. W. Vaughan. O livro mostrava que ele era curador da filha de George Bigheart e de outros quatro osages. Ao lado do nome de um desses curatelados, aparecia a palavra "Morto". Procurei então o nome de Scott Mathis, dono da Big Hill Trading Company. Segundo o livro, ele tinha sido curador de nove osages, entre eles Anna Brown e sua mãe, Lizzie. A lista mostrava que um terceiro índio osage morrera sob curatela de Mathis, depois um quarto, um quinto e um sexto. Dos nove curatelados da lista, sete tinham morrido. E pelo menos duas dessas mortes foram sabidamente criminosas.

Comecei a procurar outros curadores de osages daquela época. Um deles tinha onze curatelados, dos quais oito haviam morrido. Outro tinha treze curatelados, dos quais mais da metade era dada como morta. Um dos curadores tinha cinco curatelados, e todos morreram. E assim por diante. Os números eram estarrecedores e desafiavam claramente a taxa de mortes por causas naturais. Como a maior parte dos casos nunca fora investigada, seria impossível determinar precisamente quantas dessas mortes eram suspeitas, para não falar dos possíveis responsáveis pelo jogo sujo.

No entanto, havia fortes indícios de que se tratasse de assassinatos generalizados. Nos documentos do FBI, encontrei uma menção a Anna Sanford, um dos nomes que eu vira com a palavra "morta" escrita ao lado. Embora o caso nunca tenha sido classificado como homicídio, ficava claro que os agentes haviam suspeitado de envenenamento.

Nos registros oficiais, outra curatelada osage, Hlu-ah-to-me, foi dada como morta em decorrência de tuberculose. Contudo, entre os arquivos havia um telegrama enviado por um informante ao procurador-geral dos Estados Unidos dizendo que o curador de Hlu-ah-to-me havia negado tratamento à curatelada e se recusava a enviá-la a um hospital no Sudoeste. Ele estava ciente de que o hospital "era o único lugar onde ela poderia sobreviver, e que se ficasse em Gray Horse morreria",[1] observou o informante, acrescentando que depois da morte da índia o curador se tornou administrador de sua valiosa propriedade.

Em outro caso, a morte de um osage chamado Eves Tall Chief em 1926 foi atribuída ao álcool. Mas na época testemunhas disseram que ele nunca bebia e que tinha sido envenenado. "Membros da família do morto estavam assustados",[2] dizia um artigo de 1926.

Mesmo quando um osage era dado como vivo, podia ter sido visado. A osage Mary Elkins era considerada o membro mais rico da tribo por ter herdado umas sete concessões. Em maio de 1923, aos 21 anos, ela se casou com um boxeador branco medíocre. Segundo o relatório de um funcionário do Escritório de Assuntos Indígenas, seu marido a trancava em casa, surrava-a e lhe dava "drogas, opiáceos e álcool[3] na tentativa de apressar sua morte e reivindicar sua vultosa herança". O funcionário intercedeu e ela sobreviveu. Uma investigação descobriu que o boxeador não agira sozinho, mas fazia parte de uma conspiração orquestrada por um grupo de cidadãos locais. Embora o funcionário do Escritório de Assuntos Indígenas tenha pressionado em favor do indiciamento deles, ninguém foi acusado e a identidade daqueles cidadãos jamais foi revelada.

Houve também o caso de Sybil Bolton, uma osage de Pawhuska que tinha como curador seu padrasto branco. Em 7 de novembro de 1925, Sybil — de quem um repórter local disse ser "uma das moças mais bonitas[4] já criadas na cidade" — foi encontrada morta com uma bala no peito. Sua morte, aos 21 anos, foi denunciada pelo padrasto como suicídio, e o caso foi encerrado sem sequer uma autópsia. Em 1992, um neto dela, Dennis McAuliffe Jr., um dos editores do *Washington Post*, investigou sua morte depois de descobrir numerosas contradições e mentiras na versão oficial. Como detalhou no livro *The Deaths of Sybil Bolton* [As mortes de Sybil Bolton], publicado em 1994, grande parte do dinheiro proveniente de sua concessão foi roubado, e há indícios de que ela tenha sido assassinada no gramado de casa, ao lado da filha de dezesseis meses — a mãe de McAuliffe. Segundo o livro, o padrasto de Sybil também tinha a curatela de quatro outros osages. Todos eles morreram.

Embora o Bureau calculasse em 24 o número de osages assassinados, o número real é sem dúvida maior. A agência encerrou as investigações depois de pegar Hale e seus comparsas. Mas pelo menos alguns agentes sabiam de muitos outros homicídios que permaneceram sistematicamente em segredo, escapando a suas iniciativas de detecção. Um investigador revelou um dos métodos de ação empregados pelos assassinos:

> Em relação[5] às misteriosas mortes de grande número de índios, os autores do crime embebedavam a vítima, faziam com que fosse examinada por um médico, que a declarava embriagada, e depois lhe aplicava uma injeção subcutânea de morfina; após a saída do médico, os [assassinos] injetavam uma enorme quantidade de morfina na axila do índio embriagado, o que resultava em sua morte. O atestado de óbito dado pelo médico registraria "morte por envenenamento alcoólico".

Outros observadores no condado de Osage perceberam que as mortes suspeitas eram normal e falsamente atribuídas a "consumpção", "doença debilitante" ou "causas desconhecidas". Estudiosos e investigadores que desde então analisaram os crimes acreditam que o número total de mortes se conte às dezenas, se não às centenas. Para ter uma noção mais exata do extermínio, McAuliffe examinou a Lista de Índios Osages Autênticos, que cita a morte de muitos dos membros da tribo contemplados com uma concessão. Ele escreve:

> Durante os dezesseis anos[6] transcorridos entre 1907 e 1923, 605 osages morreram, numa média de 38 por ano, o que dá uma taxa

anual de cerca de dezenove por mil. A taxa anual de mortalidade atualmente é de 8,5 por mil; na década de 1920, quando os métodos de contagem não eram tão exatos e as estatísticas se dividiam em categorias raciais, a média era de doze por mil para os brancos. Com toda probabilidade, ao elevado nível de vida dos osages devia corresponder uma taxa de mortes menor que a dos americanos brancos. No entanto, os osages estavam morrendo a uma taxa 1,5 vez maior que a média nacional — e esses números não incluem osages nascidos depois de 1907 e não integrantes da lista.

Louis F. Burns, o eminente historiador dos osages, observou que "não conheço uma só família osage[7] que não tenha perdido pelo menos um dos seus por causa das concessões". E pelo menos um detetive da agência, que saiu do caso antes da chegada de White, tinha percebido a existência de uma cultura do assassinato. Segundo a transcrição de uma entrevista com um informante, o agente disse: "Há muitos desses casos de assassinato.[8] São centenas e centenas".

Mesmo os casos conhecidos tinham suas dimensões secretas. Numa de minhas últimas visitas à reserva, em junho de 2015, fui ao Tribunal da Nação Osage, por meio do qual, em muitos casos de crime, os osages agora aplicam sua própria justiça. Um advogado me disse que o Reinado do Terror "não foi o fim da nossa história", acrescentando: "Nossas famílias foram vítimas dessa conspiração, mas nós não somos vítimas".

Numa das salas do tribunal, conheci Marvin Stepson, osage de seus setenta anos, de expressivas sobrancelhas grisalhas e ar determinado, o principal juiz da corte. Era neto de William Stepson, o campeão de laço morto, ao que se crê, por envenenamento em 1922. As autoridades nunca indiciaram ninguém pelo assassi-

Marvin Stepson, neto de William Stepson, vítima do Reinado do Terror.

nato dele, mas chegaram a crer que Kelsie Morrison — o homem que matou Anna Brown — fosse o responsável. Em 1922, Morrison estava divorciado de sua mulher osage e, depois da morte de Stepson, casou com sua viúva, Tillie, e se tornou curador dos dois filhos dela. Um dos comparsas de Morrison disse ao Bureau que ele admitiu ter matado Stepson para casar com Tillie e assumir o controle de sua fabulosa propriedade.

A morte de Stepson em geral é incluída na lista oficial de assassinatos da época do Reinado do Terror. Mas quando me sentei para conversar com Marvin num dos bancos de madeira do tribunal, ele revelou que o ataque a sua família não se resumiu ao avô. Já casada com Morrison, Tillie começou a suspeitar dele, sobretudo depois que o ouviu falando dos efeitos da estricnina. Ela confiou a seu advogado que queria evitar que Morrison herdasse sua propriedade e também desejava rescindir a curatela dos filhos.

Mas, em julho de 1923, antes de pôr em prática essas mudanças, ela também morreu, supostamente por envenenamento. Morrison roubou grande parte de sua fortuna. Segundo cartas escritas por ele, seu plano era vender uma porção da propriedade de que tinha se apossado para ninguém menos que H. G. Burt, o banqueiro que se supunha envolvido na morte de Vaughan. A morte de Tillie nunca foi investigada, embora Morrison tenha reconhecido ante um de seus comparsas que a matara e sugeriu-lhe que arranjasse uma índia para fazer a mesma coisa. Marvin Stepson, que passou anos pesquisando o que tinha acontecido com seus avós, me disse: "Kelsie matou os dois, deixando meu pai órfão".

E esse não foi o fim do complô. Depois da morte de William Stepson e Tillie, o pai de Marvin, que tinha três anos na época, tornou-se o alvo seguinte, juntamente com sua meia-irmã de nove. Em 1926, Morrison, cumprindo pena pela morte de Anna Brown, mandou um bilhete para Hale, que foi interceptado pelos guardas penitenciários. O bilhete, cheio de erros gramaticais, dizia:

> Bill, você sabe que os meninos de Tillie vão ter 200 mil ou 300 mil dólares em poucos anos, e sou o pai adotivo dessas crianças. Assim, terei a posse ou o controle desse dinheiro quando sair. Você sabe que acho que posso levar esses meninos para fora do estado e ninguém vai poder fazer nada [...]. Não podem me prender por sequestro.[9]

Temia-se que Morrison pretendesse matar as duas crianças. Um acadêmico osage certa vez disse: "Dá calafrios andar por um cemitério osage[10] vendo as lápides que mostram o número absurdo de pessoas jovens mortas naquele período".

Marvin Stepson parecia exalar legalidade. Mas, quando soube o que Morrison havia feito com sua família, teve medo de suas reações. "Se Morrison entrasse nesta sala agora, *eu...*", ele disse, com a voz embargada.

* * *

    Nos casos de crimes contra a humanidade em que os criminosos escapam à justiça de seu tempo, é frequente que a história acabe fazendo algum tipo de acerto de contas, documentando os crimes e desmascarando os transgressores. Contudo, muitos dos assassinatos de osages foram tão bem dissimulados que esse desfecho já não é possível. Na maior parte dos casos, falta firmeza às famílias das vítimas. Muitos de seus descendentes encaminham suas próprias investigações, que não levam a nada. Vivem cheios de dúvidas, suspeitando de parentes, velhos amigos da família, curadores — alguns dos quais devem ser culpados, e outros, inocentes.

    Quando Dennis McAuliffe Jr. investigou o assassinato de sua avó, suspeitou de seu avô, Harry, que era branco. Harry já estava morto, mas sua segunda mulher ainda vivia e disse a McAuliffe: "Você devia ter vergonha[11] de si mesmo, Denny, por estar remexendo em coisas sobre os Bolton. Não consigo entender por que quer fazer uma coisa dessas!". E continuava repetindo: "Harry não fez isso. Ele não teve nada a ver com isso".[12]

    Mais tarde, McAuliffe percebeu que ela provavelmente tinha razão. Acabou acreditando que o responsável era o padrasto de Sybil. Mas não há como ter certeza. "Não descobri quem matou minha avó",[13] escreveu McAuliffe. "Mas meu erro não se deve a mim. Foi porque eles rasgaram demasiadas páginas de nossa história [...]. Houve mentiras demais, documentos destruídos demais, pouco se fez na época para documentar como minha avó morreu." E acrescentou: "Os que sobreviveram a um índio assassinado não têm direito a que se faça justiça por crimes passados, nem mesmo a saber quem matou seus filhos, suas mães e seus pais, irmãos e irmãs, seus avós. Só podem fazer suposições... exatamente como eu fiz".

* * *

Antes de deixar o condado de Osage e voltar para casa, fiz uma visita a Mary Jo Webb, professora aposentada que tinha passado décadas investigando a morte de seu avô durante o Reinado do Terror. Agora, com mais de oitenta anos, ela morava numa casa de madeira em Fairfax, não muito longe de onde ficava a residência dos Smith, vítimas do atentado a bomba. A mulher frágil e de voz trêmula me convidou para entrar e nos sentamos em sua sala. Eu tinha ligado antes para marcar a visita, e enquanto me esperava ela havia levado à sala diversas caixas de documentos — inclusive relatórios de despesas de curadores, papéis de espólio, depoimentos à justiça — sobre o caso de seu avô, Paul Peace. "Ele foi uma das vítimas que não aparecem nos arquivos do FBI e cujos assassinos não acabaram na cadeia", ela disse.

Em dezembro de 1926, Peace desconfiou que sua mulher,

Mary Jo Webb.

branca, o estivesse envenenando. Como os documentos confirmam, ele procurou Comstock, que, segundo Mary Jo, era um dos poucos advogados brancos decentes da época. Peace queria se divorciar e mudar o testamento para deserdar a mulher. Mais tarde, uma testemunha relatou que ele chegou a comentar que a mulher vinha lhe dando "algum tipo de veneno, que ela o estava matando".

Perguntei a Mary Jo Webb de que modo seu avô poderia ter sido envenenado, e ela disse: "Havia aqueles médicos. Eram irmãos. Minha mãe me disse que todo mundo sabia onde as pessoas conseguiam drogas para envenenar os osages".

"Como era o nome deles?", perguntei.

"Shoun."

Eu me lembrava dos Shoun. Foram os médicos que deram por desaparecido o projétil que matou Anna Brown. Os mesmos que de início ocultaram que Bill Smith fizera uma última declaração incriminando Hale e deram um jeito para que um deles fosse designado administrador dos incalculáveis bens de Rita Smith. Os médicos de quem os investigadores suspeitaram que estivessem ministrando veneno a Mollie, em vez de insulina. Muitos dos casos pareciam ligados por uma rede de conspiradores silenciosos. Mathis, dono da Big Hill Trading Company e curador de Anna Brown e de sua mãe, participou do inquérito sobre a morte de Brown, que não conseguiu achar o projétil. Ele também administrava, em nome da família de Mollie, a equipe de detetives particulares que, para todos os efeitos, nunca desvendou nenhum dos casos. Uma testemunha havia dito ao Bureau que, depois do assassinato de Henry Roan, Hale se apressou em afastar um agente funerário e entregar o corpo à agência da Big Hill Trading Company. Os complôs assassinos se apoiavam em médicos que falsificavam atestados de óbito e agentes funerários que sepultavam corpos às pressas e na surdina. O curador de quem McAuliffe suspeitava no caso da morte de sua avó era um destacado advogado

A planície aberta ao norte de Pawhuska.

que trabalhava para a tribo e nunca havia interferido nas redes criminosas que funcionavam debaixo de seu nariz. Nem os banqueiros interferiram, entre eles o suposto assassino Burt, uma vez que tiravam proveito dos "negócios indígenas" criminosos. O prefeito de Fairfax — aliado de Hale, que também serviu de curador — tampouco fez alguma coisa. E nem os inúmeros agentes da lei, promotores e juízes que movimentavam o dinheiro manchado de sangue. Em 1926, o líder osage Bacon Rind disse que "há homens honestos entre os brancos, mas são bastante raros".[14] Garrick Bailey, antropólogo que estudava a cultura osage, disse: "Se Hale dissesse tudo o que sabia, muitos dos principais cidadãos do condado estariam na cadeia". De fato, praticamente todos os elementos da sociedade foram cúmplices do sistema criminoso. É por isso que algum membro dessa sociedade deve ter sido o responsável pelo assassinato de McBride, em Washington: ele ameaçava derrubar não só Hale, mas uma vasta operação criminosa que rendia milhões e milhões de dólares.

Em 23 de fevereiro de 1927, semanas depois de ameaçar deserdar sua esposa, que o estaria envenenando, e se divorciar dela, Paul Peace foi ferido num acidente cujo responsável fugiu e o deixou sangrando na estrada. Mary Jo Webb disse que forças já conhecidas haviam conspirado para encobrir essa morte. "Talvez o senhor possa examinar isso", ela disse. Assenti, mesmo sabendo que, à minha própria maneira, eu estava tão perdido nas brumas quanto estiveram Tom White e Mollie Burkhart.

Mary Jo Webb me acompanhou até o alpendre. Caía a noite, o céu escurecia no horizonte. A cidade e a rua estavam desertas, e, para além delas, também a pradaria. "Esta terra está empapada de sangue", ela disse. Por um momento, Mary Jo Webb ficou em silêncio e pudemos ouvir as folhas dos carvalhos ao vento. Então ela repetiu o que Deus disse a Caim depois que este matou Abel: "A voz do sangue do teu irmão clama a mim desde a terra".

Agradecimentos

Sou grato a todas as pessoas que contribuíram para este projeto, e a ninguém mais que aos osages, que me confiaram suas histórias e me incentivaram a ir mais fundo. Ao longo dos anos, muitos osages não só contribuíram com suas ideias como se tornaram meus amigos. Agradeço especialmente a Margie Burkhart, Kathryn Red Corn, Charles Red Corn, Raymond Red Corn, Joe Conner, Dolores Goodeagle, Dennis McAuliffe, Elise Paschen, Marvin Stepson, Mary Jo Webb e à falecida Jozi Tall Chief.

A odisseia de minha pesquisa levou-me a muitas outras pessoas generosas. A falecida Martha Vaughan e seu primo Melville esclareceram o caso de seu avô, W. W. Vaughan. Os parentes de Tom White — entre eles James M. White, Jean White, John Sheehan White e Tom White III — foram fontes muito preciosas. Assim também a mulher de Tom White III, Styrous, que pesquisou e revelou fotos de arquivo. Alexandra Sands deu detalhes sobre o avô, James Alexander Street, que foi um dos agentes secretos. Frank Parker Sr. enviou-me fotos e documentos referentes a seu pai, Eugene Parker — outro agente. Homer Fincannon e seu irmão, Bill, deram riquíssimas informações sobre seu bisavô A. W. Comstock.

Muitos acadêmicos e especialistas responderam pacientemente a minhas intermináveis perguntas. Garrick Bailey, antropólogo especializado na cultura osage, ultrapassou todos os limites aceitáveis da obrigação e leu o manuscrito todo antes da publicação. Não é responsável por nada do que escrevi, mas o livro ficou infinitamente melhor graças a ele.

John F. Fox, historiador do FBI, foi uma fonte magnífica e de valor incalculável, como também Dee Cordry, antigo agente especial do Oklahoma State Bureau of Investigation, que passou anos pesquisando e escrevendo sobre os agentes da lei no Oeste. Garrett Hartness, Roger Hall Lloyd e Arthur Shoemaker dividiram comigo seus imensos conhecimentos sobre a história do condado de Osage. David A. Ward, professor emérito da Universidade de Minnesota, deu-me a transcrição de sua entrevista com um dos prisioneiros que tomaram Tom White como refém.

Louise Red Corn, editora do *Bigheart Times* e repórter incansável, encontrou fotografias para mim e, com seu marido, Raymond, foi uma anfitriã excelente sempre que visitei o condado de Osage. Joe Conner e sua mulher, Carol, abriram-me sua casa e transformaram-na num lugar central para a realização de entrevistas. Guy Nixon falou-me sobre seus ancestrais osages. E Archie L. Mason, membro do Congresso da Nação Osage, enviou-me uma cópia da espantosa foto panorâmica de William Hale com os osages.

Não há fonte melhor para um autor do que o Centro para Estudiosos e Escritores Dorothy e Lewis B. Cullman, na Biblioteca Pública de Nova York. A bolsa do Cullman me proporcionou um tempo essencial para a pesquisa e a oportunidade de vasculhar os milagrosos arquivos da biblioteca. Todo mundo no centro — Jean Strouse, Marie d'Origny e Paul Delaverdac, assim como os *fellows* — fez com que meu ano de pesquisas fosse produtivo e divertido.

A bolsa também me levou a uma fonte inesperada. Um dia, Kevin Winkler, na época diretor dos sites e serviços da biblioteca, informou-me que sabia dos assassinatos de osages. Por coincidência, ele era neto de Horace Burkhart, irmão de Ernest e Bryan Burkhart. Horace era considerado o irmão bom, porque não estava envolvido em nenhum dos crimes. Winkler me pôs em contato com sua mãe, Jean Crouch, e duas de suas tias, Martha Key e Rubyane Surritte. Elas conheceram Ernest, e Key, que já morreu, conheceu Mollie. As três mulheres conversaram abertamente sobre a história da família e me mostraram um vídeo de Ernest feito pouco antes de sua morte, no qual ele fala de Mollie e de seu passado.

Diversas instituições de pesquisa foram essenciais para este projeto, e tenho uma dívida para com elas e seu pessoal. Gostaria de agradecer especialmente a David S. Ferriero, arquivista dos Estados Unidos, assim como a Greg Bognich, Jake Ersland, Christina Jones, Amy Reytar, Rodney Ross, Barbara Rust e outras pessoas dos Arquivos Nacionais; a todos os do Museu Nacional Osage, entre eles Lou Brock, Paula Farid e a ex-diretora Kathryn Red Corn; a Debbie Neece, do Museu Histórico da Área de Bartlesville; a Mallory Covington, Jennifer Day, Rachel Mosman e Debra Osborne Spindle, da Sociedade Histórica de Oklahoma; a Sara Keckeisen, da Sociedade Histórica do Kansas; a Rebecca Kohl, da Sociedade Histórica de Montana; a Jennifer Chavez, da Biblioteca da Universidade Estadual do Novo México; a Joyce Lyons, Shirley Roberts e Mary K. Warren, do Museu da Sociedade Histórica do Condado de Osage; a Carol Taylor, da Comissão Histórica do Condado de Hunt; a Carol Guilliams, dos Arquivos do Estado de Oklahoma; a Amanda Crowley, do Hall da Fama e Museu do Texas Ranger; a Kera Newby, do Museu Nacional do

Caubói e do Patrimônio do Oeste; e a Kristina Southwell e Jacquelyn D. Reese, das Coleções Históricas do Oeste da Universidade de Oklahoma.

Vários pesquisadores de talento ajudaram a localizar documentos em pontos remotos do país: Rachel Craig, Ralph Elder, Jessica Loudis e Amanda Waldroupe. Nunca serei grato o bastante a Susan Lee, jornalista especialmente talentosa que foi imprescindível para este projeto, me ajudando a desencavar documentos e dedicando horas à checagem de dados.

Aaron Tomlinson fez belas fotos no condado de Osage e foi um ótimo companheiro de viagem. Warren Cohen, Elon Green e David Greenberg, grandes jornalistas e amigos, me ajudaram com bom senso e apoio durante todo o processo. E meu amigo Stephen Metcalf, escritor dos mais perspicazes, nunca se cansou de me ajudar a pensar nos elementos do livro.

Em *The New Yorker*, tive a sorte de conseguir desfrutar das sugestões de pessoas mais brilhantes que eu, como Henry Finder, Dorothy Wickenden, Leo Carey, Virginia Cannon, Ann Goldstein e Mary Norris. Eric Lach foi um incansável checador de dados e deu sugestões editoriais pertinentes. Exigi demais de Burkhard Bilger, Tad Friend, Raffi Khatchadourian, Larissa MacFarquhar, Nick Paumgarten e Elizabeth Pearson-Griffiths. Eles examinaram partes do original, em alguns casos todo ele, e me ajudaram a vê-lo com mais clareza. Daniel Zalewski, mais que ninguém, ensinou-me a escrever e espalhou seu pozinho mágico sobre o original. E David Remnick me defendeu desde o dia em que cheguei à revista, permitindo que eu corresse atrás de minhas paixões e me desenvolvesse como escritor.

Dizer que Kathy Robbins e David Halpern, do Robbins Office, e Matthew Snyder, da CAA, são os melhores agentes do mundo não lhes faz justiça. Eles são muito mais do que isso: aliados, confidentes e amigos.

Como autor, encontrei a casa perfeita na editora Doubleday. Este livro não teria sido possível sem meu brilhante editor e *publisher*, Bill Thomas. Foi ele o primeiro a me incentivar a desenvolver o tema, a guiar-me pelos altos e baixos, e quem editou e publicou este livro com disposição e inteligência. A obra não teria sido possível sem o apoio permanente de Sonny Mehta, presidente do Knopf Doubleday Publishing Group. Tampouco sem a extraordinária equipe da Doubleday, com Todd Doughty, Suzanne Herz, John Fontana, Maria Carella, Lorraine Hyland, Maria Massey, Rose Courteau e Margo Shickmanter.

Minha família tem sido a maior das bênçãos. John e Nina Darnton, meus sogros, leram o original não uma, mas duas vezes, e me incentivaram a ir em frente. Minha irmã, Alison, e meu irmão, Edward, foram sustentáculos inquebrantáveis, da mesma forma que minha mãe, Phyllis, que proporcionou ao original aquele tipo de toque perfeito de que só ela é capaz, e meu pai, Victor, que sempre me estimulou. Só espero que ele esteja bem para ler este livro, agora que ficou pronto.

Por fim, menciono aqueles a quem minha gratidão vai além do que as palavras podem expressar: meus filhos, Zachary e Ella, que encheram minha casa da loucura dos animais, da beleza da música e da alegria de viver, e minha mulher, Kyra, que tem sido minha melhor leitora, minha maior amiga e meu eterno amor.

Sobre as fontes

Este livro se baseia principalmente em fontes primárias e materiais inéditos. Entre eles encontram-se milhares de páginas de arquivo do FBI, depoimentos secretos a grandes júris, transcrições de audiências judiciais, declarações de informantes, diários de detetives particulares, documentos de indulto e liberdade condicional, correspondência privada, um manuscrito inédito de que um dos detetives é coautor, entradas de diários, registros do Conselho Tribal Osage, relatos orais, relatórios de campo do Escritório de Assuntos Indígenas, atas do Congresso, memorandos e telegramas do Departamento de Justiça, fotos de cenas de crimes, testamentos, relatórios de curadores e confissões dos assassinos. Alguns documentos foram obtidos graças à Lei de Liberdade de Informação, enquanto os documentos do FBI redigidos pelo governo me foram entregues, sem censura, por um ex-funcionário da Justiça. Principalmente, diversos papéis particulares vieram diretamente de descendentes dos personagens, entre eles parentes das vítimas do Reinado do Terror. Foram colhidas informações adicionais nas entrevistas com esses parentes.

Recorri também a material de jornais da época e a outros relatos publicados. Na reconstrução da história dos osages, eu estaria perdido sem as obras essenciais de dois escritores osages: o historiador Louis F. Burns e o poeta e prosador John Joseph Mathews. Além disso, me foi de grande valia a pesquisa de Terry Wilson, ex-professor de estudos sobre americanos nativos da Universidade da Califórnia, e Garrick Bailey, destacado antropólogo estudioso dos osages.

Os escritores Dennis McAuliffe, Lawrence Hogan, Dee Cordry e o falecido Fred Grove fizeram suas próprias pesquisas sobre os assassinatos de osages, e seu trabalho foi para mim extremamente útil, assim como a pequena biografia de Verdon R. Adams, *Tom White: The Life of a Lawman* [A vida de um agente da lei]. Finalmente, para os detalhes da história de J. Edgar Hoover e a formação do FBI, recorri a diversos livros excelentes, especialmente *J. Edgar Hoover*, de Curt Gentry; *FBI*, de Sanford Ungar; *Secrecy and Power* [Segredo e poder], de Richard Gid Powers; e *Public Enemies* [Inimigos públicos], de Bryan Burrough.

Nos casos em que me senti particularmente devedor de uma fonte, tentei citá-la também nas notas. Tudo o que aparece entre aspas no texto foi extraído de transcrições, diários, cartas ou alguma outra fonte. Elas estão citadas nas notas, exceto nos casos em que fica claro que uma pessoa está falando diretamente comigo.

Fontes de arquivo e inéditas

Documentos da família Comstock, coleção particular de Homer Fincannon
Documentos da família Vaughan, coleção particular de Martha e Melville Vaughan

FBI   Arquivos do FBI sobre os Assassinatos dos Índios Osages que não estão mais sob sigilo
FBI/FOIA   Registros do FBI obtidos pelo Freedom of Information Act [Ato de Liberdade de Informação]
HSP   Historical Society of Pennsylvania [Sociedade Histórica da Pensilvânia]
LOC   Library of Congress [Biblioteca do Congresso]
NARA-CP   National Archives and Records Administration, College Park, Md. [Administração Nacional de Arquivos e Registros, College Park, Md.]
    Grupo de Registros 48, Registros do Gabinete da Secretaria do Interior
    Grupo de Registros 60, Registros do Departamento de Justiça
    Grupo de Registros 65, Registros do FBI
    Grupo de Registros 129, Registros do Escritório de Prisões
    Grupo de Registros 204, Registros do Gabinete do Pardon Attorney [Procurador de Perdão]
NARA-DC   National Archives and Records Administration [Administração Nacional de Arquivos e Registros], Washington, DC
    Registros do Centro de Arquivos Legislativos

NARA-FW	National Archives and Records Administration [Administração Nacional de Arquivos e Registros], Fort Worth, Texas
	Grupo de Registros 21, Registros de Cortes Distritais dos Estados Unidos, Corte Distrital dos Estados Unidos para o Distrito Oeste
	Grupo de Registros 75, Registros do Escritório de Assuntos Indígenas, Agência dos Índios Osages
	Grupo de Registros 118, Registros do Procurador dos Estados Unidos, Distrito Judicial Oeste de Oklahoma
NMSUL	New Mexico State University Library [Biblioteca da Universidade Estadual do Novo México]
	Documentos de Fred Grove, Coleções Históricas do Rio Grande
OHS	Oklahoma Historical Society [Sociedade Histórica de Oklahoma]
ONM	Osage Nation Museum [Museu da Nação Osage]
OSARM	Oklahoma State Archives and Records Management [Administração de Arquivos e Registros do Estado de Oklahoma]
PPL	Pawhuska Public Library [Biblioteca Pública de Pawhuska]
SDSUL	San Diego State University Library [Biblioteca da Universidade Estadual de San Diego]
TSLAC	Texas State Library and Archives Commission [Comissão de Biblioteca e Arquivos do Estado do Texas]
UOWHC	University of Oklahoma Western History Collections [Coleções de História do Oeste da Universidade de Oklahoma]

Notas

1. O DESAPARECIMENTO [pp. 15-27]

1. John Joseph Mathews. *Talking to the Moon*, p. 61.
2. Para mais informação sobre o conceito osage da "lua que mata as flores", ver *Talking to the Moon*, cit.
3. A descrição do desaparecimento de Anna Brown e do último dia em que ela visitou a casa de Mollie Burkhart foi extraída basicamente do depoimento de testemunhas que estavam presentes. Muitas falaram diversas vezes com diferentes investigadores, incluindo agentes do FBI e detetives particulares. Essas testemunhas com frequência também depuseram em procedimentos nos tribunais. Para mais informação, ver registros em NARA-CAP e NARA-FW.
4. Citado em Kenny Arthur Franks. *Osage Oil Boom*, p. 117.
5. Sherman Rogers. "Red Men in Gas Buggies", *Outlook*, 22/08/1923.
6. Estelle Aubrey Brown. "Our Plutocratic Osage Indians", *Travel*, out. 1922.
7. William G. Shepherd. "Lo, the Rich Indian!", *Harper's Monthly*, nov. 1920.
8. Estelle Aubrey Brown. "Our Plutocratic Osage Indians", cit.
9. Elmer T. Peterson. "Miracle of Oil", *The Independent* (New York City), 26/04/1924.
10. Citado por Alexandra Harmon. *Rich Indians: Native People and the Problem of Wealth in American History*, p. 140.
11. Ibid., p. 179.
12. Brown. "Our Plutocratic Osage Indians", cit.

13. *Oklahoma City Times*, 26/10/1959.
14. Seu nome de batismo era Byron, mas ele era conhecido como Bryan. Para evitar confusão, usei Bryan no texto todo.
15. Declaração de H. S. Traylor. Subcomissão da Câmara para Assuntos Indígenas, *Indians of the United States: Investigation of the Field Service*, 202.
16. Relatório de Tom Weiss e John Burger. FBI, 10/01/1924.
17. Depoimento de Martha Doughty ao grande júri, NARA-FW.
18. Depoimento de Anna Sitterly ao grande júri, NARA-FW.
19. Ibid.
20. As informações sobre o desaparecimento de Charles Whitehorn foram obtidas em jornais locais, com detetives particulares e nos relatórios do FBI encontrados nos Arquivos Nacionais.
21. Deve-se observar que o relato de um dos jornais diz que a mulher de Whitehorn era em parte cherokee. No entanto, os arquivos do FBI referem-se a ela como em parte cheyenne.
22. *Pawhuska Daily Capital*, 30/05/1921.
23. As citações dos caçadores foram tiradas de seus depoimentos ante o grande júri, NARA-FW.
24. Relatório de Weiss e Burger. FBI, 10/01/1924.
25. Depoimento de F. S. Turton ante o grande júri, NARA-FW.
26. Depoimento de Andy Smith ante o grande júri, NARA-FW.

2. MORTE NATURAL OU ASSASSINATO? [pp. 28-36]

1. Os relatos sobre o inquérito foram tirados sobretudo de depoimentos de testemunhas oculares, entre elas os irmãos Shoun. Para mais informações, ver registros dos NARA-CP e dos NARA-FW.
2. Citado em A. L. Sainer. *Law Is Justice: Notable Opinions of Mr. Justice Cardozo*, p. 209.
3. Citado em Wagner. *Science of Sherlock Holmes*, p. 8.
4. Depoimento de Andy Smith ante o grande júri, NARA-FW.
5. Citado em Cordry. *Alive If Possible — Dead If Necessary*, p. 238.
6. Thoburn. *Standard History of Oklahoma*, 1833.
7. Depoimento de Roy Sherrill ante o grande júri, NARA-FW.
8. *Shawnee News*, 11/05/1911.
9. Depoimento de David Shoun ante o grande júri, NARA-FW.
10. Citado em Wilson. "Osage Indian Women During a Century of Change", p. 188.

11. Carta de A. F. Moss a M. E. Trapp. OSARM, 18/11/1926.
12. Declaração de A. T. Woodward. Comissão da Câmara para Assuntos Indígenas, *Modifying Osage Fund Restrictions*, p. 103.
13. Os osages costumam depositar seus mortos na superfície, em montes de pedras. Quando um chefe osage foi sepultado sob a terra, no fim do século XIX, sua mulher declarou: "Eu disse que estaria bem se pintássemos o rosto de meu marido; se enrolássemos uma manta em torno de meu marido. Ele quis ser sepultado num túmulo de brancos. Eu disse que estaria bem. Eu disse que pintaríamos o rosto de meu marido para que ele não se perdesse no céu dos índios".
14. O relato sobre o funeral se baseia sobretudo em declarações de testemunhas, entre elas o agente funerário, e em entrevistas com os descendentes.
15. Da introdução de Mathews, *Osages*.

3. O REI DAS COLINAS OSAGE [pp. 37-50]

1. *Pawhuska Daily Capital*, 28/05/1921.
2. Louis F. Burns. *History of the Osage People*, p. 442.
3. *Modesto News-Herald*, 18/11/1928.
4. O retrato de William Hale se baseia em numerosas fontes, entre elas documentos de tribunais, histórias orais dos osages, arquivos do FBI, matérias de jornais da época, correspondência de Hale e entrevistas com descendentes.
5. Sargent Prentiss Freeling. Primeiras declarações no processo U.S. v. John Ramsey and William K. Hale, NARA-FW, out. 1926.
6. Artigo de Merwin Eberle. "'King of Osage' Has Had Long Colorful Career", OHS, s/d.
7. *Guthrie Leader*, 05/01/1926.
8. Pawnee Bill para James A. Finch. NARA-CP, s/d.
9. C. K. Kothmann a James A. Finch. NARA-CP, s/d.
10. M. B. Prentiss a James A. Finch. NARA-CP, 03/09/1935.
11. Hale a Wilson Kirk. ONM, 27/11/1931.
12. *Tulsa Tribune*, 07/06/1926.
13. J. George Wright a Charles Burke. NARA-CP, 24/06/1926.
14. Depoimento de Mollie Burkhart ante o promotor tribal e outros. NARA-FW.
15. Depoimento de Bryan Burkhart ao promotor do condado, em relatório da agência de investigação. FBI, 15/08/1923.
16. Depoimento de Ernest Burkhart ao grupo de inquérito. NARA-FW.
17. Boorstin. *Americans*, p. 81.

18. Carta de James G. Findlay a William J. Burns. FBI, 23/04/1923.
19. McConal. *Over the Wall*, p. 19.
20. *Arizona Republican*, 05/10/1923.
21. Anotações de detetives particulares incluídos no relatório. FBI, 12/07/1923.
22. Ibid.
23. *Pawhuska Daily Capital*, 29/07/1921.
24. *Pawhuska Daily Capital*, 23/07/1921.
25. Citado em Crockett. *Serial Murderers*, p. 352.
26. Roff, *Boom Town Lawyer in the Osage*, p. 106.
27. Ibid., p. 107.
28. Depoimento de F. S. Turton ante o grande júri. NARA-FW.
29. *Pawhuska Daily Capital*, 30/05/1921.
30. Frank F. Finney. "At Home with the Osages", UOWHC.

4. RESERVA SUBTERRÂNEA [pp. 51-71]

1. Para a história dos osages, recorri a diversos textos excelentes. Ver Louis F. Burns, *History of the Osage People*; Mathews, *Wah'kon-Tah*; Wilson, *Underground Reservation*; Tixier, *Tixier's Travels on the Osage Prairies*; e Bailey, *Changes in Osage Social Organization*. Também consultei relatórios de campo e documentos do Conselho Tribal em poder da Agência Indígena Osage, NARA-FW.
2. Louis F. Burns. *History of the Osage People*, p. 140.
3. Ibid.
4. Citado em Ambrose. *Undaunted Courage*, p. 343.
5. Mathews. *Osages*, 271.
6. Os documentos existentes não indicam seu nome osage.
7. Documentos do espólio de Lizzie, mãe de Mollie. "Solicitação do Certificado de Competência", NARA-FW, 01/02/1911.
8. Tixier. *Tixier's Travels on the Osage Prairies*, p. 191.
9. Ibid., p. 192.
10. Citado em Brown. *Frontiersman*, p. 245.
11. Wilder. *Little House on the Prairie*, pp. 46-7.
12. Citado em Wilson. *Underground Reservation*, p. 18.
13. Isaac T. Gibson a Enoch Hoag. *Report of the Commissioner of Indian Affairs to the Secretary of the Interior for the Year 1871*, p. 906.
14. Mathews. *Wah'kon-Tah*, pp. 33-4.
15. Citado em Louis F. Burns. *History of the Osage People*, p. 448.

16. O Office of Indian Affairs [Escritório de Assuntos Indígenas] passou a se chamar Bureau of Indian Affairs [Bureau de Assuntos Indígenas] em 1947.

17. Gibson a Hoag. *Report of the Commissioner of Indian Affairs to the Secretary of the Interior for the Year 1871*, p. 487.

18. Finney e Thoburn. "Reminiscences of a Trader in the Osage Country", p. 149.

19. Citado em Merchant. *American Environmental History*, p. 20.

20. Mathews. *Wah'kon-Tah*, p. 30.

21. As informações sobre a delegação osage, inclusive algumas citações, foram tiradas do texto de Mathews. Ibid., pp. 35-8.

22. Frank F. Finney. "At Home with the Osages".

23. Ibid.

24. Louis F. Burns. *History of the Osage People*, p. 91.

25. Mathews. *Wah'kon-Tah*, p. 79.

26. Mathews. *Sundown*, p. 23.

27. Citado em McAuliffe. *The Deaths of Sybil Bolton*, pp. 215-6.

28. Mathews. *Wah'kon-Tah*, p. 311.

29. *Daily Oklahoma State Capital*, 18/09/1893.

30. *Daily Oklahoma State Capital*, 16/09/1893.

31. Citado em Trachtenberg. *Incorporation of America*, p. 34.

32. *Wah-sha-she News*, 23/06/1894.

33. Russell. "Chief James Bigheart of the Osages", p. 892.

34. Thoburn, *Standard History of Oklahoma*, p. 2048.

35. Citado em *Leases for Oil and Gas Purposes*, Conselho Nacional Osage, p. 154.

36. *Indians of the United States: Investigation of the Field Service*, p. 398.

37. Muitos colonizadores brancos conseguiram se infiltrar na lista por meios escusos e acabaram se apossando de uma fortuna em proventos de petróleo pertencentes aos osages. O antropólogo Garrick Bailey calcula em pelo menos 100 milhões de dólares o dinheiro subtraído aos osages.

38. Citado em Franks. *Osage Oil Boom*, p. 75.

39. Mathews. *Life and Death of an Oilman*, p. 116.

40. Gregory. *Oil in Oklahoma*, pp. 13-4.

41. Citado em Miller. *House of Getty*, p.1881.

5. OS DISCÍPULOS DO DIABO [pp. 72-86]

1. Espólio de Anna Brown. "Application for Authority to Offer Cash Reward", NARA-FW.

2. H. L. Macon. "Mass Murder of the Osages", *West*, dez. 1965.
3. *Ada Weekly News*, 23/02/1922.
4. Summerscale. *Suspicions of Mr. Whicher*, p. xii.
5. Para mais informação sobre a origem da expressão "discípulos do diabo" ver Lukas. *Big Trouble*, p. 76.
6. Pinkerton's National Detective Agency. *General Principles and Rules of Pinkerton's National Detective Agency*, LOC.
7. McWatters. *Knots Untied*, pp. 664-5.
8. Shepherd. "Lo, the Rich Indian!".
9. William J. Burns. *Masked War*, p. 10.
10. *The New York Times*, 04/12/1911.
11. Citado em Hunt. *Front-Page Detective*, p. 104.
12. A narrativa das atividades dos detetives particulares deriva de seus diários, incluídos nos relatórios do Bureau of Investigation por James Findlay. FBI, jul. 1923.
13. Relatório de Findlay. FBI, 10/07/1923.
14. Depoimento de Anna Sitterly ante o júri preliminar, NARA-FW.
15. Relatório de Findlay. FBI, 10/07/1923.
16. Ibid.
17. Ibid.
18. Pinkerton's National Detective Agency. *General Principles and Rules of Pinkerton's National Detective Agency*, LOC.
19. Ibid.
20. Relatório de Findlay. FBI, 13/07/1923.
21. Ibid.
22. Relatório de Findlay. FBI, 10/07/1923.
23. Suprema Corte do Estado de Oklahoma. Mollie Burkhart et al. v. Ella Rogers, NARA-FW.
24. Ibid.
25. Ibid.
26. "Scientific Eavesdropping", *Literary Digest*, 15/06/1912.
27. Depoimento de Bob Carter ante o júri preliminar, NARA-FW.
28. Suprema Corte do Estado de Oklahoma. Em procedimentos de Ware v. Beach. Documentos da família Comstock.
29. Relatório de Findlay. FBI, 13/07/1923.
30. Christison. *Treatise on Poisons in Relation to Medical Jurisprudence, Physiology, and the Practice of Physic*, p. 684.
31. Ibid.
32. Oscar T. Schultz e M. Morgan, "The Coroner and the Medical Examiner", *Bulletin of the National Research Council*, jul. 1928.

33. *The Washington Post*, 17/11/1935.
34. *The Washington Post*, 06/09/1922.
35. *The Washington Post*, 14/07/1923.
36. *The Washington Post*, 12/03/1925.

6. O OLMO DO MILHÃO DE DÓLARES [pp. 87-99]

1. *Pawhuska Daily Journal*, 18/03/1925.
2. *Pawhuska Daily Capital*, 14/06/1921.
3. *Pawhuska Daily Capital*, 05/04/1923.
4. Rister. *Oil!*, p. 190.
5. *Daily Oklahoman*, 28/01/1923.
6. *Ada Evening News*, 24/12/1924.
7. *Daily Journal-Capital*, 29/03/1928.
8. Gunther. *The Very, Very Rich and How They Got That Way*, p. 124.
9. Citado em Allen. *Only Yesterday*, p. 129.
10. Citado em McCartney. *The Teapot Dome Scandal*, p. 113.
11. *Pawhuska Daily Capital*, 06/04/1923.
12. A descrição do leilão se baseia em artigos de jornais locais, especialmente num relato detalhado do *Daily Oklahoman* de 28/01/1923.
13. Thoburn. *Standard History of Oklahoma*, p. 1989.
14. *Daily Oklahoman*, 28/01/1923.
15. Shepherd. "Lo, the Rich Indian!".
16. Brown. "Our Plutocratic Osage Indians".
17. Citado em Alexandra Harmon. *Rich Indians: Native People and the Problem of Wealth in American History*, p. 181.
18. Ibid., p. 185.
19. Para mais informação sobre o tema, ver Harmon, op. cit.
20. F. Scott Fitzgerald, *The Crack-Up*, 1945, p. 87.
21. Gregory. *Oil in Oklahoma*, p. 40.
22. Ibid., p. 43.
23. *Modifying Osage Fund Restrictions*, p. 73.
24. Suprema Corte de Oklahoma. Para a decisão do caso Barnett v. Barnett, 13/07/1926.
25. *Indians of the United States: Investigation of the Field Service*, p. 399.
26. H. S. Traylor a Cato Sells. *Indians of the United States: Investigation of the Field Service*, p. 201.

27. Ibid., p. 204.
28. *Modifying Osage Fund Restrictions*, p. 60.
29. *Pawhuska Daily Capital*, 19/11/1921.
30. Transcrição de procedimentos do Conselho Tribal Osage, 01/11/1926, ONM.
31. *Pawhuska Daily Capital*, 22/12/1921.
32. *Indians of the United States: Investigation of the Field Service*, p. 281.

7. CRIATURA DAS TREVAS [pp. 100-19]

1. A narrativa sobre a descoberta do corpo de Roan e a autópsia se baseia no depoimento de testemunhas oculares, inclusive agentes da lei. Para mais informação, ver documentos em NARA-FW e NARA-CP.
2. Depoimento de J. R. Rhodes ante o grande júri, NARA-FW.
3. Ibid.
4. Carta de Pitts Beatty a James A. Finch. NARA-CP, 21/08/1935.
5. Lamb. *Tragedies of the Osage Hills*, p. 178.
6. Depoimento de William K. Hale. U.S. v. John Ramsey and William K. Hale. , NARA-FW, out. 1926.
7. *Tulsa Daily World*, 19/08/1926.
8. Depoimento de J. R. Rhodes ante o grande júri. NARA-FW.
9. Ibid.
10. *Osage Chief*, 09/02/1923.
11. Charles W. Sanders. *The New School Reader, Fourth Book: Embracing a Comprehensive System of Instruction in the Principles of Elocution with a Choice Collection of Reading Lessons in Prose and Poetry, from the Most Approved Authors; for the Use of Academies and Higher Classes in Schools, Etc.*, p. 155.
12. O segredo de Mollie quanto a seu casamento com Roan foi revelado depois em U.S. v. John Ramsey and William K. Hale, out. 1926, NARA-FW.
13. *Daily Oklahoman*, 06/01/1929.
14. Relatório de Findlay. FBI, 13/07/1923.
15. Grove com White. Relato não ficcional inédito, NMSUL.
16. *Manitowoc Herald-Times*, 22/01/1926.
17. O relato sobre Bill e Rita Smith nesse período e sobre a explosão baseia--se sobretudo em declarações feitas por testemunhas aos investigadores durante os procedimentos processuais; alguns detalhes foram colhidos em jornais locais e no relato não ficcional inédito de Grove com White. Para mais informação, ver documentos em NARA-CP e NARA-FW.

18. Grove com White. Relato não ficcional inédito, NMSUL.
19. Ibid.
20. Relatório de Wren. FBI, 06/10/1925.
21. *Osage Chief*, 22/06/1923.
22. Shoemaker. *Road to Marble Hills*, p. 107.
23. Grove com White. Relato não ficcional inédito, NMSUL.
24. Declaração de Ernest Burkhart. FBI, 06/01/1926.
25. Citado em Hogan. *Osage Murders*, p. 66.
26. Citado em Gregory. *Oil in Oklahoma*, p. 56.
27. *Osage Chief*, 16/03/1923.
28. Depoimento de David Shoun ante o grande júri. NARA-FW.
29. Grove com White. Relato não ficcional inédito, NMSUL.
30. Relatório de Wren. FBI, 29/12/1925.
31. Depoimento de Horace E. Wilson ante o grande júri. NARA-FW.
32. Depoimento de F. S. Turton ante o grande júri. NARA-FW.
33. Relatório de Burger e Weiss. FBI, 12/08/1924.
34. Relatório de Frank Smith, James Alexander Street, Burger e J. V. Murphy. FBI, 01/09/1925.
35. Depoimento de Robert Colombe ante o grande júri. NARA-FW.
36. Depoimento de David Shoun ante o grande júri. NARA-FW.
37. *Osage Chief*, 16/03/1923.
38. Relatório de Wren. FBI, 29/12/1925.
39. *Indiana Evening Gazette*, 20/09/1923.
40. Os detalhes da investigação e do assassinato de Vaughan foram colhidos em diversas fontes, inclusive documentos do FBI, notícias de jornais, documentos particulares da família Vaughan e entrevistas com descendentes.
41. Anúncio da campanha de Vaughan quando foi candidato a promotor do condado. Documentos da família Vaughan.
42. Histórico escolar de George Bigheart, que se pode acessar no site do Centro de Recursos Digitais do Dickinson College's Carlisle Indian School e se encontra no Grupo 75, Série 1327. NARA-DC.
43. *Tulsa Daily World*, 01/07/1923.
44. Depoimento de Horace E. Wilson ante o grande júri. NARA-FW.
45. *Literary Digest*, 03/04/1926.
46. *Manitowoc Herald-Times*, 22/01/1926.
47. John Baxter. "Billion Dollar Murders". Documentos da família Vaughan.
48. Depoimento de C. A. Cook ante o júri preliminar. NARA-FW.
49. Relatório de Frank V. Wright. FBI, 05/04/1923.
50. Charles Curtis viria a ser vice-presidente dos Estados Unidos no governo de Herbert Hoover.

51. Carta de Palmer a Curtis. FBI, 28/01/1925.
52. Depoimento de Frank Smith, incluído no processo de clemência de Ernest Burkhart. NARA-CP.
53. Relatório do Bureau of Investigation intitulado "The Osage Murders". FBI, 03/02/1926.
54. Registros do curador de Mollie Burkhart. NARA-CP, jan. 1925.

8. O DEPARTAMENTO DA AMORALIDADE [pp. 123-33]

1. Carta de White a Hoover. FBI/FOIA, 10/11/ 1955.
2. Tracy. "Tom Tracy Tells About… Detroit and Oklahoma".
3. Citado em Gentry. *J. Edgar Hoover*, p. 112.
4. Transcrição de entrevista com Tom White. NMSUL.
5. James M. White (sobrinho-neto de Doc White). Entrevista concedida ao autor.
6. Hastedt. "White Brothers of Texas Had Notable FBI Careers".
7. Para mais informação sobre J. Edgar Hoover e a história dos primeiros dias do FBI, ver Gentry, *J. Edgar Hoover*; Ungar, *FBI*; Powers, *Secrecy and Power*; e Burrough, *Public Enemies*. Sobre o escândalo de Teapot Dome, ver McCartney, *Teapot Dome Scandal*; Dean, *Warren G. Harding*; e Stratton, *Tempest over Teapot Dome*.
8. Citado em Lowenthal. *Federal Bureau of Investigation*, p. 292.
9. Citado em Gentry. *J. Edgar Hoover*, p. 129.
10. *Cincinnati Enquirer*, 14/03/1924.
11. Carta de J. M. Towler a Hoover. FBI/FOIA, 06/01/1925.
12. Carta de Hoover a Verdon Adams. FBI/FOIA, 19/10/1970.
13. Citado em Burrough. *Public Enemies*, p. 51.
14. Carta de C. S. Weakley a Findlay. FBI, 16/08/1923.
15. Carta de W. D. Bolling a Hoover. FBI, 03/04/1925.
16. Relatório de Weiss e Burger. FBI, 24/05/1924.
17. Ibid.
18. Carta de Findlay a Eberstein. FBI, 05/02/1925.
19. Carta de Hoover a Bolling. FBI, 16/03/1925.
20. Carta de Palmer a Curtis. FBI, 28/01/1925.
21. Carta de Hoover a White. FBI/FOIA, 08/08/1925.
22. Carta de Hoover a White. FBI/FOIA, 01/05/1925.
23. Transcrição de entrevista com White. NMSUL.
24. Carta de Hoover a White. FBI/FOIA, 21/09/1925.

25. Carta de White a Hoover. FBI/FOIA, 05/08/1925.
26. Carta de Hoover a Bolling. FBI, 03/02/1925.

9. OS CAUBÓIS DISSIMULADOS [pp. 134-40]

1. Relatório de Weiss e Burger. FBI, 29/04/1924.
2. Transcrição de entrevista com White. NMSUL.
3. Relatório de Weiss e Burger. FBI, 12/08/1924.
4. Transcrição de entrevista com White. NMSUL.
5. As informações sobre os membros da equipe de Tom White foram obtidas em grande parte em arquivos pessoais dos agentes, ao amparo da Lei de Liberdade de Informação; em relatórios do FBI, cartas e escritos; e em matérias de jornal e entrevistas de descendentes dos agentes concedidas ao autor.
6. O ex-xerife do Novo México chamava-se James Alexander Street.
7. Eugene Hall Parker era o ex-Texas Ranger que integrou a equipe secreta de White.
8. Arquivo pessoal de Parker. FBI/FOIA, 09/04/1934.
9. O agente supersecreto chamava-se Charles Davis.
10. Arquivo pessoal de Smith. FBI/FOIA, 13/08/1932.
11. Arquivo pessoal de Smith. FBI/FOIA, 22/10/1928.
12. Carta de Louis DeNette a Burns. FBI, 02/06/1920.
13. Relatório de Weiss e Burger. FBI, 31/12/1923. Antes que Tom White assumisse a investigação, Burger trabalhara no caso com o agente Tom F. Weiss; todos os relatórios de Burger foram apresentados em conjunto com Weiss.
14. Relatório de Weiss. FBI, 19/11/1923.
15. Carta de Harold Nathan a Gus T. Jones. FBI, 10/08/1925.

10. ELIMINAR O IMPOSSÍVEL [pp. 141-7]

1. As informações sobre as investigações do Bureau sobre os assassinatos vieram de diversas fontes, inclusive relatórios do FBI, arquivos pessoais de agentes, depoimentos ante o grande júri, transcrições de audiências e correspondência particular e escritos de White.
2. Wren às vezes fingia também estar interessado em gado.
3. Carta de White a Hoover. FBI/FOIA, 02/02/1926.
4. Depoimento de Horace E. Wilson ante o grande júri. NARA-FW.
5. Ibid.

6. Depoimento de David Shoun ante o grande júri. NARA-FW.
7. Arthur Conan Doyle. *The Sign of Four*, p. 93.
8. Relatório de Weiss. FBI, 01/09/1923.
9. Relatório de Burger e Weiss. FBI, 22/04/1924.
10. Ibid.
11. Relatório de Weakley. FBI, 07/08/1923.
12. Relatório de Weiss e Burger. FBI, 02/02/1924.
13. Ibid.
14. Ibid.
15. Ibid.
16. Tarbell. "Identification of Criminals".
17. A Divisão de Identificação do Bureau, de início, colhia as impressões digitais de arquivos mantidos pelas penitenciárias dos Estados Unidos na penitenciária de Leavenworth e pela Associação Internacional de Chefes de Polícia.
18. Citado em Powers. *Secrecy and Power*, p. 150.
19. Relatório de Weiss e Burger. FBI, 02/02/1924.
20. Morrison de início afirmou, falsamente, que Rose implicara seu namorado.
21. Relatório de Weiss e Burger. FBI, 02/02/1924.
22. Relatório de Weiss e Burger. FBI, 16/08/1924.

11. O TERCEIRO HOMEM [pp. 148-54]

1. Hoover a White. FBI, 02/06/1926.
2. Hoover a Bolling. FBI, jun. 1925.
3. Weiss e Burger a William J. Burns. FBI, 24/03/1924.
4. Depoimento de Ed Hainey ante o grande júri. NARA-FW.
5. Depoimento de Berry Hainey no julgamento State of Oklahoma v. Kelsie Morrison. OSARM.
6. Relatório de Weakley. FBI, 15/08/1923.
7. Relatório de Weiss e Burger. FBI, 08/01/1924.
8. Relatório de Weiss e Burger. FBI, 10/01/1924.
9. Ibid.

12. UM DESERTO DE ESPELHOS [pp. 155-8]

1. Relatório de Smith. FBI, 28/09/1925.

2. Ibid.
3. Findlay a Burns. FBI, 19/12/1923.
4. Eustace Smith ao promotor-geral. FBI, 15/03/1925.
5. Relatório de Weiss e Burger. FBI, 02/07/1924.
6. Ibid.
7. Relatório de Weiss e Burger. FBI, 12/07/1924.
8. Relatório de Weiss e Burger. FBI, 02/07/1924.
9. Relatório de Weiss e Burger. FBI, 16/08/1924.
10. Transcrição de entrevista com White. NMSUL.
11. Relatório de Weiss e Burger. FBI, 11/02/1924.
12. Relatório de Weiss e Burger. FBI, 11/04/1924.
13. Relatório de Weiss e Burger. FBI, 14/08/1924.
14. Depoimento de Elbert M. Pike ante o grande júri. NARA-FW.
15. Relatório de Weiss. FBI, 19/11/1923.

13. O FILHO DO CARRASCO [pp. 159-73]

1. Daniell. *Personnel of the Texas State Government*, p. 389.
2. Adams. *Tom White*, p. 6.
3. *Austin Weekly Statesman*, 31/03/1892.
4. *Bastrop Advertiser*, 05/08/1899.
5. *Austin Weekly Statesman*, 01/09/1892.
6. *Austin Weekly Statesman*, 22/11/1894.
7. *Austin Weekly Statesman*, 16/11/1893.
8. *Austin Weekly Statesman*, 11/01/1894.
9. *Dallas Morning News*, 13/01/1894.
10. Ibid.
11. Adams. *Tom White*, p. 8.
12. Citado em Parsons. *Captain John R. Hughes*, p. 275.
13. Leonard Mohrman. "A Ranger Reminisces". *Texas Parade*, fev. 1951.
14. Transcrição de entrevista com Tom White. NMSUL.
15. Citado em Robinson. *Men Who Wear the Star*, p. 79.
16. Tom White treinava com seu revólver de seis tiros. Foram os Rangers que reconheceram o poder revolucionário desses revólveres de repetição; por muito tempo, os guerreiros indígenas podiam disparar uma barragem de flechas antes que os policiais conseguissem recarregar seus fuzis de tiro único. Em 1844, ao testar um Colt de cinco tiros, um grupo de Rangers derrotou grande número de comanches. Depois disso, um dos Rangers informou ao armeiro Samuel Colt

que com algum aperfeiçoamento o revólver iria se tornar "a arma mais perfeita do mundo". Com a informação dada pelo Ranger, Colt projetou o letal revólver de seis tiros — "um enteado do Oeste", como disse um historiador —, que ajudaria a alterar para sempre o equilíbrio de poder entre as tribos das planícies e os colonizadores. Em seu tambor vinha gravada uma imagem da vitoriosa batalha dos Rangers contra os comanches.

17. Para aperfeiçoar a pontaria, White atirava em praticamente toda criatura que se movesse: coelhos, urubus e até mesmo cães da pradaria. Ele percebeu que um tiro preciso era mais importante que a rapidez no gatilho. Como disse seu irmão Doc, "de que adianta ser rápido no gatilho se a sua mira não é certeira?". Doc dizia que muitas das lendas sobre os pistoleiros do Oeste não passavam de "balela": "Toda essa história de Wyatt Earp ser um artista do gatilho é exagerada. Ele era apenas um bom atirador".

18. Adams. *Tom White*, p. 19.
19. Ben M. Edwards a Frank Johnson. TSLAC, 25/01/1908.
20. Hastedt. "White Brothers of Texas Had Notable FBI Careers".
21. Adams. *Tom White*, p. 16.
22. Citado em Parsons. *Captain John R. Hughes*, p. xvii.
23. Thomas Murchinson para o oficial-ajudante. TSLAC, 02/03/1907.
24. Citado em Alexander. *Bad Company and Burnt Powder*, p. 240.
25. Adams. *Tom White*, p. 24.
26. Oficial-ajudante a Tom Ross. TSLAC, 10/02/1909.
27. *Beaumont Enterprise*, 15/07/1918.
28. Oficial-ajudante e J. D. Fortenberry. TSLAC, 01/08/1918.

14. ÚLTIMAS PALAVRAS [pp. 174-80]

1. Depoimento de David Shoun ante o grande júri. NARA-FW.
2. Ibid.
3. Ibid.
4. Depoimento de James Shoun ante o grande júri. NARA-FW.
5. Depoimento de David E. Johnson ante o grande júri. NARA-FW.
6. Ibid.
7. Depoimento de James Shoun ante o grande júri. NARA-FW.
8. Relatório de Smith, Street, Burger e Murphy. FBI, 01/09/1925.
9. Depoimento de David Shoun ante o grande júri. NARA-FW.
10. Ibid.
11. *Survey of Conditions of Indians*, p. 23018.

12. Gertrude Bonnin. "Oklahoma's Poor Rich Indians: An Orgy of Graft and Exploitation of the Five Civilized Tribes and Others", 1924. HSP.
13. Ibid.
14. *St. Louis Post-Dispatch*, 10/05/1925.
15. Memorando de Gertrude Bonnin. "Case of Martha Axe Roberts". HSP, 03/12/1923.
16. Ibid.
17. Shepherd. "Lo, the Rich Indian!".

15. A FACE OCULTA [pp. 181-8]

1. Relatório de Wren, Davis e Parker. FBI, 10/09/1925.
2. Depoimento de John McLean ante o grande júri. NARA-FW.
3. Ibid.
4. Depoimento de Alfred T. Hall ante o grande júri. NARA-FW.
5. *Tulsa Tribune*, 06/08/1926.
6. Carta de Bert Farrar a Roy St. Lewis. NARA-FW, 22/12/1928.
7. Depoimento de John McLean ante o grande júri. NARA-FW.
8. Depoimento de W. H. Aaron ante o grande júri. NARA-FW.
9. U.S. v. John Ramsey and William K. Hale. NARA-FW, out. 1926.
10. Grove com White. Relato não ficcional inédito. NMSUL.
11. Relatório de Burger e Weiss. FBI, 12/08/1924.
12. Pedido de clemência de Hale. NARA-CP, 15/11/1935.
13. Relatório de Wright. FBI, 05/04/1923.
14. Relatório de Weiss e Burger. FBI, 10/01/1924.
15. Relatório intitulado "The Osage Murders". FBI, 03/02/1926.

16. PELO APERFEIÇOAMENTO DA AGÊNCIA [pp. 189-96]

1. Carta de Edwin Brown a Hoover. FBI/FOIA, 22/03/1926.
2. Relatório de Wren. FBI, 06/10/1925.
3. Relatório intitulado "Osage Indian Murder Cases". FBI, 10/07/1953.
4. Carta de Hoover a White. FBI/FOIA, 25/11/1925.
5. Citado em Nash. *Citizen Hoover*, p. 23.
6. Para mais informação sobre a transformação que Hoover implantou no Bureau, ver Gentry, *J. Edgar Hoover*; Powers, *Secrecy and Power*; Burrough, *Public Enemies*; e Ungar, *FBI*. Sobre o lado sujo do pensamento progressista, ver

também os artigos do diário de Thomas C. Leonard, "American Economic Reform in the Progressive Era" e "Retrospectives".
  7. *San Bernardino County Sun*, 31/12/1924.
  8. Citado em Powers. *Secrecy and Power*, p. 146.
  9. *San Bernardino County Sun*, 31/12/1924.
  10. Carta de Hoover a White. FBI/FOIA, 21/09/1925.
  11. Carta de Hoover a White. FBI/FOIA, 01/05/1925.
  12. Citado em Gentry. *J. Edgar Hoover*, p. 149.
  13. Carta de Hoover a White. FBI/FOIA, 15/04/1925.
  14. Citado em Gentry. *J. Edgar Hoover*, p. 67.
  15. Tracy. "Tom Tracy Tells About… Detroit and Oklahoma".
  16. Adams. *Tom White*, p. 133.
  17. Carta de White a Hoover. FBI/FOIA, 28/09/1925.
  18. Carta de White a Hoover. FBI/FOIA, 10/06/1925.
  19. Memorando para Hoover. FBI/FOIA, 12/05/1925.
  20. Citado em Gentry. *J. Edgar Hoover*, p. 170.
  21. Citado em Powers. *Secrecy and Power*, p. 154.

17. O ARTISTA DO GATILHO, O ARROMBADOR DE COFRES E O DINAMITADOR [pp. 197-205]

  1. Mary Jo Webb, em entrevista concedida ao autor.
  2. *Osage Chief*, 28/07/1922.
  3. Relatório de Weiss e Burger. FBI, 12/08/1924.
  4. Carta de White a Grove. NMSUL, 23/06/1959.
  5. Prontuário policial de Dick Gregg. KHS, 09/01/1925.
  6. Carta de White a Grove. NMSUL, 23/06/1959.
  7. Relatório de Weiss e Burger. FBI, 24/07/1924.
  8. Declaração de Dick Gregg. FBI, 08/06/1925.
  9. Citado num artigo de Fred Grove em *The War Chief of the Indian Territory Posse of Oklahoma Westerners 2*, nº 1 (jun. 1968).
  10. Carta de White para Grove. NMSUL, 23/06/1959.
  11. Ibid.
  12. Relatório de Weiss e Burger. FBI, 14/08/1924.
  13. Lamb. *Tragedies of the Osage Hills*, p. 119.
  14. *Muskogee Times-Democrat*, 05/08/1909.
  15. Relatório de Burger. FBI, 30/11/1928.
  16. Houve suspeita de que Grammer também houvesse sido baleado e tivesse um projétil debaixo do braço esquerdo.

17. Depoimento de John Mayo ante o grande júri. NARA-FW.
18. Relatório de Weiss e Burger. FBI, 02/07/1924.
19. Relatório de Weiss e Burger. FBI, 16/08/1924.
20. Relatório de Wren. FBI, 05/11/1925.
21. Documento intitulado "Osage Indian Murder Cases". FBI, 10/07/1953.
22. Transcrição de entrevista com White. NMSUL.

18. A SITUAÇÃO DO JOGO [pp. 206-24]

1. Grove com White. Relato não ficcional inédito. NMSUL. Nos documentos do Bureau, o primeiro nome de Lawson aparece como Burt; em outros registros, às vezes é Bert. Para evitar confusão, usei Burt em todo o texto.
2. Carta de White a Grove. NMSUL, 02/05/1959.
3. Grove com White. Relato não ficcional inédito. NMSUL.
4. Relatório de Smith e Murphy. FBI, 27/10/1925.
5. Carta de White a Hoover. FBI, 24/10/1925.
6. Carta de Hoover a White. FBI, 26/10/1925.
7. Homer Fincannon. Entrevista concedida ao autor.
8. Relatório de Wren. FBI, 06/10/1925.
9. Carta de Edwin Brown a George Wright. NARA-CP, 18/07/1925.
10. Grove com White. Relato não ficcional inédito. NMSUL.
11. *Guthrie Leader*, 06/01/1926.
12. Transcrição de entrevista com White. NMSUL.
13. Declaração de Luhring ante o grande júri. NARA-FW.
14. Transcrição da entrevista com White. NMSUL.
15. Grove com White. Relato não ficcional inédito. NMSUL.
16. Gentry. *J. Edgar Hoover*, p. 386.
17. *Tulsa Tribune*, 05/01/1926.
18. Relatório de Weiss e Burger. FBI, 30/04/1924.
19. Depoimento de Smith ante o grande júri. NARA-CP, 05/01/1926.
20. Declaração de Ernest Burkhart. FBI, 06/01/1926.
21. Grove com White. Relato não ficcional inédito. NMSUL.
22. Declaração de Ernest Burkhart. NARA-CP, 05/02/1927.
23. Declaração de Ernest Burkhart. FBI, 06/01/1926.
24. Depoimento de Frank Smith ante o grande júri. NARA-FW.
25. Transcrição de entrevista com White. NMSUL.
26. Declaração de Ernest Burkhart. FBI, 06/01/1926.
27. Depoimento de Frank Smith ante o grande júri. NARA-FW.

28. Grove com White. Relato não ficcional inédito. NMSUL.
29. *Tulsa Tribune*, 13/03/1926.
30. Depoimento de Smith ante o grande júri. NARA-FW.
31 Declaração de John Ramsey. FBI, 06/01/1926.
32. Grove com White. Relato não ficcional inédito. NMSUL.
33. Memorando de M. A. Jones para Louis B. Nichols. FBI, 04/08/1954.
34. Depoimento de James Shoun ante o grande júri. NARA-FW.
35. Depoimento de Mollie Burkhart ante o promotor tribal e outras autoridades. NARA-FW.
36. Macon. "Mass Murder of the Osages".
37. Citado em Gregory. *Oil in Oklahoma*, p. 57.
38. Grove com White. Relato não ficcional inédito. NMSUL.
39. Relatório de Weiss e Burger. FBI, 02/02/1924.
40. Grove com White. Relato não ficcional inédito. NMSUL.

19. TRAIDOR DO PRÓPRIO SANGUE [pp. 225-44]

1. *Literary Digest*, 23/01/1926.
2. *Evening Independent*, 05/01/1926.
3. Holding. "King of the Killers".
4. Lizzie June Bates a George Wright. NARA-FW, 21/11/1922.
5. *Reno Evening-Gazette*, 04/01/1926.
6. *Evening Independent*, 05/03/1926.
7. Carta de White a Hoover. FBI, 18/09/1926.
8. Carta de Bates a Wright. NARA-FW, 21/11/1922.
9. Cópia de uma resolução da Sociedade dos Índios de Oklahoma. NARA-FW.
10. Citado em Irwin. *Deadly Times*, p. 331.
11. *Lima News*, 29/01/1926.
12. Carta de Edwin Brown a G. Ridgley. FBI, 21/07/1925.
13. *Sequoyah County Democrat*, 09/04/1926.
14. Coleção de Sargent Prentiss Freeling. OHS.
15. Lamb. *Tragedies of the Osage Hills*, p. 174.
16. Declaração jurada de Burkhart. NARA-CP, 05/02/1927.
17. Numa noite de dezembro de 1926, Luther Bishop, agente da polícia estadual que tinha trabalhado nos casos de assassinato dos osages, foi baleado e morto em sua casa. Sua mulher, acusada do crime, foi julgada e absolvida. Dee Cordry, ex-investigador de polícia e escritor, examinou o caso no livro *Alive If*

Possible — Dead If Necessary, de 2005. Ele desconfiava que Hale, num último ato de vingança, tivesse ordenado o assassinato.

18. Relatório de W. A. Kitchen. FBI, 02/03/1926.
19. Relatório de Smith. FBI, 08/02/1926.
20. Depoimento de Dewey Selph ante o grande júri. NARA-FW.
21. Grove com White. Relato não ficcional inédito. NMSUL.
22. White a Hoover. FBI, 31/03/1926.
23. Relatório de Burger. FBI, 02/11/1928.
24. Depoimento de Burkhart ante o grande júri. NARA-FW.
25. Transcrição de entrevista com White. NMSUL.
26. Carta de White a Hoover. FBI, 26/06/1926.
27. Carta de Wright a Charles Burke. NARA-CP, 24/06/1926.
28. Depoimento de Mollie Burkhart ante o promotor tribal e outras autoridades. NARA-FW.
29. Carta de Mollie a Ernest Burkhart. NARA-FW, 21/01/1926.
30. Grove com White. Relato não ficcional inédito. NMSUL.
31. Ibid.
32. Carta de White a Hoover. FBI, 03/07/1926.
33. *Tulsa Tribune*, 13/03/1926.
34. *Bismarck Tribune*, 17/06/1926.
35. *Tulsa Tribune*, 13/03/1926.
36. Citado em Hogan. *Osage Murders*, p. 195.
37. Grove com White. Relato não ficcional inédito. NMSUL.
38. *Tulsa Daily World*, 20/08/1926.
39. *Tulsa Daily World*, 13/03/1926.
40. Grove com White. Relato não ficcional inédito. NMSUL.
41. Memorando de Leahy, documentos de clemência. NARA-CP.
42. White a Hoover. FBI, 05/06/1926.
43. Depoimento de Ernest Burkhart na audiência preliminar, em U.S. v. John Ramsey and William K. Hale. NARA-FW.
44. Transcrição de entrevista com White. NMSUL.
45. *Tulsa Tribune*, 30/05/1926.
46. Citado em Gentry. *J. Edgar Hoover*, p. 117.
47. *The Washington Post*, 08/06/1926.
48. White a Grove. NMSUL, 10/08/1959.
49. White a Hoover. FBI, 08/06/1926.
50. Grove com White. Relato não ficcional inédito. NMSUL.
51. Depoimento de Kelsie Morrison em State of Oklahoma v. Morrison. OSARM.

52. Depoimento de Morrison no julgamento de Ernest Burkhart, incluído posteriormente em ibid.
53. Ibid.
54. Declaração de Katherine Cole. NARA-FW, 31/01/1926.
55. A narrativa da mudança nas declarações de Burkhart foi baseada na cobertura do julgamento pelos jornais locais, no manuscrito não ficcional de Grove e em uma carta de 1927 escrita por Leahy e arquivada nos NARA-CP junto aos documentos de clemência de Burkhart.
56. *Tulsa Daily World*, 10/06/1926, e manuscrito não ficcional de Grove.
57. *Tulsa Daily World*, 10/06/1926.
58. Grove com White. Relato não ficcional inédito. NMSUL.
59. *Daily Journal-Capital*, 09/06/1926.
60. *Tulsa Daily World*, 10/06/1926.
61. *The New York Times*, 10/06/1926.
62. Carta de White a Hoover. FBI, 15/06/1926.
63. Citado numa carta de 1926 dirigida por Short a Luhring. NARA-FW.
64. Transcrição da entrevista com White. NMSUL.
65. *Tulsa Daily World*, 19/08/1926.

20. E QUE DEUS OS AJUDE! [pp. 245-58]

1. *Tulsa Tribune*, 29/07/1926.
2. Relatório de Burger. FBI, 02/11/1928.
3. *Tulsa Tribune*, 21/08/1926.
4. Ibid.
5. *Tulsa Daily World*, 30/07/1926.
6. *Tulsa Tribune*, 29/07/1926.
7. *Tulsa Daily World*, 31/07/1926.
8. Lamb. *Tragedies of the Osage Hills*, p. 179.
9. *Tulsa Daily World*, 19/08/1926.
10. *Daily Journal-Capital*, 20/08/1926.
11. *Tulsa Tribune*, 21/08/1926.
12. Para esta citação e outros detalhes da cena, ver *Oklahoma City Times*, 25/08/1926.
13. Relatório de H. E. James. FBI, 11/05/1928.
14. *Daily Oklahoman*, 08/10/1926.
15. Oscar R. Luhring a Roy St. Lewis. NARA-FW, 23/09/1926.
16. U.S. v. John Ramsey and William K. Hale. NARA-FW, out. 1926.

17. Ibid.
18. Declaração de Ernest Burkhart em seu julgamento de 1926. NMSUL.
19. Alegações finais de Oscar R. Luhring. U.S. v. John Ramsey and William K. Hale. NARA-FW, out. 1926.
20. Ibid.
21. *Daily Oklahoman*, 30/10/1926.
22. *Tulsa Daily World*, 30/10/1926.
23. *The New York Times*, 30/10/1926.
24. Carta de Leahy para o promotor-geral dos Estados Unidos. FBI/FOIA, 01/02/1929.
25. Carta de Morrison a Hale. State of Oklahoma v. Kelsie Morrison. OSARM.
26. Depoimento de Bryan Burkhart. State of Oklahoma v. Kelsie Morrison, OSARM.
27. Ibid.
28. *St. Louis Post-Dispatch*, 04/11/1926.
29. Carta de Hoover a White. FBI, 09/01/1926.
30. Artigo de jornal, s/p. FBI, s/d.
31. Memorando de Burger. FBI, 27/10/1932.
32. *The Lucky Strike Hour*, 15/11/1932.
33. Carta de Hoover a White. FBI/FOIA, 06/02/1926.
34. Citado em Adams. *Tom White*, p. 76.
35. Carta de Mabel Walker Willebrandt a Hoover. FBI/FOIA, 15/02/1927.
36. Carta de Hoover a Willebrandt. FBI/FOIA, 09/12/1926.
37. Earley. *The Hot House*, p. 30.
38. *Daily Oklahoman*, s/d, e transcrição de entrevista com White. NMSUL.

21. A ESTUFA [pp. 259-74]

1. Adams. *Tom White*, p. 84.
2. Rudensky. *Gonif*, p. 32.
3. Ibid., p. 33.
4. Acreditando ser indispensável que os prisioneiros se ocupassem, White permitiu que Robert Stroud, condenado por assassinato, mantivesse um aviário com cerca de trezentos canários em sua cela, e ele ficou conhecido como o Homem Pássaro. Numa carta, a mãe de Stroud manifestou sua gratidão a White, por seu filho se submeter à autoridade de alguém que compreendia "a natureza humana e suas muitas fraquezas".
5. Adams. *Tom White*, p. 133.

6. Rudensky. *Gonif*, p. 27.

7. Autobiografia de Carl Panzram, 03/11/1928. Documentos de Panzram. SDSUL.

8. Nash. *Almanac of World Crime*, p. 102.

9. Relatório de Leavenworth sobre Hale, out. 945. NARA-CP.

10. Carta de White a Morris F. Moore. NARA-CP, 23/11/1926.

11. Mrs. W. K. Hale a White. NARA-CP, 29/09/1927.

12. Declarações de Hale. NARA-CP, 31/01/1927.

13. Relatório de Leavenworth sobre Hale. NARA-CP, 01/08/1941.

14. Hale apelou de sua condenação e em 1928, para surpresa geral, uma corte de apelação reverteu o veredito. Um homem que assessorava a equipe da defesa disse depois que Hale tinha alguém que fizera "o conserto". Mas em pouco tempo Hale foi julgado novamente e condenado, assim como Ramsey.

15. Documentos do espólio de Mollie Burkhart, arquivo nº 2173. NARA-FW.

16. A narrativa da tentativa de fuga se baseia principalmente em documentos do FBI obtidos ao amparo da Lei de Liberdade de Informação, na transcrição de uma entrevista com um dos condenados concedida ao escritor David A. Ward, em cartas de Tom White, em matérias de jornais e em Adams, *Tom White*.

17. *Dunkirk Evening Observer*, 12/12/1931.

18. Adams. *Tom White*, p. 114.

19. *Pittsburgh Press*, 14/12/1939.

20. *Dunkirk Evening Observer*, 12/12/1931.

21. Ward. *Alcatraz*, p. 6.

22. Ibid.

23. Adams. *Tom White*, pp. 109-10.

24. *Pittsburgh Press*, 14/12/1939.

25. Gentry. *J. Edgar Hoover*, p. 169.

26. Citado em ibid., p. 58.

27. Carta de White a Hoover. FBI/FOIA, 01/07/1938.

28. Agente Especial Destacado para El Paso a Hoover. FBI/FOIA, 12/02/1951.

29. Carta de White a Hoover. FBI/FOIA, 03/09/1954.

30. Carta de Hoover a White. FBI/FOIA, 09/09/1954.

31. Carta de Gus T. Jones a Hoover. FBI/FOIA, 16/06/1934.

32. Carta de Wren a Hoover. FBI/FOIA, 02/08/1932.

33. Carta de Wren a Hoover. FBI/FOIA, 04/10/1936.

34. Carta de White a Hoover. FBI/FOIA, 10/11/1955.

35. Carta de White a Grove. NMSUL, 10/08/1959.

36. Carta de White a Hoover. FBI/FOIA, 20/03/1958.

37. Carta de M. A. Jones a Gordon Nease. FBI/FOIA, 04/04/1958.
38. Carta de Bessie White a Grove. NMSUL, 21/09/1959.
39. Carta de Tom White a Grove. FBI/FOIA, 04/01/1960.
40. Carta de J. E. Weems a Grove. NMSUL, 28/06/1963.
41. Carta de White a Hoover. FBI/FOIA, 15/02/1969.
42. Adams. *Tom White*, pós-escrito.
43. Agente Especial Destacado para El Paso a Hoover. FBI/FOIA, 21/12/1971.

22. TERRAS FANTASMAS [pp. 277-93]

1. Morris. *Ghost Towns of Oklahoma*, p. 83.
2. Louis F. Burns. *History of the Osage People*, p. xiv.
3. Para maiores informações sobre as danças osages, ver Callahan. *Osage Ceremonial Dance I'n-Lon-Schka*.
4. Louis F. Burns. *History of the Osage People*, p. 496.
5. *Fairfax Chief*, 17/06/1937.
6. Cópia da Resolução nº 78 do Conselho Tribal Osage, 15/11/1937. NARA-FW.
7. *Kansas City Times*, 21/12/1937.
8. *Daily Journal-Capital*, 03/08/1947.
9. *Oklahoma City Times*, 26/10/1959.
10. *Daily Oklahoman*, 14/02/1966.
11. *Literary Digest*, 14/05/1932.
12. *Hamilton Evening Journal*, 28/09/1929.
13. "Wi'-gi-e", de Paschen. *Bestiary*.
14. Webb-Storey. "Culture Clash", p. 115.

23. UM CASO EM ABERTO [pp. 294-303]

1. *Daily Oklahoman*, 02/07/1923.
2. Relatório de Smith. FBI, 28/09/1925.
3. Audiências ante a Comissão Conjunta do Congresso dos Estados Unidos, 1505.
4. Relatório de Weiss e Burger. FBI, 11/04/1924.
5. Ibid.
6. Relatório de Wren. FBI, 05/11/1925.
7. Relatório de Smith. FBI, 03/04/1926.

24. EM DOIS MUNDOS [pp. 304-14]

1. Tallchief. *Maria Tallchief*, p. 4.
2. Ibid., p. 9.
3. Hale para Wilson Kirk, 27/11/1931. ONM.
4. Relatório de Findlay. FBI, 13/07/1923.
5. Ibid.
6. Ibid.
7. Relatório de Burger. FBI, 12/08/1924.
8. Relatório de Findlay. FBI, 13/07/1923.
9. Ibid.
10. Ibid.
11. Relatório de Burger. FBI, 12/08/1924.
12. Relatório de Burger. FBI, 13/08/1924.
13. Relatório de Weiss e Burger. FBI, 10/01/1924.
14. Ibid.
15. Relatório de Weiss e Burger. FBI, 26/12/1923.
16. Relatório de Weiss e Burger. FBI, 02/01/1924.
17. Relatório de Weiss e Burger. FBI, 10/01/1924.
18. Relatório de Weiss e Burger. FBI, 26/12/1923.
19. Relatório de Burger. FBI, 13/08/1924.

25. O MANUSCRITO PERDIDO [pp. 315-9]

1. Corte Distrital dos Estados Unidos para o Distrito Norte de Oklahoma. U.S. v. Osage Wind, Enel Kansas and Enel Green Power North America, 30/09/2015.
2. Ibid.
3. *Tulsa World*, 25/02/2015.
4. *Pawhuska Daily Capital*, 30/01/1919.
5. Citado em "The Murder of Mary Denoya-Bellieu-Lewis", PPL.

26. A VOZ DO SANGUE [pp. 320-32]

1. E. E. Shepperd para o Escritório da Promotoria dos Estados Unidos, 08/01/1926. NARA-FW.
2. *Daily Oklahoman*, 25/10/1926.

3. Citado em Wilson. *Underground Reservation*, p. 144.

4. Citado em McAuliffe. *The Deaths of Sybil Bolton*, p. 109.

5. Relatório do Bureau intitulado "Murder on Indian Reservation", 06/11/1932. FBI.

6. McAuliffe. *The Deaths of Sybil Bolton*, p. 251.

7. Ball. *Osage Tribal Murders*.

8. Entrevista com F. G. Grimes Jr. e Edwin Brown, 17/06/1925. FBI.

9. Relatório de Smith. FBI, 30/10/1926.

10. Robert Allen Warrior. "Review Essay: The Deaths of Sybil Bolton: An American History". *Wicazo Sa Review* 11, 1995, p. 52.

11. McAuliffe. *The Deaths of Sybil Bolton*, p. 137.

12. Ibid., p. 139.

13. Da edição revista e atualizada de *The Deaths of Sybil Bolton*, de McAuliffe, que passou a se chamar *Bloodland: A Family Story of Oil, Greed, and Murder on the Osage Reservation*, p. 287.

14. Citado em Wallis. *Oil Man*, p. 152.

Bibliografia selecionada

ACKERMAN, Kenneth D. *Young J. Edgar: Hoover, the Red Scare, and the Assault on Civil Liberties*. Nova York: Carroll & Graf, 2007.

ADAMS, Verdon R. *Tom White: The Life of a Lawman*. El Paso: Texas Western Press, 1972.

ADCOCK, James M.; CHANCELLOR, Arthur S. *Death Investigations*. Burlington, Mass.: Jones & Bartlett Learning, 2013.

ALEXANDER, Bob. *Bad Company and Burnt Powder: Justice and Injustice in the Old Southwest*. Denton: University of North Texas Press, 2014.

ALLEN, Frederick Lewis. *Only Yesterday: An Informal History of the 1920s*. Nova York: John Wiley & Sons, 1997.

AMBROSE, Stephen E. *Undaunted Courage: Meriwether Lewis, Thomas Jefferson, and the Opening of the American West*. Nova York: Simon & Schuster, 2002.

ANDERSON, Dan; YADON, Laurence J.; SMITH, Robert B. *100 Oklahoma Outlaws Gangsters, and Lawmen, 1839 — 1939*. Gretna, La.: Pelican, 2007.

BABYAK, Jolene. *Birdman: The Many Faces of Robert Stroud*. Berkeley, Calif.: Ariel Vamp Press, 1994.

BAILEY, Garrick Alan. *Changes in Osage Social Organization, 1673-1906*. University of Oregon Anthropological Papers 5 [Universidade do Oregon, Documentos Antropológicos 5]. Eugene: Department of Anthropology, University of Oregon, 1973.

_____. "The Osage Roll: An Analysis." *Indian Historian* 5 (Primavera 1972), pp. 26-9.

BAILEY, Garrick Alan; SWAN, Daniel C.; NUNLEY, John W.; BEAR, E. Sean Standing. *Art of the Osage*. Seattle: St. Louis Art Museum em associação com University of Washington Press, 2004.

BAILEY, Garrick Alan; STURTEVANT, William C. (eds.) *Indians in Contemporary Society*. v. 2. *Handbook of North American Indians*. Washington, DC: Smithsonian Institution, 2008.

BAIRD, W. David. *The Osage People*. Phoenix: Indian Tribal Series, 1972.

BALL, Larry D. *Desert Lawmen: The High Sheriffs of New Mexico and Arizona, 1846-1912*. Albuquerque: University of New Mexico Press, 1996.

BALL, Sherwood. (Dir.) *Osage Tribal Murders*. Los Angeles: Ball Entertainment, 2010. Filme em DVD.

BATES, James Leonard. *The Origins of Teapot Dome: Progressives, Parties, and Petroleum,1909-1921*. Urbana: University of Illinois Press, 1964.

BLUM, Howard. *American Lightning: Terror, Mystery, the Birth of Hollywood, and the Crime of the Century*. Nova York: Three Rivers Press, 2008.

BOATRIGHT, Mody C.; OWENS, William A. *Tales from the Derrick Floor: A People's History of the Oil Industry*. Garden City, NY: Doubleday, 1970.

BOORSTIN, Daniel J. *The Americans: The Democratic Experience*. Nova York: Vintage, 1974.

BREUER, William B. *J. Edgar Hoover and His G-Men*. Westport, Conn.: Praeger, 1995.

BROWN, Meredith Mason. *Frontiersman: Daniel Boone and the Making of America*. Baton Rouge: Louisiana State University Press, 2009.

BURCHARDT, Bill. "Osage Oil". *Chronicles of Oklahoma* 41 (Outono 1963), pp. 253-69.

BURNS, Louis F. *A History of the Osage People*. Tuscaloosa: University of Alabama Press, 2004.

_____. *Osage Indian Customs and Myths*. Tuscaloosa: University of Alabama Press, 2005.

BURNS, William J. *The Masked War: The Story of a Peril That Threatened the United States*. Nova York: George H. Doran, 1913.

BURROUGH, Bryan. *Public Enemies: America's Greatest Crime Wave and the Birth of the FBI, 1933-34*. Nova York: Penguin, 2009.

CAESAR, Gene. *Incredible Detective: The Biography of William J. Burns*. Nova York: Prentice-Hall, 1989.

CALLAHAN, Alice Anne. *The Osage Ceremonial Dance I'n-Lon-Schka*. Norman: University of Oklahoma Press, 1993.

CECIL, Matthew. *Hoover's FBI and the Fourth Estate: The Campaign to Control the Press and the Bureau's Image*. Lawrence: University Press of Kansas, 2014.

CHAPMAN, Berlin B. "Dissolution of the Osage Reservation, Part One." *Chronicles of Oklahoma* 20 (set.-dez. 1942), pp. 244-54.
_____. "Dissolution of the Osage Reservation, Part Two." *Chronicles of Oklahoma* 20 (set.-dez. 1942), pp. 375-87.
_____. "Dissolution of the Osage Reservation, Part Three." *Chronicles of Oklahoma* 21 (mar. 1943), pp. 78-88.
_____. "Dissolution of the Osage Reservation, Part Four." *Chronicles of Oklahoma* 21 (jun. 1943), pp. 171-82.
CHRISTISON, Sir Robert. *A Treatise on Poisons in Relation to Medical Jurisprudence, Physiology, and the Practice of Physic*. Edinburgh: Adam Black, 1832.
COLLINS, Michael L. *Texas Devils: Rangers and Regulars on the Lower Rio Grande, 1846-1861*. Norman: University of Oklahoma Press, 2008.
CONNELLY, William L. *The Oil Business as I Saw It: Half a Century with Sinclair*. Norman: University of Oklahoma Press, 1954.
COPE, Jack. *1300 Metropolitan Avenue: A History of the United States Penitentiary at Leavenworth, Kansas*. Leavenworth, Kans.: Unicor Print Press, 1997.
CORDRY, Dee. *Alive If Possible — Dead If Necessary*. Mustang, Okla.: Tate, 2005.
COX, James. *Historical and Biographical Record of the Cattle Industry and the Cattlemen of Texas and Adjacent Territory*. St. Louis: Woodward & Tiernan, 1895.
COX, Mike. *Time of the Rangers*. Nova York: Tom Doherty Associates, 2010.
CROCKETT, Art. *Serial Murderers*. Nova York: Pinnacle Books, 1993.
DANIELL, L. E. *Personnel of the Texas State Government, with Sketches of Distinguished Texans, Embracing the Executive and Staff, Heads of the Departments, United States Senators and Representatives, Members of the Twenty-First Legislature*. Austin: Smith, Hicks & Jones, 1889.
DAUGHERTY, H. M.; DIXON, Thomas. *The Inside Story of the Harding Tragedy*. Nova York: Churchill, 1932.
DEAN, John W. *Warren G. Harding*. Nova York: Times Books, 2004.
DEBO, Angie. *And Still the Waters Run: The Betrayal of the Five Civilized Tribes*. Princeton, NJ: Princeton University Press, 1991.
DEMARIS, Ovid. *The Director: An Oral Biography of J. Edgar Hoover*. Nova York: Harper's Magazine Press, 1975.
DENNISON, Jean. *Colonial Entanglement: Constituting a Twenty-First-Century Osage Nation*. Chapel Hill: University of North Carolina Press, 2012.
DICKERSON, Philip J. *History of the Osage Nation: Its People, Resources, and Prospects: The East Reservation to Open in the New State*. Pawhuska, Okla.: P. J. Dickerson, 1906.
DICKEY, Michael. *The People of the River's Mouth: In Search of the Missouria Indians*. Columbia: University of Missouri Press, 2011.

DOHERTY, Jim. *Just the Facts: True Tales of Cops and Criminals*. Tucson: Deadly Serious Press, 2004.

EARLEY, Pete. *The Hot House: Life Inside Leavenworth Prison*. Nova York: Bantam Books, 1993.

ELLIS, William Donohue. *Out of the Osage: The Foster Story*. Oklahoma City: Western Heritage Books, 1994.

FINNEY, Frank F. "John N. Florer." *Chronicles of Oklahoma* 33 (Verão 1955), pp. 142-4.

_____. "The Osages and Their Agency During the Term of Isaac T. Gibson Quaker Agent." *Chronicles of Oklahoma* 36 (Inverno 1958–9), pp. 416-28.

_____. "Progress in the Civilization of the Osage." *Chronicles of Oklahoma* 40 (Primavera 1962), pp. 2-21.

FINNEY, James Edwin; THOBURN, Joseph B. "Reminiscences of a Trader in the Osage Country." *Chronicles of Oklahoma* 33 (Verão 1955), pp. 145-58.

FINNEY, Thomas McKean. *Pioneer Days with the Osage Indians: West of '96*. Pawhuska, Okla.: Osage County Historical Society, 1972.

FIXICO, Donald Lee. *The Invasion of Indian Country in the Twentieth Century: American Capitalism and Tribal Natural Resources*. Niwot: University Press of Colorado, 1998.

FOLEY, William E.; RICE, C. David. *The First Chouteaus: River Barons of Early St. Louis*. Urbana: University of Illinois Press, 2000.

FORBES, Gerald. "History of the Osage Blanket Lease." *Chronicles of Oklahoma* 19 (mar. 1941), pp. 70-81.

FOREMAN, Grant. "J. George Wright." *Chronicles of Oklahoma* 20 (jun. 1942), pp. 120-3.

FRANKS, Kenny Arthur. *The Osage Oil Boom*. Oklahoma City: Western Heritage Books, 1989.

FRANKS, Kenny Arthur; LAMBERT, Paul F.; TYSON, Carl N. *Early Oklahoma Oil: A Photographic History, 1859-1936*. College Station: Texas A&M University Press, 1981.

FRIEDMAN, Lawrence M. *Crime and Punishment in American History*. Nova York: Basic Books, 1993.

GADDIS, Thomas E.; LONG, James O. (eds.). *Panzram: A Journal of Murder*. Los Angeles: Amok Books, 2002.

GAGE, Beverly. *The Day Wall Street Exploded: A Story of America in Its First Age of Terror*. Nova York: Oxford University Press, 2009.

GENTRY, Curt. *J. Edgar Hoover: The Man and the Secrets*. Nova York: W. W. Norton, 2001.

GETTY, Jean Paul. *As I See It: The Autobiography of J. Paul Getty*. Los Angeles: J. Paul Getty Museum, 2003.

GETTY, Jean Paul. *How to Be Rich*. Nova York: Jove Books, 1983.

_____. *My Life and Fortunes*. Nova York: Duell, Sloan & Pearce, 1963.

GILBREATH, West C. *Death on the Gallows: The Story of Legal Hangings in New Mexico, 1847-1923*. Silver City, NM: High-Lonesome Books, 2002.

GLASSCOCK, Carl Burgess. *Then Came Oil: The Story of the Last Frontier*. Indianapolis: Bobbs-Merrill, 1938.

GRAVES, W. W. *Life and Letters of Fathers Ponziglione, Schoenmakers, and Other Early Jesuits at Osage Mission: Sketch of St. Francis' Church; Life of Mother Bridget*. St. Paul, Kans.: W. W. Graves, 1916.

_____. *Life and Letters of Rev. Father John Schoenmakers, S.J., Apostle to the Osages*. Parsons, Kans.: Commercial, 1928.

GRAYBILL, Andrew R. *Policing the Great Plains: Rangers, Mounties, and the North American Frontier, 1875-1910*. Lincoln: University of Nebraska Press, 2007.

GREGORY, Robert. *Oil in Oklahoma*. Muskogee, Okla.: Leake Industries, 1976.

GROSS, Hans. *Criminal Psychology: A Manual for Judges, Practitioners, and Students*. Montclair, NJ: Patterson Smith, 1968.

GROVE, Fred. *The Years of Fear: A Western Story*. Waterville, Maine: Five Star, 2002.

GUNTHER, Max. *The Very, Very Rich and How They Got That Way*. Hampshire, UK: Harriman House, 2010.

HAGAN, William T. *Taking Indian Lands: The Cherokee (Jerome) Commission, 1889-1893*. Norman: University of Oklahoma Press, 2003.

HAMMONS, Terry. *Ranching from the Front Seat of a Buick: The Life of Oklahoma's A. A. "Jack" Drummond*. Oklahoma City: Oklahoma Historical Society, 1982.

HANSON, Maynard J. "Senator William B. Pine and His Times". Oklahoma State University, 1983. [Tese de Doutorado]

HARMON, Alexandra. *Rich Indians: Native People and the Problem of Wealth in American History*. Chapel Hill: University of North Carolina Press, 2010.

HARRIS, Charles H.; SADLER, Louis R. *The Texas Rangers and the Mexican Revolution: The Bloodiest Decade, 1910-1920*. Albuquerque: University of New Mexico Press, 2004.

HASTEDT, Karl G. "White Brothers of Texas Had Notable FBI Careers". *Grapevine*, fev. 1960.

HESS, Janet Berry. *Osage and Settler: Reconstructing Shared History Through an Oklahoma Family Archive*. Jefferson, NC: McFarland, 2015.

HICKS, J. C. "Auctions of Osage Oil and Gas Leases". University of Oklahoma, 1949. [Dissertação de mestrado]

HOFSTADTER, Richard. *The Age of Reform: From Bryan to F.D.R*. Nova York: Knopf, 1955.

HOGAN, Lawrence J. *The Osage Indian Murders: The True Story of a Multiple Murder Plot to Acquire the Estates of Wealthy Osage Tribe Members*. Frederick, Md.: Amlex, 1998.

HORAN, James D. *The Pinkertons: The Detective Dynasty That Made History*. Nova York: Crown, 1969.

HOYT, Edwin. *Spectacular Rogue: Gaston B. Means*. Indianapolis: Bobbs-Merrill, 1963.

HUNT, William R. *Front-Page Detective: William J. Burns and the Detective Profession, 1880-1930*. Bowling Green, Ohio: Popular Press, 1990.

HUNTER, J. Marvin; PRICE, B. Byron. *The Trail Drivers of Texas: Interesting Sketches of Early Cowboys and Their Experiences on the Range and on the Trail During the Days That Tried Men's Souls, True Narratives Related by Real Cowpunchers and Men Who Fathered the Cattle Industry in Texas*. Austin: University of Texas Press, 1985.

HYND, Alan. *Great True Detective Mysteries*. Nova York: Grosset & Dunlap, 1969.

INDIAN RIGHTS ASSOCIATION [ASSOCIAÇÃO DE DIREITOS INDÍGENAS]. *Forty--Fourth Annual Report of the Board of Directors of the Indian Rights Association (Incorporated) for the Year Ending December 15, 1926*. Filadélfia: Office of the Indian Rights Association, 1927.

IRWIN, Lew. *Deadly Times: The 1910 Bombing of the "Los Angeles Times" and America's Forgotten Decade of Terror*. Nova York: Rowman & Littlefield, 2013.

JOHNSON, David R. *American Law Enforcement: A History*. Wheeling, Illinois: Forum Press, 1981.

_____. *Policing the Urban Underworld: The Impact of Crime on the Development of the American Police, 1800-1887*. Filadélfia: Temple University Press, 1979.

JOHNSTON, J. H. *Leavenworth Penitentiary: A History of America's Oldest Federal Prison*. Leavenworth, Kans.: J. H. Johnston, 2005.

JONES, Mark; JOHNSTONE, Peter. *History of Criminal Justice*. Nova York: Elsevier, 2012.

JONES, Mary Ann. "The Leavenworth Prison Break". *Harper's Monthly*, jul. 1945.

KESSLER, Ronald. *The Bureau: The Secret History of the FBI*. Nova York: St. Martin's Paperbacks, 2003.

KEVE, Paul W. *Prisons and the American Conscience: A History of U.S. Federal Corrections*. Carbondale: Southern Illinois University Press, 1991.

KNOWLES, Ruth Sheldon. *The Greatest Gamblers: The Epic of American Oil Exploration*. Norman: University of Oklahoma Press, 1980.

KRAISINGER, Gary; KRAISINGER, Margaret. *The Western: The Greatest Texas Cattle Trail, 1874-1886*. Newton, Kans.: Mennonite Press, 2004.

KURLAND, Michael. *Irrefutable Evidence: Adventures in the History of Forensic Science*. Chicago: Ivan R. Dee, 2009.

KVASNICKA, Robert M.; VIOLA, Herman J. (eds.) *The Commissioners of Indian Affairs, 1824-1977*. Lincoln: University of Nebraska Press, 1979.

LA FLESCHE, Francis. *The Osage and the Invisible World: From the Works of Francis La Flesche*. Editado por Garrick Alan Bailey. Norman: University of Oklahoma Press, 1995.

_____. *The Osage Tribe: Rite of the Chiefs; Sayings of the Ancient Men*. Washington, DC: Bureau of American Ethnology, 1921.

LAMB, Arthur H. *Tragedies of the Osage Hills*. Pawhuska, Okla.: Raymond Red Corn, 2001.

LAMBERT, Paul F.; FRANKS, Kenny Arthur. *Voices from the Oil Fields*. Norman: University of Oklahoma Press, 1984.

LENZNER, Robert. *The Great Getty: The Life and Loves of J. Paul Getty, Richest Man in the World*. Nova York: New American Library, 1987.

LEONARD, Thomas C. "American Economic Reform in the Progressive Era: Its Foundational Beliefs and Their Relationship to Eugenics". *History of Political Economy* 41 (2009), pp. 109-41.

_____. "Retrospectives: Eugenics and Economics in the Progressive Era". *Journal of Economic Perspectives* 19 (2005), pp. 207-24.

LLOYD, Roger Hall. *Osage County: A Tribe and American Culture, 1600-1934*. Nova York: iUniverse, 2006.

LOMBROSO, Cesare. *Criminal Man*. Traduzido para o inglês por Mary Gibson e Nicole Hahn Rafter. Durham, NC: Duke University Press, 2006.

LOOK MAGAZINE, ed. *The Story of the FBI*. Nova York: E. Dutton, 1947.

LOWENTHAL, Max. *The Federal Bureau of Investigation*. Westport, Conn.: Greenwood Press, 1971.

LUKAS, J. Anthony. *Big Trouble: A Murder in a Small Western Town Sets Off a Struggle for the Soul of America*. Nova York: Touchstone Books, 1998.

LYNCH, Gerald. *Roughnecks, Drillers, and Tool Pushers: Thirty-Three Years in the Oil Fields*. Austin: University of Texas Press, 1991.

MACKAY, James A. *Allan Pinkerton: The First Private Eye*. Nova York: J. Wiley & Sons, 1997.

MATHEWS, John Joseph. *Life and Death of an Oilman: The Career of E. W. Marland*. Norman: University of Oklahoma Press, 1989.

_____. *The Osages: Children of the Middle Waters*. Norman: University of Oklahoma Press, 1973.

_____. *Sundown*. Norman: University of Oklahoma Press, 1988.

_____. *Talking to the Moon*. Norman: University of Oklahoma Press, 1981.

MATHEWS, John Joseph. *Twenty Thousand Mornings: An Autobiography*. Norman: University of Oklahoma Press, 2012.

_____. *Wah'kon-Tah: The Osage and the White Man's Road*. Norman: University of Oklahoma, 1981.

MCAULIFFE, Dennis. *The Deaths of Sybil Bolton: An American History*. Nova York: Times Books, 1994.

MCCARTNEY, Laton. *The Teapot Dome Scandal: How Big Oil Bought the Harding White House and Tried to Steal the Country*. Nova York: Random House Trade Paperbacks, 2009.

MCCONAL, Patrick M. *Over the Wall: The Men Behind the 1934 Death House Escape*. Austin: Eakin Press, 2000.

MERCHANT, Carolyn. *American Environmental History: An Introduction*. Nova York: Columbia University Press, 2013.

MILLER, Russell. *The House of Getty*. Nova York: Henry Holt, 1985.

MILLSPAUGH, Arthur C. *Crime Control by the National Government*. Washington, DC: Brookings Institution, 1937.

MINER, H. Craig. *The Corporation and the Indian: Tribal Sovereignty and Industrial Civilization in Indian Territory, 1865-1907*. Norman: University of Oklahoma Press, 1989.

MINER, H. Craig; UNRAU, William E. *The End of Indian Kansas: A Study of Cultural Revolution, 1854-1871*. Lawrence: University Press of Kansas, 1990.

MORGAN, R. D. *Taming the Sooner State: The War Between Lawmen and Outlaws in Oklahoma and Indian Territory, 1875-1941*. Stillwater, Okla.: New Forums Press, 2007.

MORN, Frank. *"The Eye That Never Sleeps": A History of the Pinkerton National Detective Agency*. Bloomington: Indiana University Press, 1982.

MORRIS, John W. *Ghost Towns of Oklahoma*. Norman: University of Oklahoma Press, 1978.

NASH, Jay Robert. *Almanac of World Crime*. Garden City, NY: Anchor Press, 1981.

_____. *Citizen Hoover: A Critical Study of the Life and Times of J. Edgar Hoover and His FBI*. Chicago: Nelson-Hall, 1972.

NIEBERDING, Velma. "Catholic Education Among the Osage". *Chronicles of Oklahoma* 32 (outono 1954), pp. 290-307.

NOGGLE, Burl. *Teapot Dome: Oil and Politics in the 1920's*. Nova York: W. W. Norton, 1965.

OFFICE OF THE COMMISSIONER OF INDIAN AFFAIRS [GABINETE DO COMISSÁRIO DE ASSUNTOS INDÍGENAS]. *Report of the Commissioner of Indian Affairs to the Secretary of the Interior, for the Year 1871*. Washington, DC: Government Printing Office, 1872.

ollestad, Norman. *Inside the FBI*. Nova York: Lyle Stuart, 1967.

osage county historical society [sociedade histórica do condado osage]. *Osage County Profiles*. Pawhuska, Okla.: Osage County Historical Society, 1978.

osage tribal council, United States, Bureau of Indian Affairs [conselho tribal osage, Estados Unidos, Bureau de Assuntos Indígenas] e Osage Agency [Agência Osage]. *1907-1957, Osage Indians Semi-centennial Celebration: Commemorating the Closing of the Osage Indian Roll, the Allotment of the Lands of the Osage Reservation in Severalty and the Dedication of the Osage Tribal Chamber*. Pawhuska, Okla.: Osage Agency Campus, 1957.

parker, Doris Whitetail. *Footprints on the Osage Reservation*. Pawhuska, Okla.: o autor, 1982.

parsons, Chuck. *Captain John R. Hughes: Lone Star Ranger*. Denton: University of North Texas Press, 2011.

paschen, Elise. *Bestiary*. Pasadena, Calif.: Red Hen Press, 2009.

pawhuska Journal-Capital. *Cowboys, Outlaws, and Peace Officers*. Pawhuska, Okla.: Pawhuska Journal-Capital, 1996.

_____. *Reflections of Pawhuska, Oklahoma*. Pawhuska, Okla.: Pawhuska Journal-Capital, 1995.

pinkerton, Allan. *Criminal Reminiscences and Detective Sketches*. Nova York: Garrett Press, 1969.

_____. *Thirty Years a Detective*. Warwick, ny: 1500 Books, 2007.

powers, Richard Gid. *G-Men: Hoover's FBI in American Popular Culture*. Carbondale: Southern Illinois University Press, 1983.

_____. *Secrecy and Power: The Life of J. Edgar Hoover*. Nova York: Free Press, 1988.

prettyman, William S.; cunningham, Robert E. *Indian Territory: A Frontier Photographic Record by W. S. Prettyman*. Norman: University of Oklahoma Press, 1957.

prucha, Francis Paul. *The Churches and the Indian Schools, 1888-1912*. Lincoln: University of Nebraska Press, 1979.

ramsland, Katherine M. *Beating the Devil's Game: A History of Forensic Science and Criminal Investigation*. Nova York: Berkley Books, 2014.

_____. *The Human Predator: A Historical Chronicle of Serial Murder and Forensic Investigation*. Nova York: Berkley Books, 2013.

red corn, Charles H. *A Pipe for February: A Novel*. Norman: University of Oklahoma Press, 2002.

revard, Carter. *Family Matters, Tribal Affairs*. Tucson: University of Arizona Press, 1998.

RISTER, Carl Coke. *Oil! Titan of the Southwest*. Norman: University of Oklahoma Press, 1957.

ROFF, Charles L. *A Boom Town Lawyer in the Osage, 1919-1927*. Quanah, Tex.: Nortex Press, 1975.

ROLLINGS, Willard H. *The Osage: An Ethnohistorical Study of Hegemony on the Prairie-Plains*. Columbia: University of Missouri Press, 1995.

_____. *Unaffected by the Gospel: Osage Resistance to the Christian Invasion (1673-1906): A Cultural Victory*. Albuquerque: University of New Mexico Press, 2004.

RUDENSKY, Red. *The Gonif*. Blue Earth, Minn.: Piper, 1970.

RUSSELL, Orpha B. "Chief James Bigheart of the Osages". *Chronicles of Oklahoma* 32 (inverno 1954-5), pp. 884-94.

SBARDELLATI, John. *J. Edgar Hoover Goes to the Movies: The FBI and the Origins of Hollywood's Cold War*. Ithaca, NY: Cornell University Press, 2012.

SHIRLEY, Glenn. *West of Hell's Fringe: Crime, Criminals, and the Federal Peace Officer in Oklahoma Territory, 1889-1907*. Norman: University of Oklahoma Press, 1990.

SHOEMAKER, Arthur. *The Road to Marble Halls: The Henry Grammer Saga*. [S.l.]: Basic Western Book Company, 2000.

SPELLMAN, Paul N. *Captain J. A. Brooks, Texas Ranger*. Denton: University of North Texas Press, 2007.

STANSBERY, Lon R. *The Passing of 3-D Ranch*. Nova York: Buffalo-Head Press, 1966.

STARR, Douglas. *The Killer of Little Shepherds: A True Crime Story and the Birth of Forensic Science*. Nova York: Alfred A. Knopf, 2010.

STERLING, William Warren. *Trails and Trials of a Texas Ranger*. Norman: University of Oklahoma Press, 1959.

STRATTON, David H. *Tempest over Teapot Dome: The Story of Albert B. Fall*. Norman: University of Oklahoma Press, 1998.

STRICKLAND, Rennard. *The Indians in Oklahoma*. Norman: University of Oklahoma Press, 1980.

SULLIVAN, William; BROWN, Bill. *The Bureau: My Thirty Years in Hoover's FBI*. Nova York: Pinnacle Books, 1982.

SUMMERSCALE, Kate. *The Suspicions of Mr. Whicher: A Shocking Murder and the Undoing of a Great Victorian Detective*. Nova York: Bloomsbury, 2009.

TAIT, Samuel W. *The Wildcatters: An Informal History of Oil-Hunting in America*. Princeton, NJ: Princeton University Press, 1946.

TALLCHIEF, Maria. *Maria Tallchief: America's Prima Ballerina*. Com Larry Kaplan. Nova York: Henry Holt, 1997.

TARBELL, Ida M. *The History of the Standard Oil Company*. Editado por David Mark Chalmers. Nova York: Harper & Row, 1966.

———. "Identification of Criminals." *McClure's Magazine*, mar. 1894.

THOBURN, Joseph Bradfield. *A Standard History of Oklahoma: An Authentic Narrative of Its Development from the Date of the First European Exploration Down to the Present Time, Including Accounts of the Indian Tribes, Both Civilized and Wild, of the Cattle Range, of the Land Openings and the Achievements of the Most Recent Period*. Chicago: American Historical Society, 1916.

THOMAS, James. "The Osage Removal to Oklahoma". *Chronicles of Oklahoma* 55, prim. 1977, pp. 46-55.

THORNE, Tanis C. *The World's Richest Indian: The Scandal over Jackson Barnett's Oil Fortune*. Nova York: Oxford University Press, 2003.

TIXIER, Victor. *Tixier's Travels on the Osage Prairies*. Norman: University of Oklahoma Press, 1940.

TOLEDANO, Ralph de. *J. Edgar Hoover: The Man in His Time*. New Rochelle, NY: Arlington House, 1973.

TRACHTENBERG, Alan. *The Incorporation of America: Culture and Society in the Gilded Age*. Nova York: Hill and Wang, 2007.

TRACY, Tom H. "Tom Tracy Tells About... Detroit and Oklahoma: Ex Agent Recalls Exciting Times in Sooner State Where Indians, Oil Wells, and Bad Guys Kept Staff on the Go". *Grapevine*, fev. 1960.

TURNER, William W. *Hoover's FBI*. Nova York: Thunder's Mouth Press, 1993.

UNGAR, Sanford J. *FBI*. Boston: Little, Brown, 1976.

UNGER, Robert. *The Union Station Massacre: The Original Sin of J. Edgar Hoover's FBI*. Kansas City, Mo.: Kansas City Star Books, 2005.

U.S. BUREAU OF INDIAN AFFAIRS [BUREAU DE ASSUNTOS INDÍGENAS DOS ESTADOS UNIDOS]; OSAGE AGENCY [AGÊNCIA OSAGE]. *The Osage People and Their Trust Property, a Field Report*. Pawhuska, Okla.: Osage Agency, 1953.

U.S. CONGRESS; HOUSE COMMITTEE ON INDIAN AFFAIRS [CONGRESSO DOS ESTADOS UNIDOS; COMISSÃO DA CÂMARA SOBRE ASSUNTOS INDÍGENAS]. *Modifying Osage Fund Restrictions, Hearings Before the Committee on Indian Affairs on H.R. 10328*. 67º Congr., 2ª sess., 27-29 e 31 mar. 1922.

U.S. CONGRESS; HOUSE SUBCOMMITTEE OF THE COMMITTEE ON INDIAN AFFAIRS [CONGRESSO DOS ESTADOS UNIDOS; SUBCOMISSÃO DA COMISSÃO DA CÂMARA SOBRE ASSUNTOS INDÍGENAS]. *Indians of the United States: Investigation of the Field Service: Hearing by the Subcommittee on Indian Affairs*. 66º Congr., 2ª sess., 1920.

———. *Leases for Oil and Gas Purposes, Osage National Council, on H.R. 27726: Hearings Before a Subcommittee of the Committee on Indian Affairs*. 62º Congr., 3ª sess., 18-21 jan. 1913.

U.S. CONGRESS; JOINT COMMISSION TO INVESTIGATE INDIAN AFFAIRS [CONGRESSO DOS ESTADOS UNIDOS; COMISSÃO CONJUNTA PARA INVESTIGAR ASSUNTOS INDÍGENAS]. *Hearings Before the Joint Commission of the Congress of the United States*. 63º Congr., 3ª sess., 16 e 19 jan. e 3 e 11 fev. 1915.

U.S. CONGRESS; SENATE COMMITTEE ON INDIAN AFFAIRS [CONGRESSO DOS ESTADOS UNIDOS; COMISSÃO DO SENADO SOBRE ASSUNTOS INDÍGENAS]. *Hearings Before the Senate Committee on Indian Affairs on Matters Relating to the Osage Tribe of Indians*. 60º Congr., 2ª sess., 1º mar. 1909.

_____. *Survey of Conditions of the Indians in the U.S. Hearings Before the United States Senate Committee on Indian Affairs, Subcommittee on S. Res. 79*. 78º Cong., 1ª sess., 2 e 3 ago. 1943.

U.S. DEPT. OF JUSTICE; FEDERAL BUREAU OF INVESTIGATION [DEPARTAMENTO DE JUSTIÇA DOS ESTADOS UNIDOS; FBI]. *The FBI: A Centennial History, 1908-2008*. Washington, DC: U.S. Government Printing Office, 2008.

UTLEY, Robert M. *Lone Star Justice: The First Century of the Texas Rangers*. Nova York: Berkley Books, 2003.

WAGNER, E. J. *The Science of Sherlock Holmes: From Baskerville Hall to the Valley of Fear, the Real Forensics Behind the Great Detective's Greatest Cases*. Hoboken, NJ: John Wiley & Sons, 2006.

WALKER, Samuel. *Popular Justice: A History of American Criminal Justice*. Nova York: Oxford University Press, 1998.

WALLIS, Michael. *Oil Man: The Story of Frank Phillips and the Birth of Phillips Petroleum*. Nova York: St. Martin's Griffin, 1995.

_____. *The Real Wild West: The 101 Ranch and the Creation of the American West*. Nova York: St. Martin's Press, 1999.

WARD, David A. *Alcatraz: The Gangster Years*. Berkeley: University of California Press, 2009.

WAREHIME, Lester. *History of Ranching the Osage*. Tulsa: W. W. Publishers, 2001.

WEBB, Walter Prescott. *The Texas Rangers: A Century of Frontier Defense*. Austin: University of Texas Press, 2014.

WEBB-STOREY, Anna. "Culture Clash: A Case Study of Three Osage Native American Families". Oklahoma State University, 1998. [Tese de Doutorado]

WEINER, Tim. *Enemies: A History of the FBI*. Nova York: Random House, 2012.

WELCH, Neil J.; MARSTON, David W. *Inside Hoover's FBI: The Top Field Chief Reports*. Garden City, NY: Doubleday, 1984.

WELSH, Herbert. *The Action of the Interior Department in Forcing the Standing Rock Indians to Lease Their Lands to Cattle Syndicates*. Filadélfia: Indian Rights Association, 1902.

WHEELER, Burton K.; HEALY, Paul F. *Yankee from the West: The Candid, Turbulent*

Life Story of the Yankee-Born U.S. Senator from Montana. Garden City, NY: Doubleday, 1962.

WHITE, E. E. *Experiences of a Special Indian Agent*. Norman: University of Oklahoma Press, 1965.

WHITE, James D. *Getting Sense: The Osages and Their Missionaries*. Tulsa: Sarto Press, 1997.

WHITEHEAD, Don. *The FBI Story: A Report to the People*. Nova York: Random House, 1956.

WIEBE, Robert H. *The Search for Order, 1877-1920*. Nova York: Hill and Wang, 1967.

WILDER, Laura Ingalls. *Little House on the Prairie*. Nova York: Harper & Brothers, 1935. Reimpressão, Nova York: HarperCollins, 2010.

WILSON, Terry P. "Osage Indian Women During a Century of Change, 1870-1980". *Prologue: Journal of the National Archives* 14 (inverno 1982), pp. 185-201.

_____. "Osage Oxonian: The Heritage of John Joseph Mathews". *Chronicles of Oklahoma* 59 (outono 1981), pp. 264-93.

_____. *The Underground Reservation: Osage Oil*. Lincoln: University of Nebraska Press, 1985.

ZUGIBE, Frederick T.; CARROLL, David. *Dissecting Death: Secrets of a Medical Examiner*. Nova York: Broadway Books, 2005.

Créditos das imagens

Todos os esforços foram feitos para identificar os fotografados. Como isso não foi possível, teremos prazer em creditá-los, caso se manifestem.

6-7 Mapa desenhado por Jeffrey L. Ward
8-9 Archie Mason
19 Crédito: Corbis
21 Cortesia de Raymond Red Corn
22 Cortesia de Raymond Red Corn
30 Cortesia do FBI
34 Cortesia do Museu da Nação Osage
41 (acima) Cortesia do Museu Histórico da Área de Bartlesville
41 (abaixo) Cortesia da Sociedade Histórica de Oklahoma
46 Cortesia do Museu Histórico da Área de Bartlesville
47 Cortesia do Museu Histórico da Área de Bartlesville
56 Cortesia das Coleções de História do Oeste, Bibliotecas da Universidade de Oklahoma, Finney nº 231
57 Museu da Nação Osage
60 (acima) Cortesia das Coleções de História do Oeste, Bibliotecas da Universidade de Oklahoma, Finney nº 215
60 (abaixo) Cortesia das Coleções de História do Oeste, Bibliotecas da Universidade de Oklahoma, Finney nº 224
64 Cortesia de Raymond Red Corn

66-7 Cortesia das Coleções de História do Oeste, Bibliotecas da Universidade de Oklahoma, Cunningham nº 184

70 Cortesia do Museu Histórico da Área de Bartlesville

76 Cortesia do Museu da Nação Osage

77 Cortesia da Biblioteca do Congresso

81 Crédito: Corbis

85 Cortesia do Museu da Nação Osage

89 Cortesia do Museu Histórico da Área de Bartlesville

90 Cortesia do Museu Histórico da Área de Bartlesville

93 (em cima) Cortesia de Guy Nixon

93 (embaixo) Cortesia do Museu da Sociedade Histórica do Condado de Osage

96 Cortesia de Raymond Red Corn

101 Crédito: Corbis

107 Cortesia da Sociedade Histórica de Montana

108 Cortesia do FBI

111 (em cima) Crédito: Corbis

111 (embaixo) Crédito: Corbis

116 Cortesia de Melville Vaughan

118 Cortesia do Museu da Nação Osage

125 Cortesia das Coleções de História do Oeste, Bibliotecas da Universidade de Oklahoma, Rose nº 1525

130 Cortesia da Biblioteca do Congresso

138 Cortesia de Frank Parker Sr.

143 Cortesia do FBI

149 Cortesia de Homer Fincannon

153 Cortesia dos Arquivos Nacionais de Kansas City

156 Cortesia de Alexandra Sands

160 Cortesia de James M. White

163 Centro de História de Austin, Biblioteca Pública de Austin

168 (em cima) Cortesia de James M. White

168 (embaixo) Cortesia das Coleções de História do Oeste, Bibliotecas da Universidade de Oklahoma, Rose nº 1525

172 Cortesia das Coleções de História do Oeste, Bibliotecas da Universidade de Oklahoma, Rose nº 1806

179 Cortesia de Raymond Red Corn

188 Cortesia da Sociedade Histórica de Oklahoma, *Oklahoman* Collection

194 Fonte desconhecida

199 Cortesia da Sociedade Histórica do Kansas
201 Cortesia do Museu Histórico da Área de Bartlesville
202 Cortesia do Museu Nacional do Caubói e do Patrimônio do Oeste
204 Cortesia do FBI
212 Cortesia da Sociedade Histórica de Oklahoma, *Oklahoman* Collection
216 Crédito: Corbis
229 Cortesia da Sociedade Histórica de Oklahoma, *Oklahoman* Collection
239 Cortesia do Museu da Nação Osage
243 Cortesia de Raymond Red Corn
246 Cortesia da Sociedade Histórica de Oklahoma, *Oklahoman* Collection
250 Cortesia da Sociedade Histórica de Oklahoma, *Oklahoman* Collection
263 Cortesia de Margie Burkhart
269 Crédito: Neal Boenzi/*The New York Times*
272 Cortesia de Tom White III
278 Aaron Tomlinson
280 Cortesia de Archie Mason
284 Aaron Tomlinson
287 (em cima) Cortesia da Sociedade Histórica de Oklahoma, *Oklahoman* Collection
287 (embaixo) Cortesia de Margie Burkhart
290 Aaron Tomlinson
306-7 Aaron Tomlinson
310 Crédito: Corbis
316 Aaron Tomlinson
325 Aaron Tomlinson
328 Aaron Tomlinson
330-1 Aaron Tomlinson

1ª EDIÇÃO [2018] 3 reimpressões

ESTA OBRA FOI COMPOSTA EM MINION PELO ACQUA ESTÚDIO E
IMPRESSA EM OFSETE PELA LIS GRÁFICA SOBRE PAPEL PÓLEN NATURAL
DA SUZANO S.A. PARA A EDITORA SCHWARCZ EM NOVEMBRO DE 2023

A marca FSC® é a garantia de que a madeira utilizada na fabricação do papel deste livro provém de florestas que foram gerenciadas de maneira ambientalmente correta, socialmente justa e economicamente viável, além de outras fontes de origem controlada.